POESÍAS

BIBLIOTECA DE ESCRITORAS

CONSEJO EDITOR
Elena Catena
Marina Mayoral
Amparo Soler
Matilde Vázquez

CAROLINA CORONADO

POESÍAS

Edición, introducción y notas
de
NOËL VALIS

Editorial Castalia
INSTITUTO DE LA MUJER

Copyright © Editorial Castalia, S.A. 1991
Zurbano, 39 - 28010 Madrid - Tels. 319 89 40 - 319 58 57

Cubierta de Víctor Sanz

Impreso en España, Printed in Spain
por Unigraf, S.A. (Móstoles) Madrid
I.S.B.N. 84-7039-599-8
Depósito Legal: M. 10.944-1991

Queda prohibida la reproducción total o parcial de este libro, su inclusión en un sistema informático, su transmisión en cualquier forma o por cualquier medio, ya sea electrónico, mecánico, por fotocopia, registro u otros métodos, sin el permiso previo y por escrito de los titulares del Copyright.

SUMARIO

INTRODUCCIÓN	7
BIBLIOGRAFÍA SELECTA	42
CRITERIOS DE ESTA EDICIÓN	44
POESÍAS	45
— Apuntes biográficos de Ángel Fernández de los Ríos	47
— Prólogo de Juan Eugenio Hartzenbusch	63
— Poesías	73
ÍNDICE DE POESÍAS	723
ÍNDICE DE LÁMINAS	731

Introducción

Hasta hace poco apenas se ha hablado de Carolina Coronado, figura extrañamente olvidada del siglo XIX. Seguir su fortuna literaria —su ascenso y caída, el silencio posterior— es trazar en parte el sino colectivo del romanticismo y de la escritura femenina en España. En su vida de insólita longevidad (1820-1911), Carolina tuvo la desgracia de ser enterrada dos veces —primero en 1844, cuando sufrió un ataque de catalepsia y se la tomó por muerta y por fin, en 1911, cuando ella y su marido americano, Horacio Perry, quien había muerto unos veinte años antes, fueron enterrados juntos en Badajoz. Su primer «entierro» fue metafórico, al afanarse centenares de poetas a escribir el encomio definitivo en su honor; el segundo, tristemente prosaico. El motivo de la resurrección impregna la vida y la obra de Carolina Coronado. Lo mismo se puede decir de su fama en vida y posteriormente. Su breve «muerte» y recuperación cuasi milagrosa en 1844 coinciden curiosamente poco más o menos con la apoteosis del romanticismo español, la creación y estreno de *Don Juan Tenorio,* de José Zorrilla. Los años 40 también propician un florecimiento temprano de escritoras dedicadas a la poesía, tales como Gertrudis Gómez de Avellaneda, Josefa Massanés, Robustiana Armiño, Vicenta García Miranda, Ángela Grassi y varias otras. Pero como una especie de viva ya muerta, Carolina Coronado en su propia vida fue testigo de una muerte mucho más honda que la que había esperado, a medida que el público la iba olvidando poco a poco y se acogía a otros nombres, otras modas. El romanticismo se había marchitado, y la escritora decimonónica vista como la estereotípica *poetisa* repleta de añoranzas románticas, parecía fatalmente encasillada dentro de las fortunas fluctuantes de la moda literaria.

Es doblemente irónico —pero no sorprendente quizá— que esta marginalización de una figura como Carolina Coronado hubiera ocurrido, irónico porque desde el principio ella tuvo que luchar contra otra marginalización ya existente: la de ser mujer en una sociedad de provincias que sólo la valoraba en su capacidad reproductora y simbólico-afectiva de madre y esposa. Para entender la historia personal de Carolina y las implicaciones culturales más amplias encerradas en esa historia, hay que ver cuáles eran las circunstancias específicas en que nació la escritora, cómo se desarrolló su talento, quiénes le ayudaron (y no le ayudaron) y cómo reaccionó ella ante una serie de catástrofes colectivas e individuales que eventualmente iban a enmudecer su voz lírica, voz que sólo de vez en cuando se podía oír como un triste eco o lamento de las cosas que fueron.

Nació Carolina el 12 de diciembre de 1820 en Almendralejo. De este pequeño pueblo extremeño se trasladó a Badajoz a los cuatro años. Su familia era bien nacida y liberal, pero nada extraordinaria. Quizá no se hubiera dado la escritora que llegó a ser sin el impacto indiscutible de dos factores: la marcha dramática de ciertos sucesos histórico-políticos y la confluencia de una corriente ideo-

INTRODUCCIÓN

lógica (el liberalismo) con un nuevo movimiento literario (el romanticismo).[1] Carolina, de niña, actuaba en un mundo ya profundamente marcado por las ambiciones desorbitadas de un solo ser humano —Napoleón I— y las aspiraciones colectivas de un pueblo —España— lanzado algo precipitadamente hacia un futuro turbulento e inquietante donde el cambio, y no la continuidad consoladora, iba a predominar. En 1820 Badajoz todavía guardaba las heridas adquiridas durante la lucha y victoria eventual contra las fuerzas napoleónicas. En 1820 se iniciará en el país un trienio de constitucionalismo liberal que con su brutalidad acostumbrada aplastó Fernando VII, monarca odiado en el hogar de los Coronado, ya que fueron víctimas de la represión fernandina el abuelo, Fermín Coronado —muerto en 1820 por el maltrato de unos fernandistas fanatizados— y el padre de Carolina, Nicolás, encarcelado en Badajoz hasta la amnistía concedida por María Cristina de Borbón en 1829.

Esta última persecución de su padre que no olvidaría nunca la niña de ocho años sensibilizó a Carolina políticamente. Por su liberalismo fueron perseguidos miembros de su familia. A nivel colectivo este mismo liberalismo, todavía un movimiento minoritario, simbolizó los cambios que estaban ya en la atmósfera, prefiguraciones de la España moderna que Carolina pudo sentir íntimamente en su propia experiencia frustrante como mujer escritora. Al mismo tiempo entraba un nuevo aire que cantaba el mismo mensaje de libertad y exaltación vital: el romanticismo. Ráfagas de esta embriaguez verbal emocionante le vinieron a Carolina leyendo la voz enaltecida por el fervor

---

1. V. la Introducción y Cap. 1 de Susan Kirkpatrick, *Las Románticas. Women Writers and Subjectivity in Spain 1835-1850* (Berkeley: University of California Press, 1989).

patriótico de Quintana; mientras el delirio del yo romántico, la divinización del subjetivismo individual, ejercieron su atractivo misterioso e irresistible mediante su paisano, José de Espronceda. La voz de la libertad le penetraba igualmente mediante los arrebatos y caricias seductores de la poesía.

Con palabras pudo imaginar Carolina las alas que no tenía. Porque la realidad era otra. La instrucción que recibió era escasa y, como suele pasar en estos casos, tuvo que encontrar sus propios «maestros», o sea lecturas, siendo autodidacta. Parece que la familia, en especial su madre, se mostró bastante hostil a sus lecturas, y a sus conatos literarios. La poeta confesó en cartas a su mentor Juan Eugenio Hartzenbusch lo harto difícil que fue intentar escribir en un ambiente tan asfixiante y opresivo. Pero no fue sólo su familia, fue el pueblo entero el que se opuso a que escribiera una mujer: "...en esta población, tan vergonzosamente atrasada, fue un acontecimiento extraordinario el que una mujer hiciese versos, y el que los versos se pudiesen hacer sin *maestro,* los hombres los han graduado de copias y las mujeres, sin comprenderlos siquiera, me han consagrado por ellos todo el resentimiento de su envidia" (24 de octubre de 1840).

En otro momento epistolar, escribe: "Nada más opuesto a la educación literaria que el pueblo en donde yo recibí mi educación; nada más opuesto a la poesía que la capital en donde vivo. Mi pueblo opone una vigorosa resistencia a toda innovación en las ocupaciones de las jóvenes. ...". Y un poco más adelante: "Una mujer teme de la opinión de cada uno porque ha nacido para temer siempre: por evitar el ridículo suspendí mis lecciones y concreté mi estudio a leer las horas dedicadas al sueño. Pero esto debilitó mi salud, y mi familia, celosa de ella, me prohibió continuar. Me decidí, pues, a hacer versos solamente, a

INTRODUCCIÓN

no escribirlos y a conservarlos en la memoria; pero esta *contemplación* perjudicaba al buen desempeño de mis labores y me daba un aire distraído que hacía reír a los extraños y molestaba a mis parientes... Me resolví a *meditar* solamente una hora cada día antes de levantarme. Pero el pensamiento no puede sufrir tanta esclavitud; el poeta no puede vivir así y mi escaso numen está ya medio sofocado" (3 de diciembre de 1842).[2]

Desgraciadamente, no fue excepcional el caso de Carolina Coronado. Cuando Pilar Sinués de Marco, por ejemplo, habla de las crueles privaciones a que tuvo que someterse otra escritora, Faustina Sáez de Melgar, por su afición a los libros, escribe: "¿Cómo lo hacía si sus padres le quitaban los libros? se me preguntará. He aquí uno de los muchos milagros que vemos practicar a las españolas que escriben." Dice que los padres y hermanos de Faustina "...acusábanle como de un crimen, de su afición a las letras: la mortificaban sin cesar con burlas mordaces...".[3]

De manera parecida, Carolina Coronado describe los sufrimientos y privaciones de la poeta Robustiana Armiño, también amiga suya: "Carecía de maestros, y tuvo que constituirse en maestro de sí misma, y se enseñó idiomas y se forjó versos que rompió a millares para volverlos a fundir y esto en el mayor secreto, inquieta y recelosa siempre por el temor de ver descubiertas sus pequeñas obras que, sin duda, la expondrían a la sátira de las gentes... ¿Hay por ventura un solo verso, que no le haya costado una lágrima o una mortificación? [N]o se busque en el influjo

---

2. Isabel Fonseca Ruiz, "Cartas de Carolina Coronado a Juan Eugenio Hartzenbusch". *Homenaje a Guillermo Guastavino* (Madrid: Asociación Nacional de Bibliotecarios, Archiveros y Arqueólogos, 1974), pp. 176, 178.

3. María del Pilar Sinués de Marco, "Biografía de la señora doña Faustina Sáez de Melgar". *La higuera de Villaverde*. Por Faustina Sáez de Melgar (Madrid: Imprenta de D. Bernabé Fernández, 1860), pp. 82-83.

INTRODUCCIÓN

de la romántica literatura, la razón de esas quejas, que un profundo sentimiento arranca a las jóvenes de nuestros días, búsquese en las circunstancias de su educación, de su estado y de su fortuna el manantial de sus lágrimas, y se hallará inagotable".[4]

No cabe duda que el sufrimiento y la inquietud de Robustiana Armiño se sienten apasionadamente en Carolina también. Se intuye aquí la honda identificación que ella hace entre el dolor de su amiga y el suyo en el tono conmovido de empatía, en el uso afectivo de la interrogativa retórica y en el efecto generalizador de ver la situación de Robustiana como algo representativo de toda una generación de escritoras. Tampoco cabe duda que el lector a quien se dirige Carolina es aquí "lectora", especie de participante en la misma condición que todas compartimos de una manera u otra. Lo que veía claramente Carolina eran no sólo los obstáculos concretos al pleno desarrollo de la mujer como ser íntegro de corazón e intelecto. También veía el enorme desprestigio que residía en el fondo de esa sociedad que creó dichos obstáculos.

Dentro de estas circunstancias realmente deplorables, lo que en cierto modo salvó tanto a Carolina como a Robustiana y varias otras escritoras de los años 40 y 50 fue la conciencia de formar parte de una "hermandad lírica".[5]

---

4. Carolina Coronado, "Introducción". *Poesías*. I. Por Robustiana Armiño (Oviedo: Imprenta y Litografía de Martínez Hermanos, 1851), pp. 6-7.

5. V. Antonio Manzano Garías, "De una década extremeña y romántica (1845-55)". *Revista de Estudios Extremeños* 25 (1969): 281-332; y Susan Kirkpatrick, *Las Románticas*, pp. 79-87. De interés relacionado: Russell P. Sebold, "Cádiz, 1846: Poetas femeninas, mujeres 'emancipadas' ". *ABC* (22 marzo 1986): 46; y Cristina Enríquez de Salamanca, "¿Quién era la escritora del siglo XIX?". *Letras Peninsulares* 2, N.º 1 (Primavera 1989): 81-107.

INTRODUCCIÓN

Este sentido de solidaridad femenina entre Carolina, Robustiana Armiño, Vicenta García Miranda, Ángela Grassi, Encarnación Calero de los Ríos y otras mujeres escritoras les da un apoyo moral y afectivo, les estimula y les inspira frente a la oposición y hostilidad general de la sociedad. Incluso se extendió esta hermandad más allá de las fronteras españolas, como tenemos en el ejemplo de Martha Ann Perry Lowe, poeta y hermana de Horacio Perry, quien escribe un poema en honor de Carolina.[6] Fuerza es admitir también que esta hermandad les definía como grupo aparte, con todas las ventajas y desventajas que tiene el sentirse una distinta pero marginada al mismo tiempo.

Carolina vio su situación con una lucidez desmesurada, como se lee en el poema "La poetisa en un pueblo".[7] En éste empleará la forma dialógica, no como invitación comunicativa sino como expresión del enfrentamiento entre poetisa y aldea. La "poetisa" es lo excluido, la "forastera" en su propia patria chica; la aldea pone en marcha el proceso marginalizador contra ella. En estos versos se capta perfectamente el entorno de provincias, en que rige una dinámica de inclusividad-exclusividad socioafectiva.[8] Recuérdense si no las cartas doloridas de Carolina a su mentor Hartzenbusch. Según las pesquisas de Pascual Madoz, en los años 40 Badajoz era todavía una comuni-

---

6. Alberto Castilla, *Carolina Coronado de Perry* (Madrid i Beramar, 1987), pp. 141, 242, n. 5.
7. Analizo este poema en "La autobiografía como insulto". *Anthropos* (versión abreviada); *Dispositio* (versión íntegra) (en prensa).
8. V. los trabajos antropológicos de Stanley Brandes, *Metaphors of Masculinity* (1980; Philadelphia: University of Pennsylvania Press, 1986); David D. Gilmore, *Aggression and Community* (New Haven: Yale University Press, 1987); Carmelo Lisón Tolosana, "Arte verbal y estructura social en Galicia". *Perfiles simbólico-morales de la cultura gallega*. 2.ª ed. (1974; Madrid: Akal, 1981), pp. 29-60; James W. Fernández, *Persuasions and Performances* (Bloomington: Indiana University Press, 1986).

INTRODUCCIÓN

dad bastante aislada, sin adecuados medios de comunicación y con escaso comercio exterior, fuera del contrabando con Portugal. Autosuficiente por otra parte, bajo estas circunstancias, Badajoz se ve como una sociedad cerrada. Comenta Madoz: "los habitantes de esta provincia no olvidan con facilidad su antiguo método de vida; aislados en un país rico, ni necesitan arriesgarse en empresas extrañas, ni afanarse demasiado, para que la tierra les facilite cuanto necesitan para las atenciones que les son conocidas...".[9] Para defenderse contra el despecho anónimo de la voz colectiva del pueblo, la escritora en su poema se vale de un contraataque verbal de igual agresividad. El pueblo dirá: "¡Ya viene, mírala! ¿Quién? / —Esa que saca las coplas. / —Jesús, qué mujer tan rara. / —Tiene los ojos de loca". La poetisa responderá al insulto acusándoles de murmuradores.

¿Y cuál es el insulto más grave que se lanzará contra ella? El de ser "poetisa". Esta categoría descalificadora hay que entenderla como un artificio retórico, especie de identificación lingüística, en que una construcción cultural —la idea de "poetisa"— se asimila casi por completo a la persona concreta de la mujer escritora. "Poetisa" era en fin un estereotipo cultural.[10]

No obstante, no todos vieron a la poetisa como un desastre. Algunos la consideraron un ser excepcional, como Emilio Castelar: "Pero hay un ser superior al poeta, más sensible, más inteligente, más poeta, si cabe hablar así: la poetisa". Y "¿cuál será la poetisa más perfec-

---

9. Pascual Madoz, *Diccionario histórico-geográfico de Extremadura*. I (1846) (Cáceres: Publicaciones del Departamento de Seminarios de la Jefatura Provincial del Movimiento, 1953), p. 231.
10. Igual pasó en otras culturas occidentales. V., por ejemplo, Elsa Greene, "Emily Dickinson Was a Poetess". *College English* 34 (1972): 63-70.

INTRODUCCIÓN

ta?", pregunta el célebre orador. "La que mejor conserve y refleje las cualidades de mujer en sus versos." Para él, Carolina Coronado es la poetisa modélica, como se ve en este elogio inconscientemente perjudicial: "No le preguntéis [a Carolina] por qué canta. No lo sabe. Sería lo mismo que preguntar al arroyo por qué murmura; al astro, por qué produce la armonía en las esferas... etc., etc.".[11] O sea, que ser poetisa equivale a ser mujer. Y ser mujer es ser pura emotividad. La poetisa no piensa ni escribe, *reproduce* inconscientemente lo natural, en fin la Naturaleza. Y por implicación, no tiene identidad profesional.

Pero lo que más predomina es la actitud de desprestigio y desdén hacia la poetisa, actitud que perdura hasta bien entrado el siglo XX. Así el escritor festivo Vital Aza, dedica una composición "a una poetisa" en que va amontonando alabanzas extravagantes al genio femenino y, por otro lado, en forma de acróstico dicta el verdadero mensaje al interior del poema: "DÉJESE USTED DE ESCRYBYR VACYEDADES".[12] El argumento más convencional contra la poetisa, sin embargo, la ataca por ser criatura poco doméstica, en ese sentido antinatural. Incluso en países más avanzados como Francia prevalecía la misma actitud. La literata, según Jules Janin en 1842, era una "raza, todo moderna, de criaturas femeninas desgraciadas que renunciándose a la belleza, a la gracia, a la juventud, a la felicidad del matrimonio, a las castas esperanzas de la maternidad, a todo lo que es el hogar doméstico, la familia, la tranquilidad por dentro, la considera-

---

11. Emilio Castelar, "Doña Carolina Coronado". *Discursos y ensayos.* Ed. J. García Mercadal (Madrid: Aguilar, 1964), p. 234.
12. Vital Aza, "A una poetisa". *La Gran Vía* (Madrid), Año II, N.º 45 (6 mayo 1894): 285.

INTRODUCCIÓN

ción por fuera, se emprenden de vivir confiando en la fuerza de su inteligencia".[13]

En tiempos de Carolina Coronado, ya estaba muy arraigada la noción de que la mujer representaba la pura domesticidad, el hogar, o sea la vida privada. Se había "naturalizado" la imagen de la mujer como ser doméstico o "ángel del hogar" hasta el extremo que era inadmisible para muchos la respetabilidad e, incluso, la posibilidad de existir algo que se llamara "poetisa". Al igual que en el resto de Europa y en América, se concibió la sociedad como si fuera estructurada en dos sectores: el público y el privado. El acto de escribir significaba respecto a la mujer un acto "antinatural" de querer ocupar el espacio privilegiado de los hombres, la arena pública del poder y de la influencia. Así el poeta norteamericano, William Cullen Bryant, amigo y traductor de la novela coronadiana *Jarilla*, pudo escribir en 1864 que "la literatura de España hoy día ofrece la peculiaridad que las mujeres escritoras, en números considerables, han entrado en competencia con el otro sexo".[14]

Es fortuito probablemente que se van a activar al mismo tiempo ciertos mecanismos culturales para ayudar a la mujer escritora: instituciones artístico-literarias como los ateneos, liceos y academias y, a veces, el apoyo concreto y moral de un mentor. Hartzenbusch, ya una figura consa-

---

13. "...la race, toute moderne des malheureuses créatures féminines qui, renonçant à la beauté, à la grâce, à la jeunesse, au bonheur du mariage, aux chastes prévoyances de la maternité, à tout ce qui est le foyer domestique, la famille, le repos au dedans, la considération au dehors, entreprennent de vivre à la force de leur esprit". Jules Janin, "Le Bas-Bleu", *Les Français peints par eux-mêmes*. V (París: L. Curmer, 1842), p. 201; citado por Leyla Ezdinli, "Naming and Self-Naming: The 'Woman of Letters' in French Romanticism". *Critical Matrix* 3, N.º 2 (1987): 48.

14. William Cullen Bryant, "Notes". *Thirty Poems* (Nueva York: D. Appleton & Company, 1864), p. 215.

INTRODUCCIÓN

grada a partir del exitazo de *Los amantes de Teruel* en 1837, abrirá muchas puertas en Madrid a la joven e inexperimentada Carolina. Su prólogo a la primera edición de *Poesías* en 1843 simboliza el espaldarazo que necesitaba la extremeña para entrar en el terreno desconocido de la publicación. Así escribirá con gratitud a Hartzenbusch: "...He sabido por mi tío Pedro Romero que ha tenido V. la bondad de ofrecerse a poner su importante recomendación a mi pequeña colección de versos..." (Fonseca Ruiz 177). No obstante, nada de esto hubiera pasado si no fuera por los avances tecnológicos de la imprenta y la creciente comercialización del libro durante la primera mitad del siglo pasado. Al mismo tiempo se observa un aumento en el número de lectores y lectoras, fenómeno que señala los comienzos de una tímida democratización de la cultura. El admitir a miembros femeninos en instituciones como los ateneos y liceos de provincias (aunque no en la Real Academia Española, la más prestigiosa y elitista) es también ilustrativo de dicho proceso democratizante. En 1848, por ejemplo, el Liceo de Madrid va a coronar de oro y laurel a Carolina —momento apoteósico para la escritora extremeña.

Estos primeros triunfos ocultan, sin embargo, muchos detalles concretos respecto al arduo proceso de incorporarse dentro del establecimiento literario de la época. No sabemos, por ejemplo, si Carolina percibió beneficios monetarios de sus publicaciones, aunque parece poco probable.[15] Evidentemente sus primeros editores le pu-

---

15. Todavía en 1904 el publicista Fernando Araujo pudo escribir que la vocación literaria existía sólo excepcionalmente para la mujer española. "Lo que halaga a nuestras escritoras", dice en tono superior, "es el tomito que figura en el escaparate del librero... El provecho material del escritor es problemático..." ("Revista de revistas. La mujer escritora". *La España Moderna,* Año 16, N.º 181 [enero 1904]: 180-81).

INTRODUCCIÓN

sieron muchos obstáculos al publicar las *Poesías* en 1843. También tuvo muchas dificultades en ver imprimida la segunda colección de poesías, según reza esta carta (¿de 1846?) a Hartzenbusch: "...¿No es triste cosa que no haya logrado imprimir el tomo de poesías que a V. dedico? Diré a V. mi cuita. Cuando imprimí el primer libro sufrí mucho con los libreros y me propuse enajenar el 2.º ... traen aquí una imprenta y me proponen otro medio más sencillo ... cuando leo en *El Tiempo* su nombre agregado a la Sociedad Tipográfica y Literaria. ¡Hola!, dije, esto me parece mejor y voy a consultar a mi sabio amigo. Espero que V. me diga si esa sociedad tomará también *poesías de una mujer,* que son en nuestros tiempos las dos cualidades que hacen retroceder coléricos a los editores y espeluznados a los que compran libros. ¡Poesías de una mujer! ¡Oh ridiculez, oh audacia, oh pernicioso ejemplo! Cuando aún no han podido digerir el primer libro, ya les doy el segundo" (Fonseca Ruiz 186). Pero tampoco la Sociedad Tipográfica y Literaria acepta la segunda colección de Carolina, que no se dará a conocer hasta 1852.

Salta a la vista en esta carta el vivo interés que tomó Carolina en ver publicadas sus poesías, cosa que parece desmentir la imagen estereotípica que se ha creado respecto a la escritora decimonónica como criatura tímida y de mucho recato, que sólo publicaba para cubrir graves exigencias económicas o para desahogarse por la pérdida de un ser querido.[16] Pensamos, por ejemplo, en Fernán Caballero, Concepción Arenal y, a finales del siglo, Carmen de Burgos, en la primera catego-

---

16. Kirkpatrick, pp. 245, 280; María del Carmen Simón Palmer, "Escritoras españolas del siglo XIX o el miedo a la marginación". *Anales de Literatura Española* (Universidad de Alicante), N.º 2 (1983): 484.

INTRODUCCIÓN

ría.[17] En cuanto a la segunda, sólo hay que hojear un poco las revistas y álbumes de la época para encontrar centenares de firmas femeninas —y masculinas— lamentando la muerte o ausencia de un marido o hijo o padre (la misma Carolina tiene versos semejantes). Pero no se puede atribuir el impulso de escribir a dos motivos ya por sí mismos bastante reduccionistas. Hubo graves presiones socioculturales que sofocaban los deseos de escribir en una mujer. El mismo código cultural dictaba las únicas razones aceptables que pudieran justificar la escritura femenina.

El caso de la poeta norteamericana Emily Dickinson ofrece una analogía a la situación de la escritora española. Se ha discutido mucho por qué no publicó Dickinson en vida sus versos. Algunos críticos sostienen que su familia y sus amigos la disuadieron de publicar. Pero últimamente ha salido otra interpretación, basándose en la existencia de varios documentos que prueban todo lo contrario. Parece que Emily Dickinson no quiso publicar sus poesías —recuérdese su poema, "Publication — is the Auction" ("La Publicación — es la Subasta")—. Por una parte, ella encontró demasiado restrictivo el discurso poético que se permitía a la mujer escritora de su tiempo, un lenguaje que prohibía la libre expresión de las pasiones y la autorrevelación personal. Por otra parte, su estilo elíptico y condensado, repleto de imágenes enigmáticas y reticencias ambiguas, parece acceder implícitamente al código cultural prevaleciente fundado en la noción del recato femenino. Sin duda, Dickinson termina por subvertir las conven-

---

17. El fenómeno de la mujer que escribía para ganar el pan se produjo en otras sociedades —Mrs. Oliphant y Mrs. Gaskell en Inglaterra, Louisa May Alcott y Harriet Beecher Stowe en Estados Unidos, por ejemplo. V. Joanne Dobson, *Dickinson and the Strategies of Reticence* (Bloomington: Indiana University Press, 1989), pp. 50-51; Elaine Showalter, *A Literature of Their Own* (Princeton: Princeton University Press, 1977), pp. 46-52.

ciones poéticas de la escritura femenina mucho más que aceptarlas, pero hay que admitir una profunda ambivalencia en ella hacia su propia expresividad.[18]

En este sentido, Dickinson es y no es, a la vez, representativa de la escritura femenina de su época. Su reserva refleja el poder aplastante de las restricciones culturales contra la mujer; pero esa misma reserva también revela una intensa represión de las pasiones cuya existencia se verifica por los espacios o intersticios que pueblan los puntos suspensivos de su estilo elíptico. Merece la pena recordar que si Dickinson no publicó su poesía, muchas otras mujeres norteamericanas encontraron numerosas avenidas para dar a conocer su material (Dobson 2). En la Nueva Inglaterra del siglo XIX, observa Joanne Dobson, "la poesía se entrelazaba cómodamente en el tejido de la vida cotidiana. Se publicaba la poesía en los periódicos, se enviaba por carta a los amigos, se leía en voz alta en la cocina; la poesía daba brillo a la rutina diaria y a los rituales de la vida y muerte también. Vista desde este contexto, la costumbre de Dickinson de mandar poemas o fragmentos de versos a sus amigos e incluso a gente desconocida, para celebrar una ocasión especial o aun mundana, no es en absoluto extraordinaria. Sin embargo, mantuvo como cosa privada su poesía; al contrario de [otras escritoras], ella no entró en la arena pública" (30).

El ejemplo de Dickinson sugiere, primero, que no se puede generalizar y sacar conclusiones precipitadas sobre la mujer escritora decimonónica. La relación entre la escritora y el acto de publicar era sumamente compleja. En fin, la reacción de Dickinson hacia la publicación es personal, y sólo es típica en la medida en que ella comparte la misma condición histórica y cultural que otras escritoras

---

18. V. Dobson, pp. xii-xiii; 128-30.

INTRODUCCIÓN

de su tiempo. En segundo lugar, la situación de Dickinson nos ayuda a entender mejor las circunstancias especiales de Carolina Coronado. Está claro que numerosas restricciones sociales y un código cultural basado en el recato femenino también dominaban en la España de Coronado, tanto como en la Nueva Inglaterra de Dickinson. No es cuestión aquí de nivelar las evidentes diferencias entre las dos escritoras, sino de ver cómo la escritora extremeña tuvo que enfrentarse con obstáculos semejantes y cómo reaccionó a la imposición de un código sexual.

Ya hemos visto que en los años 40 Carolina buscaba activamente la publicación de sus libros. No es excepcional en esto. Hay un aumento significativo de publicaciones femeninas en forma de libros, revistas y periódicos en el siglo XIX.[19] También las mujeres se aprovechan de otras avenidas de expresión pública como las tertulias, los ateneos y liceos, los recitales, etc., etc.[20] La "buena literatura" forma parte activa de la vida burguesa decimonónica. El caso del álbum es ilustrativo. Miles de firmas masculinas y femeninas rellenan las prístinas páginas de los álbumes a lo largo de casi toda la centuria pasada. Carolina Coronado también contribuye con numerosos versos de ocasión que ocuparán un sitio privilegiado en algún álbum particular. Esta costumbre, que llega a ser bastante molesta por las muchas solicitudes de firmas, tanto para ella como para muchos otros,[21] subraya la im-

---

19. Adolfo Perinat y María Isabel Marrades, *Mujer, prensa y sociedad en España. 1800-1939* (Madrid: Centro de Investigaciones Sociológicas, 1980); Enríquez de Salamanca, "¿Quién era la escritora del siglo XIX", pp. 81-107.

20. Joaquín Marco, "Poesía y público en el siglo XIX". *Literatura popular y proletaria.* Por F. García Tortosa *et al.* (Sevilla: Universidad de Sevilla, 1986), pp. 125-40.

21. V. "El álbum" de Larra, en *Artículos varios.* Ed. Evaristo Correa Calderón (Madrid: Castalia, 1976), pp. 494-501; y Lydia Huntley Sigourney, "Literature", *Letters of Life* (Nueva York: D. Appleton, 1866), p. 368.

INTRODUCCIÓN

portancia especial del papel social y público del autor en la sociedad burguesa decimonónica.

A partir de los años 50, sin embargo, parece que se produce en Carolina un cambio significativo respecto a la publicación. Es cierto que disminuye notablemente su producción poética en aquella época. Aunque da a conocer varias novelas *(Paquita, Adoración, Jarilla, La Sigea)* y ensayos en los años 50, su productividad posterior va a ser esporádica. Su segunda colección de versos data de 1852. Intenta imprimir una tercera en 1872, pero resulta evidentemente inconclusa, con poquísimos ejemplares. En 1873 aparece su última novela, *La rueda de la desgracia,* pero media una distancia de casi veinte años entre ésta y *La Sigea,* de 1854. Sus poesías siguen apareciendo de manera aislada y ocasional en revistas, periódicos y álbumes hasta el año 1910 (y póstumamente). Pero algo ha pasado.

En parte, lo explican ciertos hechos biográficos. En 1852 se casa con el diplomático norteamericano Horacio Perry. Luego, una serie de desastres familiares. En 1854 muere su hijo varón Carlos Horacio. Y en 1873 muere su hija Carolina. Después, el matrimonio Perry se refugia en Lisboa hasta fallecer en 1891 Perry, ya prácticamente arruinado por unos negocios de cable submarino.[22] Carolina pasó el resto de su vida en su palacio lisboeta de la Mitra; pasó su tiempo acompañada de los dos seres más queridos por ella: su hija Matilde y la presencia inmóvil de su marido Horacio, que quedó "corpore insepulto" en la capilla familiar hasta morir ella el 11 de enero de 1911. Matilde, que escribía poesía bajo el nombre de "Luz" y

---

22. El informe más completo que tenemos del marido de Carolina se encuentra en Alberto Castilla, *Carolina Coronado de Perry* (Madrid: Ediciones Beramar, 1987), Caps. 8-9, 11-12, 14-15.

INTRODUCCIÓN

pintaba, murió unos cuatro meses después.[23] Aunque la hija se había casado en 1899, según Muñoz de San Pedro, "Matilde, que compartía el dormitorio materno desde la muerte del padre, no alteró una sola vez esta costumbre después de casada, ni siquiera la noche de su boda".[24]

Es difícil saber cómo interpretar la vida íntima de Carolina Coronado. Sin duda los últimos años fueron muy tristes. Se acentuaron mucho más, de viuda, las extravagancias y rarezas, las rachas de despotismo familiar y depresiones mentales, que ya eran visibles en épocas anteriores. Es cierto que "no fue nunca una persona muy equilibrada" (Muñoz de San Pedro 21). Sufrió a partir del año 1844 una serie de ataques catalépticos. Varios testigos la describen además como una persona sumamente nerviosa y sujeta a visiones y supersticiones. En las memorias del diplomático norteamericano Carl Schurz, recuerda él que en 1861 Carolina llevaba constantemente un amuleto para su protección y se desmayó varias veces en la iglesia porque dijo que había visto al fantasma de su padre junto al altar. También observó él que cuando empezaba a nevar en Madrid, Carolina se ponía a llorar y se encerraba en su habitación hasta que desaparecía la nieve. A pesar de la admiración de Schurz por su sensibilidad poética y sus encantos personales, no pudo dejar de notar "las extravagancias caprichosas de su estructura mental" ("the bizarre whimsicalities of [Carolina's] mental structure").[25]

Sería imprudente especular desde una perspectiva tan

---

23. V. Valeriano Gutiérrez Macías, "Matilde Perry Coronado". *Mujeres extremeñas*. II (Cáceres: [autor], 1977), pp. 135-52.

24. Miguel Muñoz de San Pedro (Conde de San Miguel), "Carolina Coronado. Notas y papeles inéditos". *Índice de Artes y Letras*. N.º 64 (30 junio 1953): 21.

25. Carl Schurz, *The Reminiscences of Carl Schurz*. II (1852-1863) (Nueva York: The McClure Company, 1907), pp. 261-63.

remota hoy por qué se produjo esta inestabilidad psíquica, pero se puede conjeturar que Carolina estaba pasando por una severa crisis emocional y artística, a lo mejor exacerbada por su casamiento con Horacio Perry en 1852. Los biógrafos están de acuerdo que fue un matrimonio feliz. Pero no pudo ser fácil reconciliar el estado matrimonial con las aspiraciones literarias que Carolina tuvo desde la niñez. El conflicto producido por la tensión entre dos papeles distintos y contradictorios —uno aceptable, el otro inaceptable— tuvo que ser tremendo. Recuérdese que poco después de casada Carolina pierde al primer hijo. En el 73 se le muere otra. ¿Qué corriente oscura y subterránea conectaba en la mente de Coronado la muerte de un ser querido y la escritura? Se intuye que un profundo sentido de culpabilidad dictó inconscientemente largos períodos de un bloqueo creativo.

Este obstruccionismo interior contra la libre expresión de su creatividad —especie de autocensura psicológica— se enlaza con la cuestión de su feminismo. No cabe la menor duda de que Carolina es una de las primeras feministas de su tiempo. Poemas como "El marido verdugo", "Cantad, hermosas", "La poetisa en un pueblo", "La flor del agua" y "Libertad" son manifiestos abiertos a favor de los derechos femeninos. En "Libertad", por ejemplo, la poeta empieza diciendo: "Risueños están los mozos, / gozosos están los viejos / porque dicen, compañeras, / que hay libertad para el pueblo". Pero luego deshace esta primera visión feliz (ya matizada por una fina ironía), con una serie de preguntas retóricas apasionadas: "*¡Libertad!* ¿qué nos importa? / ¿qué ganamos, qué tendremos? / ¿un encierro por *tribuna* / y una aguja por *derecho*? / *¡Libertad!* ¿de qué nos vale / si son los tiranos nuestros / no el yugo de los monarcas, / el yugo de nuestro sexo?". Y más adelante, concluye: "Pero os digo, compañeras, / que la

INTRODUCCIÓN

ley es sola de ellos, / que las hembras no se cuentan / ni hay Nación para este sexo".

Como observa Susan Kirkpatrick, la mayoría de estos poemas de temática feminista se publicaron entre 1844 y 1847.[26] Parece que disminuye después dicha temática, o sea que el impulso feminista se ve algo apagado al mismo tiempo que la producción total de la escritura coronadiana. En su excelente libro sobre Carolina y otras escritoras del romanticismo, Kirkpatrick sostiene que a partir de los años 50 va a prevalecer mucho más que antes en la escritura femenina una ideología más conservadora basada en el ideal doméstico del «ángel del hogar».[27] Ilustrativa de esta modificación ideológica, dice Kirkpatrick, es la opinión de Coronado sobre su amiga Robustiana Armiño: "La señorita Armiño no ha querido adoptar la absurda y ridícula doctrina que pretende emancipar a la mujer de la antigua dependencia de sus consideraciones sociales... La

---

26. Kirkpatrick, p. 232. V. también Tomás Ruiz-Fábrega, "Temática feminista en la obra poética de Carolina Coronado". *Kañina* (San José, Costa Rica) 5, N.º 1 (1981): 83-87, quien calcula que un 10 % de la obra poética coronadiana tiene que ver explícitamente con el tema de la mujer. Pero el mismo acto de escribir y publicar representaba en aquella época un gesto subversivo en la mujer.

27. Últimamente, Kirkpatrick ha modificado un tanto su posición algo monolítica, viendo más excepciones a la norma del "ángel del hogar" en la literatura femenina de la segunda mitad del siglo XIX. V. Susan Kirkpatrick, "The Female Tradition in Nineteenth-Century Spanish Literature". *Cultural and Historical Grounding for Hispanic and Luso-Brazilian Feminist Literary Criticism*. Ed. Hernán Vidal (Minneapolis, Minnesota: Institute for the Study of Ideologies and Literature, 1989), pp. 343-70. V. también Bridget Aldaraca, " 'El ángel del hogar': The Cult of Domesticity in Nineteenth-Century Spain". *Theory and Practice of Feminist Literary Criticism*. Ed. Gabriela Mora y Karen S. Van Hooft (Ypsilanti, Michigan: Bilingual Press/ Edición Bilingüe, 1982), pp. 62-87; y Alda Blanco, "Domesticity, Education and the Woman Writer: Spain 1850-1880". *Cultural and Historical Grounding...*, pp. 371-94.

señorita Armiño ha comprendido tal vez, que no se trata de variar la condición de la mujer, sino de mejorarla; que con el estudio no debe aspirarse a alterar el orden de su vida doméstica, sino a embellecerlo...".[28] ¿Cómo interpretar este evidente giro de postura? Primero, hay que recordar que en la misma introducción, Carolina también escribirá lo siguiente: "¡Ay! los que contemplan a la poetisa en su estado ya de triunfo, olvidan cuánto sufrió aquel espíritu para salir de su oscuridad y apocamiento... Miedo da contemplar la inmensa altura que ha tenido que escalar la poetisa de nuestro país..." (6). Se ve que no ha desaparecido la nota de protesta contra las injusticias y dificultades con que tiene que enfrentarse la mujer escritora. Y ya hemos visto en otra cita del mismo prólogo la estrecha identificación que Carolina siente con Robustiana porque han tenido las mismas experiencias, han sentido las mismas privaciones.

Del mismo año (1850) data también la publicación del ensayo coronadiano sobre "Safo y Santa Teresa de Jesús", en que la extremeña defiende con gran pasión a estos "genios gemelos", enalteciendo su excepcionalidad que ella ve al mismo tiempo como su mayor desgracia: "Una poetisa es una rival terrible para toda una generación de mujeres. La aparición de una poetisa es siempre nueva, es siempre extraña, porque no se verifica sino de tarde en tarde, y la sociedad no tiene tiempo de acostumbrarse a su presencia".[29] El mismo sentimiento infunde el

---

28. Carolina Coronado, "Introducción". *Poesías*. I. Por Robustiana Armiño, p. 4. (Orig. publicado en *La Ilustración. Periódico Universal* [12 junio 1850]: 187, con el título, "Galería de las poetisas. Introducción a las poesías de la señorita Armiño".)

29. Carolina Coronado, "Los genios gemelos. Primer paralelo. Safo y Santa Teresa de Jesús". *Semanario Pintoresco Español,* Año 15 (24 marzo 1850): 90. Adviértase que el ensayo se fecha en mayo de 1848.

INTRODUCCIÓN

poema, "La poetisa en un pueblo", escrito cinco años antes. En 1850 aparecen, además, dos novelitas, *Adoración* y *Paquita,* cuyas protagonistas son víctimas de una dominación masculina claramente condenada por la voz narrativa y personal de Carolina.

Estos ejemplos de escritos que pueden fecharse entre 1848 y 1850 revelan, a mi ver, cierta inconsistencia en la postura ideológica de Carolina. Por una parte, como muchas otras escritoras, la extremeña insiste en el carácter doméstico de la poetisa como modo de legitimizar la poesía femenina. Ya había empleado la misma estrategia Josefa Massanés en 1841: "Tampoco teman que la instrucción en el bello sexo redunde en contra de sus ocupaciones domésticas... no sirviendo de obstáculo en manera alguna a las labores en que se entretienen las manos, las concepciones en que al mismo tiempo se divierte la imaginación".[30] En su propia vida, Carolina Coronado no faltó jamás a sus responsabilidades familiares, cosa que le fue inconcebible incluso en su juventud. Pero, por otra parte, se sabía otra, un ser aparte de los demás, que causaba envidia por su posición anómala.

Una de las primeras señales indiscutibles de un cambio en Coronado viene en forma de la "Advertencia" con que prologa su novela, *La Sigea* (1854), narración pseudobiográfica basada en la vida de Luisa Sigea, notable latinista y musicóloga del siglo XVI. Dice Carolina: "La primera parte de esta novela empecé a escribirla en 1849. La segunda la concluyo en 1853. En el transcurso de estos cuatro años han sucedido en el mundo grandes cosas: han caído tronos, han pasado repúblicas, se han levantado imperios...". Y más adelante: "Yo he leído con sorpresa la

---

30. Josefa Massanés, "Discurso preliminar". *Poesías* (Barcelona: Imprenta de J. Rubió, 1841), p. X.

primera parte de mi novela, sin poder reconocer a la autora de ella, y juzgándola como si el *yo* de entonces fuese enteramente distinto del *yo* de ahora. Mi deseo (lo confieso) hubiera sido destruir lo empezado y no darle conclusión; porque antes para escribir me inspiraba audacia el saber que sólo el público indiferente había de leer mis escritos; pero ahora me acobarda la idea de que más tarde haya de leerlos mi hija".[31]

Aquí se hace visible el conflicto entre la vocación literaria y el papel social de la mujer decimonónica como esposa y madre. Carolina expresa esa tensión mediante dos maneras distintas de ver el acto de publicar. El escribir en sí no le afecta; mientras el publicar le expone a ciertos riesgos. Antes, haciendo de tripas corazón, pudo enfrentarse con la hostilidad de su entorno social por ser soltera. Ahora, casada y madre, siente dos veces más intensamente la intrusión del mundo exterior en el hogar; esa intromisión pública que viene en forma de sus propios libros. Teóricamente, la sociedad burguesa del siglo XIX había dividido su mundo en dos sectores diametralmente opuestos, el público y el privado. En la práctica, las dos esferas se invadían, se tocaban y se influían constantemente. Para la mujer burguesa, sin embargo, se negaban dichos puntos de contacto. Sólo se admitía la presencia femenina en la esfera pública cuando ella reproducía las buenas obras estrechamente relacionadas a su imagen como ser moral y maternal —de ahí la gran actividad femenina en fomentar obras de caridad y en producir escritos didácticos y moralizantes (manuales de conducta y tratados de educación, por ejemplo).

En la mujer se depositaba simbólicamente la moralidad colectiva, y la moralidad pesaba mucho sobre una criatura

---

31. Carolina Coronado, "Advertencia". *La Sigea*. I. (Madrid: Imprenta de Sordo-Mudos, 1854), pp. 5-6.

que, por otra parte, se consideraba frívola y ligera. ¿Cómo, entonces, pudo reconciliar Carolina dos vocaciones excluyentes? Porque ser madre era vocación, pero implicaba una vocación total, de tremendo autosacrificio personal, en que la mujer a la fuerza tuvo que proteger a su familia contra los peligros públicos de la inmoralidad. Así pudo escribir la extremeña, "ahora me acobarda la idea de que más tarde haya de leerlos mi hija". Sus propios escritos representaban *otra vocación,* una vocación —el querer escribir— que "requería una genuina trascendencia de la identidad femenina".[32] Dada esta mentalidad conflictiva, era inevitable que Coronado, como otras escritoras de su tiempo, se sintiera oscuramente culpable por sus deseos de crear algo independiente de sí misma. La escritura no pudo ser vocación para la mujer, sólo se pudo concebir como una especie de *labor* peculiarmente femenina. Así Coronado sentirá su vida como dividida en un *yo* de entonces y un *yo* de ahora: o escritora o madre-esposa. O todo o nada.

Esta implícita denuncia de sí misma, especie de autodesprecio hacia su obra anterior, en la "Advertencia" de *La Sigea,* traerá sus consecuencias. En 1857, Carolina va a escribir: "Fuerza es confesarlo, en la sociedad actual hace ya más falta la mujer que la literata". Y también esto: "[L]a severidad con que fui educada, y la índole del pueblo en donde nací, me hicieron formar la equivocada idea de que la mujer carecía en toda España de ilustración, de ánimo y de libertad para expresar sus afectos, tomando por intérprete a la poesía... Así, yo me lamentaba en infantiles versos de la esclavitud de la mujer, de su soledad y su tristeza".[33] De nuevo, las mismas contradic-

---

32. Showalter, p. 21.
33. Carolina Coronado, "Galería de poetisas españolas contemporáneas. Introducción". *La Discusión* (1 mayo 1857): 3, citado por Kirkpatrick, p. 286.

ciones internas. Admite que su experiencia como niña y mujer adolecía de varios defectos, pero no quiere sacar conclusiones más generalizadoras, conclusiones que saltan a la vista, por el alto porcentaje de analfabetismo,[34] por la escasez de escuelas para niñas y por las múltiples restricciones socioculturales impuestas sobre las mujeres.

Pero no son éstas las últimas palabras de Carolina Coronado. Como ya se ha visto en otra ocasión, se va a desmentir una vez más, en un prólogo escrito para las *Elegías y armonías* de Ventura Ruiz Aguilera, en 1862. Aquí también se van a mezclar íntimamente las esferas doméstica (lo privado) y profesional (lo público), mostrando hasta qué punto el acto de escribir para una mujer del siglo pasado significaba recapitular en términos literarios su propia vida aunque ella no quisiera hacerlo. El entorno social le transmitió un mensaje contradictorio: por un lado, se condenó la escritura femenina como cosa profesional; y por otro, se fomentó la idea de que poesía y mujer eran equivalentes, como diría Bécquer. Como inspiración, se divinizó a la mujer. Como creadora propia, se la desestimó, acusándola de trivializar el arte personalizándolo. Para defenderse como autora, la mujer escritora terminaría por justificarse como mujer. Y en el fondo, sabía que sus esfuerzos eran inútiles.

Así Carolina comenzará su prólogo de 1862, diciendo: "Vedme aquí que, retirada del mundo literario, tengo que acudir hoy donde me llama una voz infantil, para cumplir un deber, al cual no faltaría, aunque supiese que iba a cumplirlo con menoscabo de mi nombre de escritora.

---

34. En 1860 sólo 31 de cada 100 españoles podían leer y escribir. En 1877, seguían analfabetas el 81 % de las mujeres españolas. Leonardo Romero Tobar, *La novela popular española del siglo XIX* (Madrid: Ariel, 1976), p. 116.

¿Qué importa mi nombre? Puede suprimirse el nombre de una escritora en la literatura contemporánea, sin que su mengua produzca la menor turbación en el sereno horizonte del arte, porque las escritoras somos una exuberancia del siglo XIX...".[35] La voz infantil a que alude Carolina viene de Elisa, cuya muerte prematura es el motivo por estas elegías de su padre, Ventura Ruiz Aguilera. Se recuerda que Carolina había perdido a un hijo en el 54; y tuvo un aborto en el verano de 1859.[36] El dolor suyo y el de su amigo Ventura justifican en cierto sentido el acto de reanudar su propia escritura. Nótese cómo se personaliza este prólogo, al sumir al lector inmediatamente en el yo de la prologuista, no en el del autor, Ruiz Aguilera. Una vez más, el mensaje transmitido es doble: la escritora de su tiempo, dice Carolina, no es importante, pero nos lo dice haciendo destacar su propia personalidad. Las palabras iniciales —"Vedme aquí"— delatan la presencia indiscutible de la poeta, quien desde su posición de "retirada del mundo literario", sutilmente se reivindica como escritora, así subvirtiendo su propio mensaje.

Carolina nunca dejó de escribir por completo; y tampoco, sugeriría yo, cedió por completo a la ideología doméstica del "ángel del hogar". Sin duda es inconsistente, incluso contradictoria, su posición respecto a la escritura femenina, pero no pudo ser otra cosa. Unos diez años

---

35. Carolina Coronado, "Prólogo". *Elegías y armonías. Rimas varias.* Por Ventura Ruiz Aguilera. 3.ª ed. (Madrid: Imprenta, Estereotipia y Galvanoplastia de Aribau y Compañía, 1873), p. IX. El prólogo lleva la fecha del 24 de febrero de 1862. Estudio estas páginas carolinianas en mi ensayo, "The Language of Treasure". *In the Feminine Mode.* Ed. Noël Valis y Carol Maier (Lewisburg, Pennsylvania: Bucknell University Press, 1990), pp. 246-72.
36. Castilla, p. 152.

después, compuso otro prólogo para una tercera edición de sus poesías que luego se dejó sin terminar. Se vio como "un fantasma" o "mito" de sí misma, al leer su nombre en la lista de colaboradores de varias revistas y periódicos, un "nombre que jamás colaboraba". "...[M]e encontré", dice dolorosamente, "años después con nombre y sin libros" (19).[37] Carolina muestra, además, una aguda conciencia de su papel histórico cuando observa lo siguiente: "Yo era una de las primeras en esta época que se habían atrevido a escribir haciendo en España una innovación sobre esta desusada facultad de la mujer..." (20). Su muy justificado orgullo en ser una pionera entre las escritoras españolas se matiza, no obstante, por otro sentimiento igualmente fuerte, un profundo complejo de inseguridad: "Ignoro si escribiré más: tal vez cuando debiera concluir empiece de nuevo; tal vez el rubor de llevar un nombre literario que no estoy cierta de haber merecido, despierte en mi alma la ambición legítima que creí haber ahogado cuando esperé caer en el olvido" (21).[38]

Esta inseguridad, atribuible en parte a la posición frágil y conflictiva de la mujer decimonónica y a las circunstancias personales de la escritora, como ya queda dicho, también se enlaza con los cambios históricos y económicos

---

37. El prólogo a la colección de 1872 se reimprimió en la antología hecha por Julio Cienfuegos Linares: *Poesías*. Por C. C. (Badajoz: Arqueros, 1953), pp. 19-22. No he podido consultar la ed. de 1872.

38. Reitera en 1890 la misma convicción de no merecer la fama literaria que tuvo, en carta a Nicolás Díaz Pérez, quien quería ofrecerle un homenaje en Extremadura. La negativa de Carolina vino algo dulcificada por unos versos que también mandó al autor del *Diccionario de autores, artistas y extremeños ilustres*. La estrofa inicial reza: "Una corona no, dadme una rama / de la adelfa del Gévora querido, / y mi genio, si hay genio, habrá obtenido, / Un galardón más grato que la fama" (citado en Isabel María Pérez González, *Carolina Coronado* [Badajoz: Excma. Diputación Provincial de Badajoz, 1986], pp. 210-11).

INTRODUCCIÓN

que a partir del año 48 en especial, van a tener su impacto sobre el destino de la mujer. La "Advertencia" a *La Sigea,* el prólogo a las *Elegías* de Ruiz Aguilera y otros escritos carolinianos revelan claramente cómo la conciencia histórica de Coronado relacionaba la historia con su propia escritura: "...yo, perdido el derrotero para navegar por los nuevos mares que descubro en la literatura revolucionaria de hoy, no tomo ya la pluma, temiendo siempre que voy a naufragar. Veo transformarse las naciones, porque se pudre un trono, porque se descompone una república, porque se ensancha una monarquía, o porque retoñece un imperio, y nunca tengo aliento para escribir las ideas que me inspiran estas terribles luchas de la sociedad" (Prólogo [1862] a las *Elegías,* IX-X). Cosa parecida había escrito ya en 1853. "En el transcurso de estos cuatro años [1849-53]... han caído tronos, han pasado repúblicas, etc., etc." ("Advertencia" a *La Sigea* 5).

El año crítico es sin duda el 48 cuando el espíritu revolucionario (y contrarrevolucionario) corre explosivamente por toda Europa. Varios poemas de Carolina atestiguan el carácter trascendente de aquel período que también quedó grabado en la memoria por una grave crisis económica y agrícola manifestada en el gran hambre y las malas cosechas. Luego el desastre se complica por una nueva invasión del terrible cólera asiático. Aunque en España los fervores revolucionarios no se sienten tanto como en Francia, llegan las vibraciones. La reacción antirrevolucionaria no se dejó de esperar pronto en todas partes. Se ponen en marcha unas tácticas represivas contra los instigadores, operación que incluso afecta al incipiente movimiento feminista francés, el más avanzado de todos en aquella época. Se cierran los clubs políticos, se persigue a los miembros de las asociaciones de obreros, se encarcelan feministas como Jeanne Deroin y Pauline Ro-

INTRODUCCIÓN

land.[39] Un viraje definitivo hacia la derecha se generaliza, así consolidando también los avances económicos y tecnológicos de la burguesía bancaria y gobernante. ¿Cómo no pudo dejar de afectar esta situación a escritoras como Carolina Coronado?

Traigo a colación estos hechos históricos por otra parte harto conocidos, porque no sólo nos contextualiza la poeta dentro de su época, sino que nos inserta plenamente dentro de su obra poética. Las *Poesías* que aquí se publican son la segunda colección de versos carolinianos, de 1852, incorporando su primer libro de 1843 (treinta y siete poemas) más ciento ochenta y dos poemas nuevos. Se incluye la primera poesía publicada —"A la palma"—, de 1839, extendiéndose cronológicamente hasta comprender lo escrito en 1852. Así que la colección abarca desde la primera floración de Carolina en plena época romántica hasta 1852, momento de madurez poética que también marca un cierre definitivo en la vida y obra de la extremeña. Después, seguirá escribiendo y publicando por unas seis décadas más, pero la escritora profesional —y ambiciosa— habrá cedido a la autora ocasional, de aficiones literarias más bien esporádicas. De lo no recogido en la colección del 52 se han contado más de cuarenta poemas publicados en periódicos, revistas y álbumes españoles y portugueses, además de material manuscrito.[40]

Hay que tener en cuenta también su producción narrativa, que son cinco novelas publicadas entre 1850 y 1873:

---

39. Claire Goldberg Moses, *French Feminism in the Nineteenth Century* (Albany: State University of New York Press, 1984), pp. 142-49.

40. Tomás Ruiz Fábrega, "Dos poemas inéditos de Carolina Coronado". *Revista de Estudios Extremeños* 37 (1981): 497; y Gregorio Torres Nebrera, "Introducción". *Carolina Coronado. Treinta y nueve poemas y una prosa (Antología poética: 1840-1904)* (Mérida [Badajoz]: Editora Regional de Extremadura, 1986), pp. 48-58.

INTRODUCCIÓN

Paquita (1850), *Adoración* (1850), *Jarilla* (1850), *La Sigea* (1854) y *La rueda de la desgracia* (1873).[41] Hubo varias otras o perdidas o inéditas e inacabadas. De las cinco obras narrativas, *Jarilla* es sin duda la mejor, por su intriga más sostenida, sus descripciones bellísimas de tierras extremeñas y su tratamiento lírico de la historia que se sitúa en tiempos de Juan II de Castilla. Mientras toda su producción novelística se escribe bajo el signo romántico, la última narración de Carolina refleja ya la evolución hacia un mayor realismo que se vería efectuada en la novela española a partir de Galdós.

Evidentemente, la narrativa coronadiana tuvo su público, en especial durante ese período de transición de los años 50 y 60 cuando todavía no habían emergido los grandes novelistas españoles decimonónicos (Hafter 415); pero si está en trance de resucitar la reputación de Carolina Coronado hoy, es ante todo por su obra poética. Y de hecho, al considerar en su totalidad las poesías de Carolina, se hace destacar con una insistencia casi obsesiva el binomio simbólico y temático de muerte y resurrección, que corre a través de toda la colección. En cierto sentido la edición de 1852 sintetiza en sí los dos polos antitéticos, al representar la realización culminante del arte poético coronadiano a la vez que simboliza su "muerte" como escritora. Mientras, cada lectura sucesiva de sus *Poesías* resucita una obra que en vida de la autora quedó después por varios motivos ya discutidos medio apagada. Las *Poesías* marcan la frontera entre un "antes" y un "después" en la vida y obra de Carolina Coronado.

---

41. Para más detalles sobre las narraciones carolinianas, v. el excelente estudio de Monroe Z. Hafter, "Carolina Coronado as Novelist". *Kentucky Romance Quarterly* 30 (1983): 403-18; y Gregorio Torres Nebrera, "Introducción", pp. 28-40.

INTRODUCCIÓN

Aparece la colección y se casa Carolina durante la misma primavera del 52. El coincidir estos dos hechos fundamentales en la biografía de Coronado no parece fortuito. Con la publicación de las *Poesías* se cierra una época de su vida que comenzó con la colección inicial de 1843 —incorporada luego en la primera parte de la segunda edición—, y se abre otra. Esta etapa de su vida no es menos activa que la anterior, pero asume otra dirección, más social y política. En los años 50 y 60 florecerá el salón de Carolina, al cual acuden todas las notabilidades de la vida cultural y política. Cuando la sublevación de San Gil en junio del 66, a pesar de su amistad con Isabel II, Carolina dio refugio en su casa a varios liberales —Emilio Castelar, Carlos Rubio, López de Ayala, Martos y Becerra— que se vieron complicados en el alzamiento. Es conocido también que participó en la campaña contra la esclavitud, llegando a ser, con Concepción Arenal, el cuadro dirigente de la Sociedad Abolicionista de Madrid. De 1868 se fechan los versos "A la abolición de la esclavitud en Cuba", poesía que provocó un escándalo político al ser declamada en acto público el 14 de octubre, poco después de estallar la Revolución setembrina con la que por otra parte simpatizaban Carolina y su marido norteamericano.[42]

Pero este remolino de actividad social y política también va a cesar, al sentirse Carolina más y más abrumada por la tragedia familiar de morírsele dos hijos y luego su marido. Es entonces cuando surge a la superficie muy claramente cierta manía de no ver enterrados a los seres más queridos por ella. Al morir su hija Carolinita en 1873, rehúsa tenerla

---

42. Alberto Castilla documenta muy bien este episodio en la vida de C. C. (*Carolina Coronado de Perry,* pp. 175-76); el poema se reproduce en *Carolina Coronado (Apunte biográfico y Antología).* Ed. Antonio Porpetta y Luzmaría Jiménez Faro (Madrid: Ediciones Torremozas, 1983), p. 94.

INTRODUCCIÓN

enterrada en un cementerio, y el cuerpo se deposita embalsamado en uno de los armarios de un convento. El cadáver de Horacio Perry quedará "corpore insepulto" en la capilla de la Mitra por casi veinte años; y la capilla se conectará mediante un balcón con la habitación de Carolina para que ella pueda despedirse del "silencioso" todas las noches.

Esta reacción morbosa a la muerte se explica en gran parte por el terror natural que sentía Carolina frente a la idea del enterramiento prematuro. ¿Cómo imaginar la extraordinaria visión del silencio que le comunicaban sus ataques catalépticos? Pero tampoco fue excepcional el terror de Carolina. Se nos viene a la mente el cuento horrorífico de Edgar Allan Poe, "The Premature Burial" ("El entierro prematuro"). Léanse también estas palabras del testamento de Rosario de Acuña, escrito en 1907 a los cincuenta y seis años: "Cuando mi cuerpo dé señales *inequívocas* de descomposición (antes de ningún modo, pues es aterrador ser enterrado vivo) se me enterrará...".[43]

El miedo de Carolina es sintomático de una fuerte atracción-repulsión hacia la muerte que se convierte pronto en fascinación levemente disfrazada por otros motivos al parecer más aceptables. Así ella va a visitar durante un viaje a Francia en 1851 varios enterramientos, para criticar la comercialización francesa de la muerte: "En ninguna parte son los que mueren tan útiles al comercio; en ninguna parte la ambición, el lujo y la vanidad de los difuntos ha protegido el desarrollo de la industria tanto como en Francia...".[44] La extremeña parece haber

---

43. Luciano Castañón, "Aportación a la biografía de Rosario de Acuña". *Boletín del Instituto de Estudios Asturianos,* Año 40, N.º 117 (enero-abril 1986): 167.
44. Citado por Torres Nebrera, *Carolina Coronado. Treinta y nueve poemas...,* p. 25.

INTRODUCCIÓN

olvidado que también en Badajoz la muerte presume de elegante, como escribió Pascual Madoz en 1846: "[he aquí] el cementerio, en el que se han esmerado a competencia aquellos habitantes, construyendo vistosos y elegantes sepulcros de jaspe y mármol con estatuas y figuras alegóricas, en términos que este lúgubre recinto por su objeto, es uno de los puntos más dignos de verse por la riqueza y gusto de su construcción".[45] Y en efecto, se consideraban los cementerios también ideales como puntos turísticos. El poeta William Cullen Bryant, amigo de Carolina, describe varias visitas a cementerios españoles, haciendo destacar en especial el de Málaga por su gran lujo.[46]

Todo esto es indicativo del exhibicionismo retórico que se hizo de la muerte a partir más o menos de los románticos. Como ha observado Philippe Ariès, el siglo XIX convirtió la pérdida del ser querido en un nuevo culto de las tumbas y cementerios para conservar la memoria de la persona desaparecida. La creación de lugares específicos que uno podía visitar con cierto deleite al mismo tiempo propiciaba el cultivo de esa memoria peculiar. Por eso, dice Ariès, es "un culto privado, pero también desde sus orígenes, algo público".[47] Esta exteriorización del luto podía transformarse fácilmente en una especie de narci-

---

45. Pascual Madoz, *Diccionario histórico-geográfico de Extremadura*. I, p. 238.

46. "The lords of commerce, in Malaga, sleep in far more sumptuous sepulchres than the Castilian nobility" ("Los lores del comercio, en Málaga, duermen en sepulcros mucho más suntuosos que la nobleza castellana"), dice Bryant, y sigue una descripción detallada del cementerio. V. William Cullen Bryant, *Letters of a Traveller*. Second Series (Nueva York: D. Appleton & Company, 1859), p. 197.

47. Philippe Ariès, *Western Attitudes toward Death: From the Middle Ages to the Present*. Trans. Patricia M. Ranum (Baltimore: Johns Hopkins University Press, 1974), pp. 56, 68, 73.

INTRODUCCIÓN

sismo, en que el dolor provocado por la pérdida del otro se sentía como la muerte simbólica de sí misma. Narcisismo y turismo en ese sentido tienen en común la conversión del sentimiento en algo público, algo visible. Análogamente, se puede concebir una colección de poesía como la expresión simbólica —y tipográfica— de un cementerio romántico creado para guardar y glorificar la memoria de un ser querido, incluso de sí misma.

Véase si no las *Poesías* de Carolina, una de las ediciones del romanticismo más esmeradas por su lujo tipográfico y decorativo. Gerardo Diego lo recuerda bien: "Me veo, adolescente, en la Biblioteca de nuestro Ateneo santanderino acariciando el espigado y profusamente orlado libro de *Poesías de la señorita doña Carolina Coronado,* con su portada entre persa y mudéjar a tintas azul pálido y sangre seca...".[48] Cada variación de letra y dibujo crea una especie de nicho para las poesías así ornamentadas, marcando espacios distinguibles entre los poemas individuales y entre cada apartado de versos. Los apartados no sólo establecen temas distintos, sino que recogen en un espacio determinado todos los miembros de esa temática sugiriendo un ambiente familiar. A nivel simbólico y afectivo, las varias secciones del volumen se pueden considerar como "familias" de versos. Así tenemos, por ejemplo, un apartado dedicado a "Salutaciones y despedidas" en que Carolina se dirige a sus amigos, a su hermano Ángel, incluso a sí misma ("Se va mi sombra, pero yo me quedo"). Otro apartado se titula "A las poetisas", un conjunto poético maravilloso en que se hace visible la hermandad lírica de las "poetisas" españolas. En otro, "A mi hermano Emilio", Carolina celebra su infancia y la pérdi-

---

48. Gerardo Diego, "Primavera de Catalina [sic] Coronado". *Boletín de la Biblioteca de Menéndez Pelayo* 38 (1962): 385.

da de las ilusiones mediante un diálogo sostenido con su hermano menor Emilio.

En una de las secciones más conocidas, "A Alberto", la poeta recuerda unos amores primaverales cuyo sujeto masculino todavía no se ha identificado; hasta se ha llegado a cuestionar la verdadera existencia de este "Alberto", nombre evidentemente ficticio según todas las indicaciones. Una carta dirigida a Hartzenbusch, sin embargo, ofrece pruebas convincentes que sí vivió este personaje cuasi novelesco: "...Hace poco tiempo, cuando Madrid no había enterrado el corazón a quien yo he consagrado tanto cariño, Madrid tenía para mí otros encantos. Pero ahora me recordaría la pérdida de un amigo que murió ahí: el dos de mayo empezó su agonía, el último septiembre dejó de existir... ya gracias a Dios estoy tranquila y curada radicalmente de una *dolencia que he estado sufriendo desde los 17 años:* no me acuerdo nunca ni por casualidad de él; le tengo completamente olvidado; pero si Madrid, como dice Larra, es un cementerio, temo ver el nicho que le encierra" (fechada el 28 de febrero de 1848; citada en Fonseca Ruiz 194).

Estas protestaciones de amnesia afectiva, francamente no las creemos, ya que Carolina logró crear su propio nicho para Alberto en forma de orla poética. El episodio de Alberto, tan discutido por los biógrafos de Coronado, demuestra cómo lo sencillamente biográfico se trasciende en la obra coronadiana al transportarse a otro reino de significación; a nivel histórico también, la "biografía global" del año 1848 —uno de los apartados más interesantes de las *Poesías*— asume una trascendencia simbólica de proporciones casi apocalípticas en que se ponen en juego los dos motivos de la muerte y resurrección del mundo entero. Por eso tampoco es sorprendente ver que Carolina termina la colección con un poema fechado en 1852 que

INTRODUCCIÓN

celebra la recuperación de su salud y su agradecimiento al doctor Mateo Seoane, quien le salvó la vida. El poema que se titula "Respuesta al Excmo. Sr. D. Mateo Seoane" (un soneto de Seoane le precede) describe los síntomas de la tuberculosis, enfermedad ya clásica del siglo XIX. Por milagro al parecer, no murió Carolina, ya que como ella dice estaba agonizante. Así que esta poesía cierra el tomo de *Poesías* enmarcándolo simbólicamente dentro del motivo de la resurrección.

La vida real de Coronado al formar el núcleo temático de éste y muchos otros poemas por una parte refuerza la noción de la escritura femenina decimonónica como un acto de inserción dentro del ambiente familiar y doméstico. Al mismo tiempo no hay que olvidar que también autores como Ventura Ruiz Aguilera, Vicente Querol y Antonio Arnao explotaban el mismo ideal hogareño. Pero sólo a la mujer escritora se la identificaba con su propia poesía como si fueran la misma cosa, implícitamente denigrando ambas, escritora y poesía, cuando en realidad la domesticidad como ideal formaba parte general de la mentalidad burguesa decimonónica.

Como artefacto cultural de una época determinada, esta colección reproduce inconscientemente esquemas mentales parecidos a los que crearon el cementerio romántico en su calidad de "monumento íntimo" del ideal familiar. Las *Poesías* de Carolina, tanto como los cementerios de su época, causan la misma sensación de cosa privada convertida en algo público, pero eso, curiosamente, no nos ofende. Más bien es una invitación a dar una vuelta por este *locus amoenus* del romanticismo, recordando los nombres y los tiempos reunidos aquí como en familia, y leyendo en las palabras de Carolina un gran epitafio a la vez familiar e individual, contra el olvido y el silencio.

NOËL VALIS

Bibliografía selecta

Obras de Carolina Coronado

Poesías. Prólogo de Juan Eugenio Hartzenbusch. Madrid: Alegría y Charlain, 1843, 2.ª ed., ampliada, Madrid: s. edit., 1852; 3.ª ed., Madrid: Tello, 1872 (ed. rara y evidentemente inconclusa).

Paquita. Adoración, novelas originales. Prólogo de Adolfo de Castro. San Fernando: Imprenta y Librería Española, 1850.

Jarilla, novela original. Col. "Biblioteca Universal". [Madrid]: Imprenta del Semanario y de La Ilustración, s.f. [1850]; Madrid: Imprenta M. Tello, 1873; Barcelona: Montaner y Simón, 1943.

La Sigea. Novela original. 2 vols. Madrid: Imprenta de Sordomudos, 1854.

La rueda de la desgracia. Manuscrito de un conde. (Novela). Madrid: Imprenta y fundición de M. Tello, 1873.

Estudios

Castilla, Alberto. *Carolina Coronado de Perry*. Madrid: Ediciones Beramar, 1987.

Diego, Gerardo. "Primavera de Catalina [sic] Coronado". *Boletín de la Biblioteca Menéndez Pelayo* 38 (1962): 385-401.

BIBLIOGRAFÍA

Fonseca Ruiz, Isabel. "Cartas de Carolina Coronado a Juan Eugenio Hartzenbusch". *Homenaje a Guillermo Guastavino*. Madrid: Asociación Nacional de Bibliotecarios, Archiveros y Arqueólogos, 1974. 171-99.

Hafter, Monroe Z. "Carolina Coronado as Novelist." *Kentucky Romance Quarterly* 30 (1983): 403-18.

Kirkpatrick, Susan. "Waterflower: Carolina Coronado's Lyrical Self-Representation". *Las Románticas. Women Writers and Subjectivity in Spain, 1835-1850*. Berkeley: University of California Press, 1989. 208-43.

Pérez González, Isabel María. *Carolina Coronado. Etopeya de una mujer*. Badajoz: Excma. Diputación Provincial de Badajoz, 1986.

Porpetta, Antonio y Luzmaría Jiménez Faro. *Carolina Coronado (Apunte biográfico y Antología)*. Madrid: Ediciones Torremozas, 1983.

Torres Nebrera, Gregorio. *Carolina Coronado*. Cuadernos Populares, N.º 13. Mérida (Badajoz): Editora Regional de Extremadura, 1986.

—. Introducción. *Carolina Coronado. Treinta y nueve poemas y una prosa (Antología poética: 1840-1904)*. Mérida (Badajoz): Editora Regional de Extremadura, 1986.

Valis, Noël. "La autobiografía como insulto". *Anthropos* (Barcelona), "La autobiografía en la España moderna", Número especial (versión abreviada); *Dispositio* (versión íntegra) (en prensa).

—. "The Language of Treasure: Carolina Coronado, Casta Esteban, and Marina Romero". *In the Feminine Mode. Essays on Hispanic Women Writers*. Ed. Noël Valis y Carol Maier. Lewisburg, Pennsylvania/Londres: Bucknell University Press, 1990. 246-72.

Criterios de esta edición

Esta edición reproduce la de 1852, ya que el texto de 1872 parece incompleto, menos fidedigno y resulta, además, harto difícil de consultar. Existe también una recopilación mexicana de 1884, pero se ha hecho caso omiso de muchos poemas que aparecen en el texto de 1852 (v. *Poesías completas*. Prólogo de Emilio Castelar [México: Tip. de la Librería Hispano-Mexicana, 1884). Sólo he modernizado la ortografía y puntuación, corrigiendo también las erratas más obvias. Las anotaciones se han hecho principalmente para contextualizar la obra poética de Coronado y aclarar referencias históricas, políticas, culturales y lingüísticas. Para más detalles sobre las varias ediciones de las *Poesías,* v. el excelente estudio de Gregorio Torres Nebrera, Introducción, *Carolina Coronado. Treinta y nueve poemas y una prosa,* pp. 48-58. Me es grato agradecer aquí la labor previa de varios editores que se han dedicado a publicar antologías de Carolina Coronado, en especial las dos últimas de Antonio Porpetta y Luzmaría Jiménez Faro y Gregorio Torres Nebrera (v. Bibliografía).

N. V.

POESÍAS DE LA SEÑORITA
DOÑA CAROLINA CORONADO

APUNTES BIOGRÁFICOS DE LA SEÑORITA DOÑA CAROLINA CORONADO

por
Angel Fernández de los Ríos

> Cante la que mostrar la erguida frente
> pueda serenamente
> sin mancilla a la luz clara del cielo;
> cante la que a este mundo
> de maldades fecundo
> venga con su bondad a dar consuelo.
> C. CORONADO.

Hay en la vida de los pueblos épocas propicias para la poesía. A medida que las naciones adelantan en edad, la poesía se recoge en la imaginación de algunos genios, que como cisnes extraños y de paso atraviesan cantando sobre una multitud que en su mayor parte no los comprende. Estos siglos prosaicos no son, como pudiera creerse, los más funestos al arte; ellos, al contrario, engrandecen al poeta poniéndole a prueba y obligándole a proteger las cuerdas de su lira contra el choque de los intereses materiales. Cuanto más prosa haya colectivamente en los espíritus, más poesía puede haber en algunas cabezas. Porque la prosa domine hasta el punto de invadir el lugar de la poesía; porque los versos no estén en boga; porque la armonía haya hecho alianza con los discursos, no debe darse por sentado que sean imposibles los poetas.

La poesía es un ministerio, un sacerdocio, un destino social y casi divino que no puede dejar de ejercerse con más o menos fortuna y fervor, con más o menos fe y entusiasmo. Cantar las maravillas de la creación, expresar las afecciones nobles y generosas, los sentimientos virtuosos, los hechos heroicos; solemnizar las altas revelaciones del culto, hacer resonar en las edades esa voz solemne de Dios, de la cual son depositarios los labios del poeta, ser el eco de todas las doctrinas de vida y revelación del porvenir, tal es la alta misión del vate.

En nuestra época, prosaica por excelencia, a más de lucharse con todas las contrariedades que son consiguientes a la dominación del sentimiento materialista de la sociedad, es condición precisa constituirse en poeta y prosista infatigable, cultivar todos los géneros de la literatura, producir volúmenes sobre volúmenes, no dejar, por decirlo así, respirar al público, para distinguirse de tantos como a sí propios se llaman poetas en la época más antipoética posible, porque la celebridad es actualmente las más veces la recompensa del autor más fecundo, no del más excelente. Así es que no podrá citarse un siglo que haya producido tantas obras literarias como ha visto aparecer el nuestro, y apenas alguno que otro genio del pasado podría vanagloriarse de haber escrito tanto como el último de los rimadores modernos.

Pero en medio de la indiferencia de la sociedad por la poesía, del aluvión de volúmenes que arroja la prensa, de que la prosa ahoga los sonidos poéticos, aún hay almas privilegiadas en las cuales hallan eco los acentos del poeta, atravesando por la vocinglería de los versificadores del día; aún hay personas que acogen con interés los destellos del genio, aunque aparezcan sin la garantía de un nombre y con la inexperiencia de la juventud; todavía el verdadero talento puede dar a luz un libro de poesías con otra esperanza que la de verle sumergirse en el insondable mar de publicaciones sin importancia.

Y es que hay un género de poesía que vive inmutable en medio de las vicisitudes políticas, porque existe entre el alma y Dios, porque no es el sonsonete de la rima ni la disposición métrica de las palabras, ni la descripción pue-

APUNTES BIOGRÁFICOS

ril de un objeto, sino armonías del corazón con la naturaleza, inspiraciones poéticas y filosóficas, revelaciones íntimas, fantasías profundas, desahogos del corazón, melodías perpetuas del pensamiento con el alma, acordes, en fin, del cielo con la tierra.

A este género pertenecen los cantos que el público conoce, de una de las poquísimas poetisas que por su genio y su inspiración han llegado a hacerse un lugar tan distinguido como justo en la literatura española contemporánea. La popularidad de que goza en la península y en América el nombre de la señorita Coronado, nos ha movido a trazar una ligera noticia biográfica que no podrá menos de ser leída con interés por cuantos hayan tenido ocasión de admirar las excelentes producciones de la señorita Coronado.

Nueve leguas al oeste de la capital de Extremadura, que tiene su asiento en las márgenes del Guadiana, en una de las villas más agradables del país por su alegre y despejado cielo, y a cien pasos de distancia de la casa de Almendralejo en que vio la luz primera el malogrado Espronceda, nació en 1823[1] la señorita doña Carolina Coronado de D. Nicolás Coronado y doña María Antonia Romero. Allí se deslizaron dulcemente los primeros años de la graciosa niña, destinada a ser más tarde orgullo de su patria.

Las vicisitudes políticas vinieron a turbar el reposo que gozaba la familia Coronado; y cuando nuestra poetisa contaba cuatro años, hubo de trasladarse aquélla a Badajoz, porque su abuelo, después de haber ejercido cargos distinguidos, murió como otros muchos servidores del Estado, víctima del encono de los partidos, y su padre fue perseguido y encerrado en un calabozo por sus antece-

---

1. Según su partida de bautismo, en 1820.

dentes políticos.[2] Lo que sufría cada día para abrazarle con su madre, las crueles tribulaciones de entonces, el haber morado más en el campo que las poblaciones, y la vida retirada que ha hecho siempre, han debido contribuir de consuno a formar el carácter melancólico, pero dulce, sencillo y afable de la señorita Coronado. A los nueve años ya se ocupaba en aprender dócilmente las labores propias de su sexo al lado de su madre; recibía una educación la más brillante que el país permitía, y se distinguía de todas sus compañeras de la misma edad por su perfección en el bordado, el dibujo y la música, mientras que por las noches satisfacía a hurtadillas su vehemente afición por la lectura, especialmente por la de nuestros poetas, hacia los cuales sentía una inclinación irresistible. El estudio de estos modelos despertaba en su imaginación el deseo de traducir al lenguaje poético lo que sentía en su alma, y la familiarizó con la versificación, para la cual reunía las más brillantes cualidades; de este modo, sola, aislada en un pueblo sin recursos artísticos ni literarios, completó en poco tiempo su educación, dedicándose principalmente a la lectura de la *poesía,* la *historia,* la *geografía* y la *literatura.*

Lo primero que escribió cuando aún no tenía diez años, fue una lamentación con motivo de la muerte de una alondra, que enterró al pie de una encina: el papel en que trazó con lápiz aquellas frases sirvió de mortaja al pájaro. Catorce años contaba cuando creó los primeros versos en una carta que dirigía a una amiga suya, y que terminaba de este modo:

> Yo me siento violenta y comprimida
> como el niño que hablar quiere y no sabe;

---

2. Ambos, abuelo y padre, son liberales, víctimas de las tácticas represivas fernandinas.

APUNTES BIOGRÁFICOS

> una cosa en mi alma está escondida...
> vivo abrumada por su peso grave...
> Un concierto suave
> escucho en mis sentidos,
> cual si dentro de mí hubiera sonidos.

Estos versos pintan perfectamente el tesoro de poesía e inspiración que animaba a la señorita Coronado desde tierna edad; no se resolvió sin embargo a dar pública expansión a sus pensamientos hasta un año después, en que apareció su nombre al pie de la bellísima composición titulada *La Palma,* digna por cierto de Herrera, que le valió un elogio del Sr. Donoso Cortés, en el periódico de Madrid que se titulaba *El Piloto,* y la siguiente poesía de su paisano Espronceda, el cual solía decir que la composición *La Palma* era la *música de la inocencia.*[3]

A CAROLINA CORONADO DESPUÉS DE LEÍDA SU COMPOSICIÓN

A la Palma.

> Dicen que tienes trece primaveras
> y eres portento de hermosura ya,
> y que en tus grandes ojos reverberas
> la lumbre de los astros inmortal.
>
> Juro a tus plantas que insensato he sido
> de placer en placer corriendo en pos,
> cuando en el mismo valle hemos nacido,
> niña gentil, para adorarnos, dos.
>
> Torrentes brota de armonía el alma;
> huyamos a los bosques a cantar;
> dénos la sombra tu inocente *palma,*
> y reposo tu virgen *soledad.*

3. "A la palma" apareció en *El Piloto* el 22 de noviembre de 1839. El poema de su paisano Espronceda (1808-42), escrito en 1840, se publicó mucho después en *Obras inéditas y no coleccionadas* (1869).

> Mas ¡ay perdona! Virginal capullo,
> cierra tu cáliz a mi loco amor:
> que nacimos de un aura al mismo arrullo,
> para ser, yo el insecto; tú, la flor.

Ardía la guerra civil con todos sus horrores por el año 1838, y la señorita Coronado emprendió con entusiasmo el bordado de una bandera que debía servir a un batallón nuevamente creado para defender el trono de Isabel II. La diputación provincial de Badajoz le pasó con este motivo un oficio, que entre otras frases que hacían justicia a las virtudes de la señorita Coronado, y al esmero, delicadeza y gusto de su penoso trabajo, contenía las siguientes líneas: "No le es dado a la diputación recompensarle, porque sabe que el mayor premio para V. será el que los valientes a quienes sirve de guía recuerden al regresar a sus hogares cubiertos de laureles, la mano delicada que bordó el emblema por cuya defensa derramaron su sangre". A este oficio acompañaba una sortija de brillantes, que llevaba en el reverso el nombre de la corporación.

Es ciertamente bien difícil de comprender cómo de esta manera misteriosa y clandestina, por decirlo así, pudo formarse una colección de poesías como la que, precedida de una introducción por el señor Hartzenbusch, apareció en Madrid en 1843; pero este hecho se explica sabiendo que para la señorita Coronado no ofrece dificultades la versificación de memoria; hállalas sí extraordinarias para escribir en prosa, por la tenacidad con que se le agrupan las consonantes, y lo que la desconcierta es el trabajo que tiene que emplear para descartarse de ellos.

La señorita Coronado, cuyo nombre había figurado ya en 1843 en todos los periódicos literarios de alguna valía de Madrid y de las provincias, al pie de excelentes composiciones que eran reproducidas con elogio en los de la Isla de Cuba y Estados Unidos, fue sucesivamente admitida

APUNTES BIOGRÁFICOS

en el Instituto Español, cuando esta corporación tenía algo de literaria, y en casi todos los Liceos de España, incluso los de Madrid y La Habana.

Pero, como dice Mr. Gustavo Deville en el artículo relativo a las poetisas publicado en la *Revista de Madrid*,[4] "cuando su animoso empeño iba a recibir la debida recompensa, en el momento en que debía empezar la vida real para ella, y en que los obstáculos con que había tenido que luchar su noble vocación quedaban vencidos por los esfuerzos de su voluntad perseverante, se repitió por la prensa la noticia de su muerte". Esto era al comenzar el año 1844, y los periódicos vistieron luto por una pérdida tan sensible para las letras tales demostraciones de simpatía, y los versos que se imprimieron a su memoria, fueron a sorprenderla en su casa de campo, donde vivía una gran parte del año; mas afortunadamente, como añade el citado Deville, la voz de la joven poetisa se hizo oír desde el fondo de la tumba para probar a su país que lo que bajaba a ella eran los despojos de su laborioso aprendizaje, pero que sobrevivía su alma, rica de fuerza, de gracia y de inmortalidad. El sentimiento manifestado por su supuesta pérdida le hizo concebir la idea de escribir un libro titulado: *Dos muertes en media vida,* que debe ser su obra póstuma.

Las continuas vigilias literarias, los estudios incesantes, una laboriosidad en fin extraordinaria, debían arruinar su salud, y en 1847 se vio atacada de un mal grave: teniendo entonces que trasladarse a Andalucía, visitó Cádiz, en cuya ciudad permaneció algún tiempo, despidiéndose con una bellísima inspiración *Al mar,* que reprodujeron todos los periódicos de la Península y de América.

---

4. "Influencia de las poetisas españolas en la literatura", *Revista de Madrid*, 2.ª serie, 2 (1844): 190-99. Es el primer artículo sustancioso dedicado al tema (Kirkpatrick 95).

A una enfermedad nerviosa que la dejó baldada y le obligó a buscar su curación en unas aguas próximas a Madrid, debió también la corte el tener en su seno a la distinguida poetisa que nos ocupa: el Liceo artístico y literario la dedicó una sesión, donde fue premiada con una corona de laurel y oro, en cuyas cintas se leían su nombre y el del Liceo, y en el mismo leyó su lindísima composición: *Se va mi sombra, pero yo me quedo.* En la sesión regia que éste celebró después para obsequiar a SS.MM. se representó *El cuadro de la esperanza,* una de sus obras dramáticas, en cuyo género ha escrito además un drama histórico titulado *Alfonso IV de León,* y dos, inéditos aún, cuyos títulos son *Petrarca* y *El Divino Figueroa.*[5]

Su vida en provincia es tan sencilla como sus versos: pásala rodeada de flores y pájaros, y distribuye habitualmente las horas entre las labores de su sexo, el cuidado y educación de sus hermanos y los trabajos literarios. Sufre con frecuencia fiebres más o menos fuertes; pero aun en medio de sus padecimientos trabaja mentalmente, porque el mal, que se la fija en el corazón, le deja siempre libre y despejada la cabeza.

¿Hay quien desee visitar el gabinete de la cantora del Gevora, quien quiera echar una mirada por los objetos más notables que la rodean? He aquí pues la lista de ellos para satisfacción de su curiosidad: un cuadro del *divino Morales* que representa en actitud de escribir a Santa Teresa de Jesús, con cuyo hermoso rostro tiene marcada semejanza el de nuestra escritora, por una coincidencia tan rara como notable: dos coronas por bajo; dos tórtolas en

---

5. *El cuadro de la esperanza* se representó en el Liceo madrileño, el 13 de enero de 1849. Aunque quedó inédito, *Alfonso IV de León* sí fue estrenado en Badajoz antes de 1846. No se sabe nada de *Petrarca* y *El divino Figueroa,* que parecen ser obras musicalizadas.

APUNTES BIOGRÁFICOS

un ángulo, que la arrullan mientras escribe; algunas flores sobre su mesa que se renuevan todos los días, y exhalan continuamente su perfume.

¿Necesitamos engolfarnos ahora en el examen de unas poesías tan conocidas y tan justamente apreciadas por su originalidad, por su espontaneidad y por su belleza, como las de la señorita Coronado? No ciertamente, porque sus escritos están juzgados, y nosotros no podríamos añadir nada al fallo del público y de los hombres entendidos. Hemos dicho al principio de estos renglones que pertenecen a un género que no perece nunca, porque tienen su origen en los sentimientos generosos del corazón, en la admiración de las riquezas de la naturaleza, porque son impresiones del poeta causadas por la *soledad,* por un acceso de *melancolía,* por la contemplación de las *nubes,* por la *palma,* que *alza gallarda su elevada frente,* por el dolor de *una despedida,* por las brisas del *otoño,* por la *luna,* que le trae a la memoria el recuerdo de pasadas dichas, por el brillo de una *estrella* que luce en el firmamento, por una *gota de rocío* que riega la flor en la aurora, por un *pájaro perdido,* por la vuelta de las *golondrinas,* esas encantadoras mensajeras de la primavera, por recuerdos del techo paterno, de los lugares en que hemos dejado alguna cosa de nuestra infancia, por memoria de los primeros latidos del corazón, por el canto del ruiseñor, por la mariposa del cuerpo dorado y alas de gasa, que muere en la corola de la rosa recién abierta. Si alguna vez alza el tono de sus acentos y canta *La fe cristiana,* o se lamenta de la suerte de *Mérida, la que opulenta fue grande y señora,* o se indigna hablando del desenfreno de *El marido verdugo,* o hace resonar su lira con el brío y energía de Espronceda, al elevar su voz a la Reina en una oda de la cual no conoce el público más que algunas estrofas, pronto recobran sus versos el carácter de dulce melancolía, de candor y de ternura que les presta su principal encanto, su gracia, su donaire, y que conmueven, interesan y deleitan de tal modo, que apenas puede el crítico reparar en tal cual incorrección o desaliño, imposible de evitar en composiciones hechas la mayor parte de memoria.

Después de publicado el tomo de poesías de que dejamos hecha mención, ha dado a luz de diez a doce mil versos en varios periódicos de Madrid, de las provincias, del extranjero y de América: esta colección de composiciones, cada una más fácil, más espontánea, más bella y más sentida que la anterior, ha ido marcando los adelantos de la escritora sin que la corrección de la forma haya despojado los versos de una de las cualidades que la distinguen desde luego, y que es tanto más apreciable cuanto que es bien rara en estos tiempos; de su carácter propio y especial; de la dulzura, la gracia y la modestia que les son peculiares; cuando recuerda la pérdida de una persona amada que halló en el mar su sepultura, lo hace con una reserva delicada que interesa y encanta; cuando la exalta la melancolía y no ve más que lo presente, sin esperanza y sin porvenir, busca consuelo en el recuerdo de dichas y de alegrías desvanecidas; cuando llegan a su oído las *tormentas* de crisis solemnes, se esfuerza en derramar la paz y la calma, poniendo a la vista de todos el triste cuadro de escenas de muerte y destrucción que amenazan a la humanidad, y en fin, cuando sigue cultivando el género descriptivo en que tanto se distingue no pierde el privilegio de animar la naturaleza y de darle a su voluntad una existencia ignorada.

Los escritores han pagado el debido tributo al mérito superior de la señorita Coronado, que posee cerca de mil composiciones escritas en su obsequio, entre las que se cuentan algunas italianas y francesas; a una de las españo-

APUNTES BIOGRÁFICOS

las, debida al Sr. Rubí, acompañaba la corona que éste recibió al estrenarse *La rueda de la fortuna*.[6]

De algunos años a esta parte se ha consagrado a la novela, con no menos fortuna que a la poesía; empezó escribiendo dos, cuyos títulos son: *Paquita*, y *La luz del Tajo;* a estos ensayos siguió otra titulada *Jarilla*, y en la actualidad concluye un trabajo del mismo género, pero de más pretensiones; titúlase *La Exclaustrada*[7] y es una concepción sumamente original, en la que se hallan dibujados caracteres interesantísimos, tipos caprichosos algunos, pero pintados todos de mano maestra, escenas llenas de candor y de inocencia que cautivan al alma y entusiasman al lector. El estilo es satírico, festivo, aunque a veces la autora (que tal vez ha tenido el mayor trabajo en ocultar una historia con el velo de la fábula) deja conocer el sentimiento con que escribe: el cuadro tiene pocas sombras negras, pero sí medias tintas que le dan una entonación admirable. Si algún lector llorón se va enterneciendo, le distrae de pronto con alguna jocosidad, y para el que se entrega a la alegría tiene alfileres en cada palabra, que le clava sin piedad. En suma, *La Exclaustrada,* nos atrevemos a asegurarlo, es uno de esos libros destinados a producir una sensación profunda, y a hacer época en la vida literaria de la autora.

También ha publicado en el *Semanario* la primera parte de una linda novela que lleva el título de la protagonista *La Sigea,* y un ingeniosísimo e interesante paralelo entre *Safo y Santa Teresa de Jesús,*[8] que no es hijo de un pensa-

---

6. *La rueda de la fortuna,* drama histórico de Tomás Rodríguez Rubí (1817-90), fue un gran éxito al estrenarse en 1843. Después, Rubí pasa a escribir dramas burgueses de tesis.

7. Obra evidentemente perdida.

8. La primera parte de *La Sigea* se publica en los n.os 14-17, año 16, del *Semanario Pintoresco Español* (6 abril - 6 julio, 1851); la obra completa, en

miento aislado, de un mero capricho del momento, sino que tiene por el contrario su origen en las observaciones filosóficas y fisiológicas que la señorita Coronado ha hecho en sus estudios sobre la historia de la literatura. La observación ha sugerido a la poetisa la idea de que hay *genios gemelos* que nacen de dos en dos. No basta que se interpongan entre ellos los siglos, ni que los separe la educación, ni la diversidad de pueblos, climas, costumbres y religiones: *Safo y Santa Teresa de Jesús, Schiller y Hartzenbusch, Byron y Quevedo* (estos dos últimos hasta en aquella pierna torcida, que según decía el primero "nunca le perdonaban las mujeres" y que le hizo exclamar al segundo: "como tu alma tengo la otra pata") ofrecen para la autora innumerables puntos de semejanza que ella pone de relieve con el ingenioso artificio, con la profunda filosofía, con la gracia, con el talento de que ha dado una brillante prueba.

Recopiladas desaliñadamente las principales fases de una de las existencias literarias más laboriosas y más brillantes de nuestra época, réstanos añadir un rasgo más al ligero boceto que hemos ensayado para hacer el retrato de la señorita Coronado: a la alta reputación que sin pretenderlo, y hasta sin esperarlo, ha adquirido como poetisa y como escritora, ha sabido añadir otra fama más modesta, pero no por eso menos digna de referirse: la de caritativa, la de bienhechora. Su nombre no es desconocido para ningún infeliz, para nadie que padece cerca de ella; su celo por la educación es tan grande, que se la ve con frecuencia en las escuelas de primera enseñanza animando y premiando a los alumnos: su cooperación ha contribuido en gran parte al estado brillante en que se encuen-

1854. "Los genios gemelos. Primer paralelo. Safo y Santa Teresa de Jesús" aparece en el n.º 12, año 15 (24 marzo 1850) del *Semanario,* 89-94; y el n.º 23 (9 junio 1850): 178-80.

APUNTES BIOGRÁFICOS

tra la escuela de párvulos de Badajoz, sostenida por una sociedad para mejorar la educación del pueblo, a la cual ha prestado servicios de la mayor importancia. En resumen, y para decirlo de una vez, en sus versos se reflejan los sentimientos, las afecciones, la posición de la autora: sus ideas, sus rasgos de patriotismo, los excelentes artículos que ha escrito demostrando la necesidad de una unión entre los dos reinos que forman nuestra península, retratan a la española entusiasta que ambiciona a toda costa la prosperidad de su país; los arranques caritativos y generosos de su corazón ponen en evidencia la pureza de su alma, la excelencia de sus sentimientos. Dos títulos ha llegado a adquirir que la caracterizan perfectamente: los escritores le damos el nombre de *hermana;* los desgraciados la llaman su *ángel*.

Como complemento de estas noticias estampadas en el tomo XV del *Semanario Pintoresco Español*, réstanos añadir, que de vuelta de un viaje que la señorita Coronado acaba de hacer por Francia, Inglaterra, Bélgica y Alemania, ha empezado a publicar con el título de *Un paseo desde el Tajo al Rhin descansando en el Palacio de Cristal,*[9] una colección de cartas que contienen las impresiones recibidas al atravesar aquellos envidiables países donde el refinamiento de la civilización no ha sido bastante a desterrar la poesía, esa hija del cielo que, como un ángel bienhechor, desciende sobre los hombres para hacerles llevaderos sus dolores.

La señorita Coronado que, al dar sus primeros pasos por Francia cuenta una tradición y halla ya oportunidad para detenerse a contemplar un paisaje triste pero sublime, al oscurecer de una noche sombría, ante una cruz

---

9. Los "Apuntes biográficos" de Fernández de los Ríos aparecieron primero en el *Semanario Pintoresco Español,* año 15, n.º 15 (14 abril 1850): 113-16. Las crónicas de viaje de C. C. se publicaron en *La Ilustración Universal* en 1851 y 1852.

misteriosa colocada en una abertura a cuya extremidad se chocan con furor las olas del Océano, parece más dispuesta a consagrar su atención a estas armonías de la naturaleza que a los adelantos de las artes y de la industria, y de ello debemos felicitarnos, teniendo en cuenta que ha de ocuparse en su viaje de los pintorescos valles de Inglaterra, el país que, después de Alemania, cuenta mayor tesoro de antiguas tradiciones poéticas, conservadas fielmente a través de los siglos; de la Bélgica, con sus cantos nacionales y místicos de la Edad Media y sus antiguas poesías populares, y de las orillas encantadas del Rhin, llenas de ficciones populares, de castillos mágicos, de seres fantásticos, de cantos tradicionales que resuenan aún en aquellas montañas, entre las cuales se espera encontrar a los héroes de tantas leyendas, evocados por el continuo recuerdo de los habitantes.

Lo que ha aparecido de la última producción de la eminente poetisa, hace esperar que quien ha sabido encontrar en su lira sonidos dulces y tiernos para cantar las maravillas de la naturaleza, no quedará tampoco deslucida al desarrollar a nuestra vista todo lo sublime y lo poético, que durante su peregrinación la ha impresionado.

25 de octubre.

ÁNGEL FERNÁNDEZ DE LOS RÍOS[10]

---

10. Político y escritor progresista (1821-80), es autor de una célebre *Guía de Madrid* (1876) y *El futuro Madrid* (1868).

PRÓLOGO

por
Juan Eugenio Hartzenbusch

A principios del siglo pasado salía en París una publicación mensual, en cuyas columnas fue apareciendo sucesivamente por espacio de algunos años una porción de composiciones líricas, firmadas por una señorita que las remitía desde Bretaña. Aquellas poesías, que parece no carecían de mérito, le cobraron mayor por anunciarse como obras de una dama: se escribieron versos en elogio de la Safo bretona, y no faltó quien estuviese a punto de enamorarse de ella en fe de su talento; hasta que el día menos pensado remaneció en París un tal Monsieur Desforges-Maillard,[1] que declaró paladinamente haber tenido la rara aprehensión de disfrazarse con un pseudónimo de mujer, y por consiguiente, que la poetisa incógnita era poeta. Si la autora de esta corta colección de rimas juveniles, la señorita doña Carolina Coronado, hubiese imitado este ejemplo, no por humorada sino por modestia; si desde Extremadura hubiese enviado a Madrid sus produccio-

1. Al no poder publicar sus versos, Paul *Desforges-Maillard* (1699-1772) los envió bajo el nombre de Mlle. Malcrais de La Vigne, al *Mercure,* en cuyas páginas la "Muse bretonne" llegó a ser célebre.

nes bajo el nombre de una persona de otro sexo; difícil hubiera sido a los lectores inteligentes persuadirse de que había podido escribirlas un hombre: por lo menos al notar la dulce blandura, la pureza de espíritu, la sencillez del concepto, la brevedad de su desarrollo y la delicada y particular elección de asuntos que las distinguen, hubiera sido necesario atribuírselas a un hombre todavía niño, a quien nuestra imaginación se hubiera representado ingenioso, inocente y gallardo; que apenas habría salido una u otra vez del florido bosque o del valle ameno donde osciló su cuna, y donde a competencia le habían arrullado las musas con los cantares dulcísimos de Francisco de la Torre, Garcilaso y Meléndez.[2] Esta imagen medio bucólica podrá ser bella: la realidad esta vez es mucho más bella todavía.

Si a un hábil profesor le presentaran un cuadro, un busto, una estampa, una joya o cualquier otro objeto artístico digno de estimarse por su mérito; aquel hombre no experimentaría al pronto más que la grata sensación que produce el examen de una obra bien hecha; pero si le dijesen que aquel artefacto era obra de las manos de un ciego, de un manco o de otra persona que había tenido que luchar con dificultades gravísimas para desempeñar una labor tan ardua; el artista ya no se contentaría con mirarla como antes por un impulso de curiosidad; la registraría con interés vivísimo; cada inconveniente superado excitaría su asombro, y quizás tal o cual toque poco libre, tal o cual aspereza en el mármol, tal o cual tropiezo del buril o la lima, que le harían adivinar el choque entre la materia rebelde y la mano perseverante y firme, le harían excla-

---

2. Todos escriben obras de índole bucólica: *Francisco de la Torre*, poeta de fines del siglo XVI, *Garcilaso de la Vega* (1501-36) y el neoclásico (y extremeño) Juan *Meléndez Valdés* (1754-1817).

PRÓLOGO

mar conmovido que si antes le agradaba la obra sin haber comprendido el secreto de su existencia, entonces que lo conocía, la admiraba y rendía al autor un homenaje mezclado de veneración y cariño.

Para que las poesías de la señorita Coronado agraden, basta leerlas sin recomendación ni comentario; para comprenderlas bien, para estimarlas debidamente, necesitan algunas explicaciones.

Cualquiera de nuestros lectores que, viajando por el priorato de San Marcos de León hacia el año de 1833, se hubiese detenido unos días en la villa de Almendralejo, hubiera podido conocer allí a una graciosa niña de nueve años, la cual dócilmente ocupada todo el día en sus labores al lado de su madre, hurtaba por las noches algunas horas a su reposo, cada vez que podía haber a las manos alguno de los libros que componían la biblioteca de su casa y la de otras familias principales de la población, a pesar de que buena parte de ellos solían tratar de materias las más a propósito para ahogar el gusto de leer en cualquier entendimiento infantil, ora fuese de varón, ora de hembra. Privarse de dormir por leer cuentecillos, comedias o novelas es cosa que todos hemos hecho; perder las horas del sueño para engolfarse en la lectura de la *Historia crítica de España* del abate Masdéu,[3] y otras obras igualmente áridas y prolijas, ya es una buena prueba de afición al estudio. Pero esta afición excesiva, y contraria hasta cierto punto a la severidad de las costumbres extremeñas, no debía ser tolerada por una madre prudente desde el momento en que le fuese conocida; y una señorita que tiene ocho hermanos, debía también por su parte sacrificar su gusto a la sagrada obligación de ayudar a su

---

3. *Masdéu:* Juan Francisco Masdéu (1744-1817), historiador y jesuita español.

madre en los quehaceres domésticos; desquitándose sólo de esta violenta privación cuando más adelante alguna casualidad le ponía en las manos algún poeta, en cuyo caso pugnaba por aprender de memoria el libro para poderlo devolver, segura de que no le haría falta, como se cuenta que hizo Juan Racine con la novela griega de Heliodoro, cuya lectura le había prohibido su maestro.[4] Trasladada aquella niña algunos años después a Badajoz, y entregada a los estudios de una educación lo más brillante que el país permitía, despertóse en aquella imaginación ardiente el deseo de pulsar la lira de Villegas y Rioja;[5] y casi puede decirse que sin guía, sin modelos, sin papel y sin tiempo se propuso y logró hacerse poetisa. Esos pocos versos que el lector va a juzgar, han nacido ya en un rato de meditación matutina antes de entrar la autora en sus tareas cotidianas; ya en medio de ellas, ocupadas las manos en la costura mientras el espíritu vagaba por las regiones del idealismo; ya aprovechando los instantes de silencio en una visita; ya abandonándose en un paseo solitario a la súbita inspiración producida por la hermosura de la naturaleza. Sólo quien haya probado a componer de memoria, es capaz de comprender la fuerza de atención que requiere este penoso trabajo del entendimiento. El poeta que compone escribiendo, descansa en el papel del cuidado de conservar lo que crea, y no piensa en seguir creando; el que compone de memoria, tiene que desempeñar por sí la

---

4. En su juventud, Jean *Racine* (1639-99) vivió y estudió bajo la influencia austera de los jansenistas de Port-Royal, quienes no miraron bien los amores y aventuras de *Teágenes y Cariclea* del novelista griego Heliodoro (siglo III).

5. *Villegas:* Esteban Manuel de Villegas (1589-1669), poeta de inspiración anacreóntica en sus *Eróticas, o Amatorias; Rioja:* Francisco de Rioja (1583-1659), llamado el "poeta de las flores" por sus silvas "Al clavel", "Al jazmín", "A la rosa", etc.

PRÓLOGO

doble tarea de crear y retener; y como la mente humana no puede ocuparse a un tiempo en dos ejercicios, turbada la razón un tanto con ellos, la entonación del poema no suele salir igual, ni las ideas muy íntimamente enlazadas, ni la expresión del concepto con la claridad suficiente para el lector, para el cual cada pensamiento de una obra escrita se presenta sólo bajo la forma en que quedó, sin que la acompañen las otras ideas auxiliares, o simultáneamente concebidas, que contribuyeron a engendrarlo. En aquella exaltación de ánimo el poeta con la más leve expresión se comprende y satisface a sí mismo: el lector que de ninguna manera se puede hallar en un caso semejante, necesita más para comprender; el uno es el ciego que por su finísimo tacto conoce un naipe sin verlo, y el otro es el hombre que ve, pero que necesita la luz para distinguir la figura estampada en la carta.

Advertido con estas noticias podrá el lector considerar las obras de la señorita Coronado en su verdadero punto de vista; y conociendo las dificultades que ha tenido que vencer para hacerlas buenas, apreciará justamente su especial carácter así en la esencia como en la forma. En un tiempo en que tanto abundan los poetas en España, necesita cada uno, para no confundirse con los demás, aparecer con una fisonomía original y propia que no deje de ser agradable: y he aquí precisamente las tres prendas características de la poesía de nuestra joven autora: novedad, concisión y belleza: sus versos pintan su corazón, su gusto, su edad, su estado, su posición social y hasta la noble compostura de su semblante: sus versos son ella misma. Cuando saluda la feliz llegada de la primavera; cuando se despide del asilo de su niñez; cuando observa a un niño que busca un pájaro; cuando dirige sus palabras a las nubes, a las estrellas, a las flores, siempre los ecos de su voz llevan entre los rasgos del ingenio el encanto de la bondad, del candor y de la ternura; su tono melancólico es dulce; conmueve y no contrista, interesa y deleita. Aun cuando el aspecto de una esposa maltratada la indigna, aun cuando los despedazados restos de una ciudad antigua célebre suscitan en su pecho recuerdos dolorosos, se echa de ver en la templada vehemencia de sus quejas y en el manso correr de sus lágrimas la natural timidez y encantadora modestia de una joven de 20 años: tan sólo a la vista del árbol de África cuyas hojas han de tejer la corona que ella desconfía ver en sus sienes; tan sólo cuando interpreta el celoso despecho de otra mujer, de otra poetisa, de la infeliz cantora de Lesbos,[6] tan sólo entonces resuena la lira de nuestra autora con acentos vigorosos y enérgicos, y se olvida un momento de todo para mostrarse exclusivamente poeta. A un hombre no se le hubiera ocurrido o no hubiera sabido decir tan poéticamente que le asustaban las nubes amenazando tempestad; un hombre no hubiera podido escribir la composición a la *siempreviva,* ni hubiera acertado a bosquejar la condición agreste del *lirio;* de la boca de un hombre no hubieran podido salir los donosísimos versos a *una coqueta;* pero el poeta de más brío adoptaría de buena gana las estrofas *a la palma,* las octavas *a la primavera anticipada* y algún otro rasgo de igual valentía. Con todo, lo repetimos, no es la valentía sino la gracia el principal distintivo de estas producciones.

Y esta gracia peculiar es tal, que triunfa de todo. Un clásico severo tal vez repararía en uno u otro epíteto menos propio, y en algún que otro rasgo de desaliño: un erudito a la violeta desaprobará que la autora deje pendiente

---

6. Safo de Lesbos, poeta griega que vivió a principios del siglo VI a. de J.C., figura trágica que, según una leyenda tardía, se suicidó al abandonarla su amante Faón.

en una estrofa el concepto o el sentido, y pase sin escrúpulo a la siguiente; pero además de que esta licencia está autorizada con ejemplos numerosísimos de todos nuestros poetas antiguos, y lo otro es casi inevitable en las composiciones hechas de memoria, la belleza del todo, el halago de la dicción en general, la magia secreta de los pensamientos, y para decirlo de una vez, la verdadera poesía de sentimiento que anima todas y cada una de las páginas de este cuaderno, hace que le sea imposible al lector detenerse a pensar si donde todo le seduce puede haber algo que deba descontentarle: son versos de una hermosa y les alcanza el privilegio de la hermosura. Sólo es de sentir que sean tan pocos; pero bien joven es la autora, y la favorable acogida que sin duda recibirán del público, la obligará necesariamente a multiplicar ensayos en que ganen igualmente la fama de la poetisa extremeña, la gloria de su sexo y el brillo de la literatura española.

JUAN EUGENIO HARTZENBUSCH[7]

---

7. *Juan Eugenio Hartzenbusch* (1806-80), autor de la obra romántica *Los amantes de Teruel* (1837), fue amigo y mentor de C.C.

POESÍAS

A LA SOLEDAD

   Al fin hallo en tu calma
si no el que ya perdí contento mío,
si no entero del alma
el noble señorío,
blando reposo a mi penar tardío.   5

   Al fin en tu sosiego,
amiga soledad, tan suspirado,
el encendido fuego
de un pecho enamorado
resplandece más dulce y más templado.   10

   Y al fin si con mi llanto
quiero aplacar ¡ay triste! los enojos
del íntimo quebranto,
no me dará sonrojos
el continuo mirar de tantos ojos.   15

   Danme, sí, tierno alivio
la soledad del campo y su belleza,
y va el dolor más tibio

su ardiente fortaleza
convirtiendo en pacífica tristeza. 20

Plácenme los colores
que al bosque dan las luces matutinas:
alégranme las flores,
las risueñas colinas
y las fuentes que bullen cristalinas. 25

Y pláceme del monte
la grave majestad que en las llanadas
como pardo horizonte
de nubes agolpadas,
deja ver sus encinas agrupadas. 30

Allí con triste ruido
de las sonoras tórtolas, en tanto
que posan en el nido
bajo calado manto,
de una a otra encina se responde el canto.— 35

—Tal vez mis pasos guío
por los sombrosos valles, escuchando
al caminante río,
que con acento blando
se va por los juncares lamentando. 40

Ya entonces descendiendo
de su altura va el sol, cansada y fría
claridad esparciendo,
y a poco entre armonía
cierra sus ojos el señor del día. 45

Y los míos acaso
alguna vez, del sueño sorprendidos,

dejaron que en su ocaso
pararan confundidos
afanes del espíritu y sentidos.   50

　Si sola y retirada,
aun me entristece más noche sombría,
la luna con rosada
faz, por oculta vía
sale a hacerme amorosa compañía.   55

　Y al fin hallo en tu calma,
¡Oh soledad! si no el contento mío,
si no entero del alma
el dulce señorío,
blando reposo a mi penar tardío.   60

CAROLINA CORONADO

MELANCOLÍA

Emilio, ¡cómo apuras
loco de risa el tiempo en la alegría!
no hay tregua a tus venturas,
como en la pena mía
no hay tregua a la infeliz melancolía. 5

Anima tu contento
la primavera, y mi tristeza acrece:
paréceme que el viento
que aspiro se enrarece,
y la lumbre del cielo se oscurece. 10

Los campos tan hermosos
a tus brillantes ojos, a los míos
turbios, son enfadosos
anchos espacios fríos,
de objetos, de color, de luz vacíos. 15

---

1 *Emilio*: el hermano pequeño de C.C.

Bastan del arroyuelo
a tu juego infantil las blancas chinas:
la fortuna tu anhelo
cumple, si en las vecinas
mieses con la escondida alondra atinas.   20

    ¡Cuánto es el alborozo
que tu impaciente corazón regala!
el temblor de su gozo
la agitación iguala
de la avecilla sacudiendo el ala...—   25

    De niña, el riachuelo
y las aves también me divertían,
y cuantas por el suelo
lindas flores se abrían,
a mi regazo fáciles venían.   30

    Mas ya ¿dónde el hechizo
de esas llanuras para mí se encierra?
si de verde o pajizo
se engalana la tierra,
si brota el árbol, si la flor se cierra.   35

    Un alma alborozada
tantos encantos y mudanzas vea:
la mía desolada
de cuanto la rodea,
sólo con el silencio se recrea.   40

A LAS NUBES

¡Cuán bellas sois las que sin fin vagando
en la espaciosa altura,
inmensas nubes, pabellón formando
al aire suspendido,
inundáis de tristura 5
y de placer a un tiempo mi sentido!

¡Cuán bellas sois, bajo el azul brillante
las zonas recorriendo,
ya desmayando leves un instante
entre la luz perdidas, 10
ya el sol oscureciendo
y con su llama ardiente enrojecidas!

Y ya brilláis como la blanca espuma
en las olas del viento,
y ya fugaces como leve pluma, 15
y de sombras ceñidas,
cruzáis el firmamento
las pardas frentes de vapor henchidas.

¡Cuán dulce brilla en su mortal desmayo
rompido en vuestro seno 20

del sol ardiente el amarillo rayo!
¡Y cuán dulce y templado
el resplandor sereno
del astro de la noche sosegado!

   Y ¡cuánto, oh nubes, vuestro errante giro   25
place a mi fantasía!
triste y callada y solitaria os miro
flotar allá en el viento,
y por celeste vía
melancólico vaga el pensamiento.   30

   Y yo os adoro si con tibio anhelo
adormís las centellas
el vivo sol en el tendido cielo;
si en delicioso manto
veláis de las estrellas   35
y la pálida luna el triste encanto.

   ¡Oh!, ¡yo os adoro, del espacio inmenso
deidades vagarosas!
no cuando hirvientes desde el seno denso
en ronco torbellino   40
arrojáis espantosas
vívidas llamas del furor divino.

   ¡Ay! ¡que medrosa entonces se ahuyentara
la inspiración sublime!
ni medrosa la cítara ensalzara   45
del cielo la belleza,
cuando mi sien oprime
nubloso manto de mortal tristeza.

   Muda contemplo de pavor cercada
la turba misteriosa   50

que en pos del huracán revuela osada.
así errante la vida
se arrastra lastimosa
a la senda fatal do el mal se anida.—

Allá en la inmensidad os mueven guerra 55
furiosos aquilones:
así de desventuras en la tierra
nos cerca turba insana;
así de las pasiones
es juguete infeliz la vida humana. 60

Ella varía también la faz ostenta,
y brilla y se oscurece,
y cual vosotras rápida se ahuyenta;
y es nube que exhalada
el aire desvanece 65
en la corriente de la triste nada.

Mas ¡ay! vosotras revagad en tanto
que la cítara mía
os pueda consagrar su débil canto.
Del sol al rayo bello 70
tended el ala umbría,
y apacible volvedme su destello.

Y dadme inspiración; yo mis cantares
daré a vuestra hermosura.
las que sorbéis el agua de los mares, 75
¡vagad tranquilamente
con nevada blancura
en la encendida cumbre del Oriente!—

---

56 *aquilones*: vientos árticos del Norte.

A LA PALMA

Alza gallarda tu elevada frente,
hija del suelo ardiente,
y al recio soplo de aquilón mecida,
de mil hojas dorada,
de majestad ornada,   5
descuella ufana sobre el tallo erguida;

Y arrojando tu sombra allá a lo lejos,
del sol a los reflejos,
al árabe sediento y fatigado,
desdeñosa levanta   10
tu bendecida planta
en el desierto triste y abrasado.

Allí horroroso el simoon se ofrece,
y tu cima enrojece.
Vertiendo lumbre que la tierra inflama;   15
y aparece sangriento

---

13 *simoon*: simún, viento abrasador que sopla en los desiertos de África y Arabia.

el sol desde su asiento
lanzando ardiente destructora llama.

Y tú, entre nubes de encendida arena
majestosa y serena,
o ya del recio vendaval batida,
elevas tu cimera,
orgullosa palmera,
contando siglos de gloriosa vida.

No las tranquilas aguas dulcemente
arrastran su corriente
bajo el dorado pabellón que ostentas;
que, siempre en el estío,
sin fresco ni rocío,
sólo de arena y fuego te alimentas.

Tú, virgen sacrosanta y peregrina,
de las nubes vecina,
tú su signo le das a la victoria,
y corona esplendente
de tus hojas luciente
al héroe ciñes de radiante gloria;

La corona inmortal, que ciñe el hombre
con glorioso renombre
en derredor de la altanera frente,
porque en gigante vuelo
arrebatado al cielo
bebió en la sacra inspiradora fuente.

La corona inmortal, prenda sagrada
del imbécil hollada,
orgullo y ambición del alma inquieta;

POESÍAS

escondido tesoro,
brillante más que el oro,
gloria, entusiasmo y vida del poeta.

¿Qué vale de los reyes la diadema
ante el místico emblema   50
de la noble ambición, genio y poesía?—
si una hoja solamente
ciñera yo a mi frente
que acallara el afán del alma mía;

Si al entusiasmo que mi mente inspira   55
alcanzara mi lira
un triunfo de la gloria seductora,
¡Oh palma! hasta las nubes,
más allá do tú subes,
se elevara la voz de tu cantora.   60

Allí en el trono que el Señor levanta
te viera yo a mi planta;
y de mis sienes deslumbrando el brillo,
contemplara las hojas
que ora te visten rojas,   65
teñidas débilmente de amarillo.

¡Delirio nada más! Nunca gloriosa
guirnalda esplendorosa
alegrará mis sienes lisonjera,
ni tampoco mi acento   70
perdido por el viento
podrá elevarse a la celeste esfera.

Guarda tus ramos para el vate augusto
premio a su lira justo,

o a ceremonias santas consagrados, 75
entre el canto sonoro
de religioso coro,
en el altar del templo colocados.

Guarda tus ramos, virgen soberana,
bella y noble africana, 80
formando airosos tu lucido manto;
y el ave pasajera
besando tu cimera
te deje un eco de su dulce canto.

Alza gallarda tu cabeza al viento 85
en blando movimiento,
la corona agitando mal prendida;
y despreciando el brío
del huracán bravío,
descuella ufana sobre el tronco erguida.* 90

(*) Primer poema publicado por C.C., en 1839. V. los "Apuntes biográficos".

MÉRIDA

¡Cómo en tierra postrada
sin fuerzas yace, quebrantada llora
y sola y olvidada
en su tristeza ahora,
la que opulenta fue, grande y señora!   5

¡Cómo yace abatida
Emérita infeliz, ya su cabeza
en polvo confundida,
perdida su belleza,
perdido el esplendor y la grandeza!   10

La que fue celebrada
en los cantos sin fin de sus guerreros,
sólo escucha humillada
de búhos agoreros
los clamorosos ecos lastimeros.   15

¡Ay Dios, que en torno de ella
los tristes ojos con dolor vagaron,

---

7 *Emérita*: Emérita Augusta, Mérida romana.

    y sólo amarga huella
de los siglos hallaron,
que su brillo y beldad en pos llevaron!   20

    Allí el pasado brío
restos de gloria en soledad revelan,
que en ademán sombrío
entre el escombro velan
sombras livianas, que a su pie revuelan.   25

    Y el arco majestoso
de Trajano, en los siglos venerado,
allí, inmoble coloso,
el cuerpo descarnado
y la atezada faz levanta airado.   30

    Mas ¡ay! que ni las huellas
de los soberbios templos se salvaron,
ni ceniza de aquellas
torres que se ostentaron,
y a la matrona bella coronaron.   35

    Allá bajo la puente,
de otra edad más feliz reliquia anciana,
camina lentamente
por la vereda llana
el perezoso y lánguido Guadiana.   40

    "¡Emérita!" murmura
el onda gemidora lamentando
su triste desventura,

---

27   *Trajano* (Marco Ulpio): emperador romano, n. en Itálica en 52 A.C.

y el polvo recalando,
y los cimientos lúgubres bañando.   45

   Anciano compañero,
testigo fue de sus pasadas glorias,
arrulló lisonjero
sus triunfos y victorias,
y ora lamenta el fin de sus historias.   50

   A su orilla callada
venid vosotros, que pulsáis divinos
la cítara sagrada,
y los campos vecinos
llenad de vuestros cantos peregrinos.   55

   De Emérita olvidada
cantad, poetas, con sentido acento
la suerte desdichada,
y el fúnebre lamento
hiera las aguas y lastime el viento.   60

CAROLINA CORONADO

UNA DESPEDIDA

Escuchad mis querellas,
recinto y flores del placer abrigo,
imágenes tan bellas
como ese cielo que os protege amigo.

Asilo de inocencia, 5
consuelo del dolor, bosque sombrío,
ir quiero a tu presencia,
y tu césped regar con llanto mío.

Y el agua de tu fuente
beber acaso por la vez postrera, 10
y respirar tu ambiente,
besar tus flores, la gentil palmera.

Que tu dintel guarnece
de lejos saludar entre congojas,
y a la que en torno crece 15
modesta acacia de menudas hojas.

Y a los álamos graves
el postrimer adios dar afligida,

y cantar con las aves
tristísima canción de despedida. 20

   Y en tu graciosa alfombra
reposar halagada de ilusiones
   bajo la fresca sombra
de tus frondosos sauces y llorones...

   Sus hojas se estremecen 25
y errantes sombras a mi planta evocan,
   que en el viento se mecen,
y mis cabellos con blandura tocan.

   Desde aquí la pintura
es más bello admirar de ese tu cielo, 30
   los visos y frescura
de las nubes cercanas a tu suelo;

   Y al través de las ramas
mirar el sol que su lumbrera humilla,
   y cual de rojas llamas 35
el Occidente retocado brilla.

   ¿Ni qué música iguala
al sordo vago suspirar del viento
   con que armonioso exhala
un bello día su postrer aliento? 40

   ¡Ah! ¡si mi vida entera,
mi cara soledad, recinto amado,
   consagrarte pudiera
el mundo huyendo y su falaz cuidado!

   Mas ¡ay! que la alegría 45
de contemplaros con la luz perece

del presuroso día
que a mis ansiosos ojos desparece.

Esas aves cantoras
que de gozar la tarde fatigadas, 50
en tropas voladoras
retornan gorjeando a sus moradas;

Cuando una sola estrella
con apagada luz brille en el cielo;
cuando la aurora bella 55
ciña el espacio con purpúreo velo,

Y el nuevo y claro día
con sus tintas anime la pradera;
ellas con alegría
volverán a girar por tu ribera. 60

En turba bulliciosa
los bosques poblarán... y yo entretanto
lejana y silenciosa
las horas contaré de mi quebranto.

¡Ay! ¡ellas tu hermosura 65
gozarán y tu paz y sus amores!...
yo gusté harta ventura
bebí en tus fuentes y besé tus flores.

AL OTOÑO

Presurosas huyeron
las horas del verano caluroso:
del álamo frondoso
las hojas se cayeron:
otra estación mi vida   5
cuenta en quejas inútiles perdida.

El tibio sol de octubre
la cabellera blanquecina tiende,
y sus hebras desprende
con que la tierra cubre,   10
ya que negros vapores
no absorban sus escasos resplandores.

Si el turbio remolino
de la copiosa lluvia espacio deja
a su rubia guadeja;   15
si en medio su camino
espesa niebla fría
la luz no roba que a la tierra envía;

Ora os recuerdo triste,
del verano risueñas alboradas,   20

ora noches templadas,
y a ti que apareciste
tres veces en la esfera,
luna, en la noche lúcida viajera.

¡Ay! ¡cómo desparecen 25
los más bellos encantos de la vida!
¡Cómo desprevenida,
sólo cuando perecen
el alma los conoce
para llorar su malogrado goce! 30

Así la primavera
pasará de mis años presurosa,
y aguardando ambiciosa
la dicha venidera,
de este bien que ora pierdo 35
penoso en la vejez será el recuerdo.

Volveré tristemente
los ojos hacia el tiempo desdeñado,
y como del pasado
verano el dulce ambiente, 40
su sol, su luna y flores,
recordaré mi juventud y amores.

A UNA ESTRELLA

Chispa de luz que fija en lo infinito
absorbes mi asombrado pensamiento,
tu origen, tu existencia, tu elemento
menos alcanzo cuanto más medito.

Si eres ardiente, inamovible hoguera,
¿dónde el centro descansa de tu lumbre?
si eres globo de luz, ¿cómo en la cumbre
no giras tú de la insondable esfera?

¿Por qué la tierra sin descanso rueda?
¿por qué la luna el globo majestoso
mueve, mientras tu carro misterioso
inmóvil, fijo en el espacio queda?

¿Es que mi vista de mortal no alcanza
a percibir desde su oscuro asiento
allá en la altura suma el movimiento
de tu carroza que en lo inmenso avanza?

¡Ah, sí! que por espíritu movida
la creación sin descanso se sostiene,

y todo en la creación marcado tiene
forma y destino, movimiento y vida. 20

Tú giras, si: tus alas soberanas
sulcan el mundo y sus confines tocan...
mas ¿cómo en tu carrera no se chocan
tus millares sin número de hermanas?

Más allá de su límite prescrito 25
sediento avanza, audaz el pensamiento,
y tu origen, tu vida, tu elemento
menos alcanzo cuanto más medito.

---

22 *sulcan*: surcan.

A UNA GOTA DE ROCÍO

Lágrima viva de la fresca aurora,
a quien la mustia flor la vida debe,
y el prado ansioso entre el follaje embebe;
gota que el sol con sus reflejos dora;

Que en la tez de las flores seductora   5
mecida por el céfiro más leve,
mezclas de grana tu color de nieve
y de nieve su grana encantadora:

Ven a mezclarte con mi triste lloro,
y a consumirte en mi mejilla ardiente;   10
que acaso correrán más dulcemente
las lágrimas amargas que devoro...
mas ¡qué fuera una gota de rocío
perdida entre el raudal del llanto mío...!

CAROLINA CORONADO

EL PÁJARO PERDIDO

¡Huyó con vuelo incierto,
y de mis ojos ha desparecido!...
¡Mirad si a vuestro huerto
mi pájaro querido,
niñas hermosas, por acaso ha huido! 5

Sus ojos relucientes
son como los del águila orgullosa;
plumas resplandecientes
en la cabeza airosa
lleva, y su voz es tierna y armoniosa. 10

Mirad si cuidadoso
junto a las flores se escondió en la grama:
ese laurel frondoso
mirad rama por rama,
que él los laureles y las flores ama. 15

Si le halláis por ventura,
no os enamore su amoroso acento;
no os prende su hermosura:
volvédmele al momento,
o dejadle, si no, libre en el viento. 20

POESÍAS

 Porque su pico de oro
sólo en mi mano toma la semilla,
y no enjugaré el lloro
que veis en mi mejilla
hasta encontrar mi prófuga avecilla.   25

 Mi vista se oscurece
si sus ojos no ve, que son mi día;
mi ánima desfallece
con la melancolía
de no escucharle ya su melodía.*   30

(*) Poema este bellamente traducido al inglés por William Cullen Bryant como "The Lost Bird" (v. *Thirty Poems*, 1864).

CAROLINA CORONADO

LOS QUINCE AÑOS

Dejas apenas la risueña infancia;
juegos, placeres de su edad dejaste.
Ya el dulce brillo de los quince mayos
cerca tus sienes.

Niña aun graciosa, la infantil sonrisa   5
bulle en tus labios, como el aura tenue.
Juega en el seno de entreabiertas rosas
fresca y fugace.

Tinta ligera de carmín suave
vase tendiendo por tu tez de nieve.   10
Como de luna sonrosado cerco
brilla en tu rostro.

Virgen, tu bella juventud al mundo
muéstrase alegre, candorosa y pura.
Tal entre rocas cristalina fuente   15
brota en la sierra.

---

8   *fugace*: fugaz.

Vesla que nace sosegada y tersa,
clara tendiendo sus dorados hilos.
Sigue su curso: caminando, mira
cómo se enturbia.

¡Ah, que tu bella juventud al mundo
muéstrase alegre, candorosa y pura!
Mas ¡ay! ¡cuán presto la serena vida
tuerce su paso!

Ya el adormido corazón despierta
voz misteriosa, que de amor le inflama.
Virgen, ¿no sientes palpitar tu seno
más agitado?

Ya las mejillas de encarnado vivo
tiñe la nueva confusión del alma.
Fijos en tierra los turbados ojos
lágrimas brotan.

¡Ay de la hermosa libertad perdida!
¡ay del sosiego de perdida infancia!
¡Ay del tranquilo corazón tan libre,
ya aprisionado!

Ansias, cuidados, agitadas horas,
largos afanes tras ventura escasa
por solo y triste galardón espera
virgen amante. —

CAROLINA CORONADO

LA VOZ DE UNA HIJA

Imagen pura, deliciosa y tierna,
constante amiga de mi blando sueño:
tú la que ofreces a la vida mía
paz y ventura;

Imagen bella de la dulce madre, 5
que un Dios me diera, de mi bien celoso:
nunca del alma tu inefable hechizo
viera lejano.

Siempre el amante corazón te abriga;
siempre bendice tu apacible encanto, 10
y de ternura tu memoria siempre
viva le inunda.

¡Oh! ¡cuánto el cielo sus preciosos dones,
mi cara madre, y su bondad revela!
Su inmensa gloria en tu sagrada imagen 15
luce divina.

Que es una madre la perfecta hechura
con que el Eterno coronó sus obras;
solemne ofrenda a la natura haciendo,
digno presente.   20

Que es una madre de la tierra amparo,
supremo alivio de angustiosas penas;
bálsamo santo del pesar amargo,
tierna delicia.

¡Ay del que huyera el maternal regazo!   25
¡Ay del que ingrato su amoroso abrigo
desdeña injusto, y la orfandad anhela!
¡Ser infelice!

Suerte funesta su vivir preside;
su prez esquiva el indignado cielo;   30
nunca a sus ojos la benigna aurora
plácida brilla.

Mas yo dichosa, que a tu lado miro
beber el tiempo mis tranquilas horas,
si lloro, madre, si mi vida empaña   35
nube sombría,

Deja en tu seno protector, amigo,
deja que ardiente la mejilla esconda,
que hundir mis penas y enjugar mi llanto
sabes tú sola. —   40

CAROLINA CORONADO

LA PRIMAVERA ANTICIPADA

Oigo voces en torno alborozadas
que saludan la nueva primavera:
yo no sé si su hielo a la ribera
le faltó, y a las sierras elevadas;
yo no he visto si están ya disipadas   5
las nieblas del invierno por la esfera;
sólo sé que mi espíritu caído
sus nieblas de tristeza no ha perdido.

No es alegre ya el sol, no muestra el cielo
el esmalte celeste de otros días;   10
tienen colores lánguidas y frías
las nuevas galas que desplega el suelo.
¿Qué ha sido ¡oh Flora! del risueño velo
que sobre nuestros ojos suspendías,
que prestaba a las aves el contento   15
encantos a la flor, perfume al viento?

¡No eres la que anunciaba la alegría
y el amor a la tierra, Primavera!

13 *Flora*: diosa de las flores y de los jardines, y madre de la Primavera.

¡no eres tú ya la hermosa mensajera
que acentos de entusiasmo, me traía:
más tu aureola cándida lucía,
más dulce entonces tu sonrisa era,
más tierno el risueñor que te cantaba,
más venturosa yo que lo escuchaba!...

¡Más venturosa yo, no tú más bella!
tus galas no, ¡mis ojos se han turbado!
sobre el ambiente puro y azulado
con brillo igual tu frente se destella.
Ahora lo mismo tu ligera huella
anima el blanco lirio perfumado,
y el ruiseñor, que tu belleza adora
con la ternura misma te enamora,

Es que no escucho su amoroso trino;
es que no admiro tu beldad gozosa;
que nunca tras las flores voy ansiosa,
de tus huellas errante en el camino;
que del viajero arroyo cristalino
ya no contemplo el agua rumorosa...
Es ¡ay! ¡que en mis sentidos conturbados
aun hay silencio, hay hielos, hay nublados!

CAROLINA CORONADO

EL MARIDO VERDUGO

¿Teméis de esa que puebla las montañas
turba de brutos fiera el desenfreno?...
¡más feroces dañinas alimañas
la madre sociedad nutre en su seno!

Bullen, de humanas formas revestidos, 5
torpes vivientes entre humanos seres,
que ceban el placer de sus sentidos
en el llanto infeliz de las mujeres.

No allá a las lides de su patria fueron
a exhalar de su ardor la inmensa llama; 10
nunca enemiga lanza acometieron,
que otra es la lid que su valor inflama.

Nunca el verdugo de inocente esposa
con noble lauro coronó su frente:
¡Ella os dirá temblando y congojosa 15
las gloriosas hazañas del valiente!

Ella os dirá que a veces siente el cuello
por sus manos de bronce atarazado,

y a veces el finísimo cabello
por las garras del héroe arrebatado.   20

   Que a veces sobre el seno trasparente
cárdenas huellas de sus dedos halla;
que a veces brotan de su blanca frente
sangre las venas que su esposo estalla.

   ¡Y que ¡ay! del tierno corazón llagado   25
más sangre, más dolor la herida brota,
que el delicado seno macerado,
y que la vena de sus sienes rota!...

   Así hermosura y juventud al lado
pierde de su verdugo; así envejece: —   30
así lirio suave y delicado
junto al áspero cardo arraiga y crece.

   Y así en humanas formas escondidos,
cual bajo el agua del arroyo el cieno,
torpes vivientes al amor uncidos   35
la madre sociedad nutre en su seno.

CAROLINA CORONADO

LOS CANTOS DE SAFO

I

Como el aura suavísima resbala
de placer en placer fácil mi vida:
entre el amor y gloria dividida,
¿cuál es la dicha que a mi dicha iguala?

Al lado de Faón, su amor cantando;
con la luz de sus ojos fascinada;
dicha inmensa es de Safo bienhadada
perder sus horas en deliquio blando.

Dicha inmensa es de Safo venturosa
que su amante en el aire que respira
beba el acento de la tierna lira,
que tan sólo por él suena amorosa.

¡Cómo a mis ojos inefable llanto
gota por gota el corazón destila,
si un instante su faz dulce y tranquila
brilla gozosa al escuchar mi canto!...

¡Si de su boca en lisonjero arrullo
la voz desciende a celebrar mi lira,
y hálito vago que su labio expira
mis sienes cerca entre el falaz murmullo!   20

Siento, Faón, tu delicado aliento
bullir entorno de la frente mía,
y en deliciosos tonos de armonía
herirme el corazón tus voces siento.

El corazón sus golpes precipita   25
al eco de tu voz apasionada:
a un suspiro, a un acento, a una mirada
como el seno de tórtola se agita.

No temo entonces que por bella alguna
perjuro olvides tu feliz cantora,   30
ni atractiva beldad venga en mal hora
a destrozar mi plácida fortuna.

¿Y quién la flor de la ventura mía
osará marchitar con mano aleve?
¿Quién a usurpar tu corazón se atreve   35
y a reinar donde Safo reinó un día?

¡Ah! no soy bella: su preciosa mano
en mi rostro los Dioses no imprimieron;
más al alma benignos concedieron
de los genios el numen soberano.   40

Y cítara en mis manos peregrina
las hermanas de Febo colocaron,

---

42 *Febo*: Apolo, dios de la poesía y de las artes. Sus "hermanas" serán las Musas, compañeras suyas.

y de entusiasmo el corazón llenaron
de amor ardiente e inspiración divina.

Goza de triunfos la beldad un día, 45
que el porvenir destruye rigoroso;
cuando el genio entre aplausos victorioso
de la inmortalidad al templo guía.

Lecho de tierra y silencioso olvido
solo del mundo la hermosura alcanza: 50
el estrecho sepulcro a do se lanza,
los rayos borrará de haber nacido.

Cual sueño pasará, si el genio alzando
la poderosa voz no la eterniza,
su cantar que a los siglos se desliza 55
vida preciosa a sus cenizas dando.

Yo también cantaré: también mis voces,
tierna Faón, tu nombre repitiendo,
con tu amor y mi amor sobreviviendo,
al porvenir sin fin irán veloces. 60

Yo a esa Grecia opulenta, sabia y justa
arrancaré un aplauso duradero,
una corona como el grande Homero
a mis sienes tal vez ceñiré augusta.

Y mirala ¡oh Faón! y tu sonrisa 65
premie el esfuerzo de tu Safo amada,
más plácida a su ser que en la alborada
place a las flores la naciente brisa.

II

Musas divinas, dioses del talento,
¿Qué me vale ceñir vuestra aureola?
Bella rival con su belleza sola
alcanzó mi afrentoso vencimiento.

Lanzadla de ante mí, lanzadla, cielos;
que al verla, el odio que me inspira crece,
mi vista con su vista se oscurece,
y hierve el corazón de envidia y celos.

Lanzadla lejos de él; no más admiren
sus ojos a la bella enamorados:
ni los míos en tanto ensangrentados
por sorprenderlos incesantes giren.

Alma Venus, escucha tú mi ruego,
y protege el amor que has encendido;
en el pecho cruel del fementido
brote una chispa del extinto fuego.

Dame atractivos, dame esa ilusoria
forma y hechizos con tu luz tocados,
¡y quítenme los Dioses irritados
mi cítara, mis cantos y mi gloria!

III

De Venus al oráculo las preces
de los augures fieles demandaron,
y el fin de mis desdichas por tres veces
y el triunfo de mi amor adivinaron.

Mas ¡ay! mintieron.—Tú roca insensible
desoyes mi pasión.—¡¡Ni una esperanza!!...
¿no temes, di, que tu perjurio horrible 95
provoque de los Dioses la venganza?

¡Qué! ¿No temes que Venus indignada
a mis clamores presurosa acuda?
¿No temes que su cólera sagrada
sobre tu frente criminal sacuda? 100

Amante Diosa que el amor preside,
tú la invocaste de tu fe testigo...
mi injuriada pasión venganza pide,
su hollada majestad pide castigo.

IV

Tu juventud corría silenciosa, 105
entre la oscura turba confundido,
cuando uniendo a tu nombre su renombre
Safo su gloria dividió contigo.

La cantora de Grecia descendiendo
de su altura, hasta ti, quiso amorosa 110
cantar tu vida y alumbrar tu frente
con la radiante luz de su aureola.

Y a tu lado, Faón, si la voz mía
se elevaba a cantar nuestros delirios,
miel divina en mis labios derramaban 115
solícitas las hijas del Olimpo.—

¿Dónde la bella que fingiendo amores
tu conquistado corazón me arranca?...
Ayer mi seno de placer latía,
y hoy de despecho y de dolor se abrasa...*   120

(*) V. el Prólogo (Hartzenbusch), n. 6. La imagen de Safo como genio femenino y mujer apasionada forma parte de una "contratradición" poética de varias escritoras decimonónicas, a partir de *Corinne*, de Mme de Staël.

EL SALTO DE LÉUCADES*

El sol a la mitad de su carrera
rueda entre rojas nubes escondido;
contra las rocas la oleada fiera
rompe el Leucadio mar embravecido.

Safo aparece en la escarpada orilla, 5
triste corona funeral ciñendo:
fuego en sus ojos sobrehumano brilla,
el asombroso espacio audaz midiendo.

Los brazos tiende, en lúgubre gemido
misteriosas palabras murmurando; 10
y el cuerpo de las rocas desprendido
"Faón" dice, a los aires entregando.

Giró un punto en el éter vacilante;
luego en las aguas se desploma y hunde:
el eco entre las olas fluctuante 15
el sonido tristísimo difunde.

(*) *Léucades*: el cabo de Léucades, isla jónica del Mar Egeo, desde cuyas rocas escarpidas se arrojó Safo suicidándose.

A mi tío Don Pedro Romero*

SONETO

Si para entrar en tan difícil vía
el aliento a mi numen no faltara,
ya de la patria nuestra lamentara
los males en tristísima elegía.

Ya la virtud, ya el genio cantaría, 5
ya el vicio a deprimir me consagrara;
pero mi voz de niña desmayara
y desmayara endeble el arpa mía.

Más quiero humilde abeja, aquí en el suelo
vagar de flor en flor siempre ignorada, 10
que al águila siguiendo arrebatada
con alas cortas remontar mi vuelo.
Canto las flores que en los campos nacen;
cántolas para ti, que a ti te placen.

(*) Pedro Romero, hermano de la madre de C.C., fue presidente de la Audiencia de Sevilla. C.C. le dedicó la primera ed. de *Poesías* (1843).

CAROLINA CORONADO

EL RAMILLETE, O A LA PRIMAVERA

¡Salve, rayo del sol de primavera
por densas nubes fúlgido rompiendo!—
Brilló su luz primera,
la tierra embelleciendo!—

Mostró su faz, y de la blanca sierra   5
las nieves en raudal se precipitan.
Hierve a su luz la tierra,
y las plantas palpitan.

Los yertos campos vida y hermosura
con el ardor fecundo recobrando,   10
se ven entre frescura
sus galas desplegando.

Pimpollos son los brotes renacientes,
que los desnudos árboles rodean.
Ya en el rosal lucientes   15
capullos colorean.

De blancas flores multitud vistosa,
que en la agua tienen sus cimientos vagos,

son espuma olorosa
de los inmobles lagos. 20

Alza la yerba sus menudas cañas,
crece, y se esponja, y tiende sus verduras
en las altas montañas,
en las anchas llanuras.

¡Salve, rayo del sol de primavera, 25
por densas nubes plácido rompiendo!—
brilló su luz primera,
la tierra embelleciendo.

De insertos mil la turba perezosa
en el penoso invierno aletargada, 30
con su lumbre ardorosa
despierta reanimada.

Allá viene el cantor de los amores,
el tierno ruiseñor, huésped del prado,
sus risueños albores 35
cantando alborozado.

Yo también te saludo, madre hermosa,
juventud de los campos; que en la mía,
como en ellos, rebosa
tu vida y tu alegría. 40

Más siempre al contemplarte, primavera,
tomo, pensando en el placer fugace,
si serás la postrera
que para mí renace.

CAROLINA CORONADO

A LA AMAPOLA

Yo te vi, triste amapola,
de las flores retirada
mecer la roja corola
entre la espiga dorada.—

Leve el cuello y hechicero   5
débilmente se agitaba;
y el cefirillo ligero
en tu seno revolaba.—

Del fuego del sol bañada
la cabeza purpurina,   10
desmayaba sonrojada
sobre la planta vecina.

Y allí entre la rubia espiga
los pajarillos cantores
daban con su trova amiga   15
a tu belleza loores.

Yo te viera retirada
a la par del rudo espino,

guarneciendo descuidada
el apartado camino.   20

  Al morir la última estrella
extiendes las puras alas;
y a la purpúrea centella
del sol renaciente igualas.

  Mas ese tu empeño vano,   25
y temeraria osadía,
desde el trono soberano
castiga el señor del día.

  Que su llama en Occidente
no adurmiera sosegada,   30
sin dejar tu roja frente
con sus rayos abrasada.

  Y de la noche
la fresca brisa
marchita hallara   35
tu tierna faz.

  ¡Ay! que tu vida,
flor desdichada,
sólo un instante
brilla fugaz.   40

  Y tu aureola
pura y luciente
desconocida
muere también.

45   Nace en la aurora,
                 y al alba nueva
                 frágil desnuda
                 tu débil sien.

AL JAZMÍN

Orgullo de la enramada,
blanca y leve florecilla,
más que todas delicada,
y más que todas sencilla,

Muestra el lirio temblorosa   5
la faz cristalina y pura;
y ostenta encendida rosa
la peregrina hermosura.

Alza bella la azucena
la copa tersa y nevada   10
de ricos ámbares llena,
de mil abejas cercada.

Pero ¿quién tu brillo iguala,
viva flor del cano estío,
que luces entre su gala,   15
como espuma en claro río?

Por sencilla y delicada,
en el jardín entre ciento

fijas tú, flor, la mirada,
y fijas el pensamiento, 20

Y por el seno argentino
que blando perfume expira,
do bebe néctar divino
la abeja que en ti respira.—

¡Flor graciosa y nacarada, 25
la más tierna de las flores!
¡oh mil veces bienhadada
la que roba tus amores!

¡Bienhadada mariposa
que tu pétalo estremece, 30
cuando a tu lado reposa,
y en tu aliento se embebece!

Por delicada y sencilla,
en el jardín entre ciento
se fija en ti, florecilla, 35
mi vista y mi pensamiento.

EL GIRASOL

¡Noche apacible!, en la mitad del cielo
brilla tu clara luna suspendida.
¡Cómo lucen al par tus mil estrellas!
¡Qué suavidad en tu ondulante brisa!

Todo es calma: ni el viento ni las voces   5
de las nocturnas aves se deslizan,
y del huerto las flores y las plantas
entre sus frescas sombras se reaniman.

Sólo el vago rumor que al arrastrarse
sobre las secas hojas y la brizna   10
levantan los insectos, interrumpe
¡oh noche! aquí tu soledad tranquila.

Tú que a mi lado silencioso velas,
eterno amante de la luz del día,
sólo tú, girasol, desdeñar puedes   15
las blandas horas de la noche estiva.

Mustio inclinado sobre el largo cuello
entre tus greñas la cabeza oscura,

del alba aguardas el primer destello,
insensible a la noche y su frescura.

Y alzas alegre el rostro desmayado,
hermosa flor, a su llegada atenta:
que tras ella tu amante, coronado
de abrasadoras llamas se presenta.

Cubre su luz los montes y llanuras;
la tierra en torno que tu cerca inflama;
mírasle fija; y de su rayo apuras
el encendido fuego que derrama.

¡Ay triste flor! que su reflejo abrasa
voraz, y extingue tu preciosa vida.—
mas ya tu amante al occidente pasa,
y allí tornas la faz descolorida

Que alas te dan para volar parece
tus palpitantes hojas desplegadas,
y hasta el divino sol que desparece
transportarte del tallo arrebatadas.

Tú le viste esconderse lentamente,
y la tierra de sombras inundarse.—
una vez y otra brilló en Oriente,
y una vez y otra vez volvió a ocultarse.

Al peso de las horas agobiada,
por las ardientes siestas consumida,
presto sin vida, seca y deshojada
caerás deshecha, en polvo convertida.

¿Qué valió tu ambición, por más que el vuelo
del altanero orgullo remontaste?

POESÍAS

Tu mísera raíz murió en el suelo,
y ese sol tan hermoso que adoraste,

   Sobre tus tristes fúnebres despojos
mañana pasará desde la cumbre. —   50
ni a contemplar se detendrán sus ojos
que te abrasaste por amar su lumbre.

AL LIRIO

Leve y plácida sonrisa
de la fresca primavera;
tú que naces con su brisa
de las flores la primera;

Y te engalanas llevando 5
el color del firmamento,
y esquivas el cuello blando
a las caricias del viento;

Allá oculta, de las peñas
en las salvajes gargantas, 10
el rico vergel desdeñas,
donde brillan otras plantas.

¿Será que te falte hechizo
para competir con ellas?
¿Que el Dios de los campos hizo 15
las otras flores más bellas?...

Mas no; que es tu talle airoso,
y por ninguna belleza

trocara el matiz precioso
tu perfumada cabeza: 20

Y tu corona azulada
es, lirio, más trasparente
que la linfa sosegada
del arroyuelo naciente.

¿Cómo pie tan delicado   25
fuera de jardines crece,
y entre malezas criado
de las rocas se guarece?

¿Cómo, lirio, tu semilla
nunca brota en la pradera?   30
¿Cómo tu gala no brilla
de las fuentes en la orilla,
y en la florida ribera?

¿Qué te vale ese prendido
de celeste brillantez,   35
si ignorado y escondido,
en los desiertos perdido
ha de hallarte la vejez?

¿Qué te vale ser hermoso
si en ocultarlo te empeñas,   40
y las horas más risueñas
has de pasar sigiloso
entre las ásperas breñas?

---

23 *linfa*: agua.

Ven, lirio, ven a brotar
a las márgenes del lago:
abandona ese lugar
que sólo debe habitar
el odioso jaramago.

¡¡Que la vaga mariposa
en morada tan agreste,
tu dulce copa celeste
no ha de besar cariñosa!!

Ni la abeja en tu capullo
las ambrosías que mana,
libará ansiosa y galana
con festejador murmullo.—

Que si por bello te acoge,
por salvaje te desdeña—
queda allá solo en tu peña,
y que el viento te deshoje.—

LA ROSA BLANCA

SONETO

¿Cuál de las hijas del verano ardiente,
Cándida rosa, iguala a tu hermosura,
la suavísima tez y la frescura
que brotan de tu faz resplandeciente?

La sonrosada luz de alba naciente 5
no muestra al desplegarse más dulzura,
ni el ala de los cisnes la blancura
que el peregrino cerco de tu frente.

Así, gloria del huerto, en el pomposo
ramo descuellas desde verde asiento; 10
cuando llevado sobre el manso viento
a tu argentino cáliz oloroso
roba su aroma insecto licencioso,
y el puro esmalte empaña con su aliento.

CAROLINA CORONADO

A LA SIEMPREVIVA

Cuando el alma primavera
con sus joyas peregrinas
engalana la pradera,
los valles y las colinas;

Y las hojas entreabriendo 5
leve aroma exhala apenas
la rosa, y van descubriendo
su cáliz las azucenas;

Y su capullo amarillo
de pura esencia desplega 10
el delicado junquillo
en la espalda de la vega;

Cuando la plácida aurora
el garzo cuello levanta,
y el tulipán cimbradora 15
descubre la tierna planta;

Una flor nace entre aquellas
émula de las estrellas

en el rubio tornasol,
y que brilla como ellas
a los reflejos del sol.

En el ramo suspendida
menuda, bella, encendida,
es el alma de las flores,
porque es eterna su vida,
y eternos son sus colores.

Allá entre las orlas crece
de su fresca vestidura.
Cuando el alba resplandece,
chispa de fuego parece
sobre la verde llanura.

Tú, belleza marchitable,
de los campos maravilla,
prodigiosa flor, que luces
siempre joven, siempre viva,

De otras bellas los encantos
son tal vez de más valía
que tu capullo inodoro
y tu corona pajiza.

Tú las ves cuando el abril
sus tibias auras expira,
en desplegados pimpollos
vertiendo frescura y vida,

Tú la ves bajo las copas
que los árboles agitan,
embriagando las abejas
y perfumando las brisas...

Pero también deshojadas,
marchitas y destrozadas
entre el polvo en la ribera 50
tú las verás sepultadas
al morir la primavera.

Y pasarán los primores
del risueño abril lozano;
y pasarán los ardores, 55
las tormentas del verano,
y del otoño las flores;

Y cuando ya el campo yerto
con la tierra haya cubierto
tanta beldad fugitiva, 60
aun habrá en aquel desierto
una flor, la siempreviva.

A LA MARIPOSA

Bien hayan, mariposa,
las bellas alas como el aire leves,
que inquieta y vagarosa
entre las flores mueves,
ostentando tu púrpura preciosa.   5

De blanda primavera
bien haya la callada y fiel vecina,
la dulce compañera
del alba cristalina .
perdida entre la flor de la pradera.   10

Ligera y afanosa
el prado mide tu inseguro vuelo,
ya huyendo temblorosa,
ya con ansioso anhelo
en las flores vagando codiciosa.   15

Bien haya el purpurino,
el vaporoso polvo de tus alas,
que al aire de contino
puro y luciente exhalas
al abrirte en sus ámbitos camino.   20

¡Ay! goza, mariposa,
la pasajera vida de dulzura,
que vuela presurosa:
goza allá tu ventura,
revolando en la siesta silenciosa. 25

Apura de las flores
el empapado cáliz que te ofrecen,
y apura tus amores;
que ya en la noche acrecen
del otoño los vientos destructores. 30

Y eres frágil y bella,
y tu belleza el cierzo descolora.—
Si sañudo atropella
tu gala seductora,
ni aun de tu forma quedará la huella. 35

A UNA TÓRTOLA

Tórtola, que misteriosa
querella de amores cantas,
    dolorida,
azorada, temblorosa,
como la lluvia en las plantas   5
    conmovida;

Que levantas arrullando
de tu seno palpitante
    la alba pluma,
como el agua murmurando   10
en las olas, vacilante
    leve espuma:

Tórtola tímida y bella,
melancólica vecina
    de los valles,   15
nunca tu blanda querella,
tu cántiga peregrina,
    muda acalles:

Lleva a el aura ese ruido
que en las soledades mueven   20

tus acentos:
los ecos de tu gemido
siempre amorosos se eleven
a los vientos.

Canta, canta dulcemente 25
con la tierna compañera
tus amores:
verás tu arrullo inocente
dar más vida a la pradera
y a las flores. 30

¿Mas por qué si regalado
tu murmurio en mis oídos
desfallece,
el pecho mío turbado,
a tus lánguidos gemidos 35
se estremece?

¿Será que yo también como tú siento
esa ternura que tu seno oprime,
y el dulce sentimiento
que de inefable amor tu acento exprime? 40

Con nuevo fuego el corazón se anima,
al escuchar tu canto apasionado;
¿será que también gima
en amoroso lazo aprisionado?

Es tu tristeza la tristeza mía; 45
con tono igual nuestro cantar alzamos;
si nunca en la armonía,
tórtola, en el gemir nos igualamos.

Pues si en gemir son iguales,
nuestras voces uniremos 50
　　retiradas,
como de dos manantiales
unirse las aguas vemos
　　separadas.

Mis suspiros lastimados, 55
tus arrullos gemidores
　　mezclaremos,
tú—sentidos, yo—soñados,
entrambas canto de amores
　　murmuremos. 60

AL MISMO ASUNTO

¡Ay! la tórtola viuda
llora su bello y muerto compañero,
y ensordece la muda
selva, con su gemido lastimero.

Gime sobre la encina
donde arrulló su amigo antes con ella,
la luna peregrina
pasó, y oyó tres veces su querella.

El cierzo se levanta
y sacude los árboles del monte,
y ni el cierzo la espanta
ni la lluvia que anega el horizonte.

Primero que olvidada
su pena, ha de asordar la selva muda;
que es fiel enamorada
la tierna melancólica viuda.

Y era su compañero
como ella amante, hermoso como el día,

    y su volar ligero
por el valle a la tórtola seguía.

    Solitarias amadas,
vagasteis con la luz por los collados,
    y en la sombra, apartadas
os vi, sobre los troncos elevados,

    Y tú el cuello escondías
entre las plumas de sus alas bellas,
    y a su arrullo dormías
amoroso, al venir de las estrellas...

    ¡Ay tortolilla viuda!
¡Llora tu bello y tierno compañero,
    y ensordece la muda
selva con tu gemido lastimero!

    Que el fiero azor en tanto
su vuelo sesgo sobre ti avecina,
    y ya escucho tu canto
ahogado en la garganta peregrina

    El seno que golpeas,
a tu esposo llamando tiernamente,
    entre sus garras feas
será regalo de su pico hendiente.

    Mas ¡ay triste y viuda
tórtola! si murió tu bello amante,
    ¿qué importa que a ti acuda
y rompa azor tu seno palpitante?

CAROLINA CORONADO

A UNA GOLONDRINA

¡Salud, dulce golondrina,
allá en el suelo africano
bella, errante peregrina;
salud, perenne vecina
del ardoroso verano;   5

Tu cántiga placentera
llevaste a lejanos mares:
la atrevida, la parlera,
bien llegada a estos lugares,
amorosa compañera!   10

Bien llegada al suelo amigo,
do no errante ni perdida,
te dará a la par conmigo
un mismo techo el abrigo
en blando nido mecida.   15

Vuelve, amiga, descuidada,
a este recinto sereno
que te guardo regalada;

¡Aún duran de pluma y heno
los restos de tu morada! 20

Aquí tus amores fueron,
y aquí tu canción amante;
aquí tus hijos nacieron,
y a tu arrullo se adurmieron
bajo el ala palpitante: 25

Y aquí mi voz se mezclaba
a tu viva cantilena;
y aquí impaciente aguardaba,
esa vuelta que tardaba
de amor y recuerdos llena. 30

Y eres fiel agradecida,
y no te aguardará en vano;
que nunca fue desmentida
esa tu fe prometida
al ardoroso verano. 35

¡A cuántos ¡ay! golondrina,
que lealtad y fe cantaron
la ingratitud se avecina!
¡Cuántos con planta mezquina
sus juramentos hollaron!... 40

Mas no tú: fiel y graciosa,
cuando se allega el estío,
vuelves tierna y amorosa
allá de playa arenosa
do te arrojó invierno frío. 45

No olvidaste, no, los dones
de este suelo bienhechor,

ni las fuentes ni la flor,
ni olvidaste los rincones
de tu asilo protector. 50

Volvistes enamorada,
a este recinto sereno
que te guardo regalada,
y aquí de plumas y heno
formarás nueva morada. 55

Cantaremos, golondrina,
mis recuerdos y tu amor
mientras que el sol ilumina;
sin que entibie la neblina
ni sus luces, ni su ardor. 60

A UN RUISEÑOR

Ruiseñor, que entre las hojas
de la más florida acacia
has tenido todo mayo
fresca, primorosa estancia,

¿Por qué picas ese ramo 5
de menudas flores albas,
que te mece si dormitas,
y te acaricia si cantas:

Y a tu lado cariñoso
presta a un tiempo con sus galas 10
colgaduras a tu lecho
perfumes a tu morada?

¡Diote la acacia amorosa
cuna y sombra regaladas;
y tú rompiendo sus hojas, 15
¡ay! con heridas le pagas!—

Yo sé, pájaro sonoro,
que en tus dos inquietas alas

vas a lanzarte, a otro valle
por siempre huyendo esa rama. 20

Mas no por eso a tu amiga,
ruiseñor, con loca saña
has de romperle las perlas
de su corona preciada.

¡Que cuando estés lejos de ella, 25
tal vez recuerdes con ansia
la frescura de su sombra,
la esencia de sus guirnaldas!

ROSA BLANCA

La luz del día se apaga;
rosa blanca, sola y muda
entre los álamos vaga
de la arboleda desnuda,

Y se desliza tan leve, 5
que el pájaro adormecido
toma su andar por ruido
de hoja que la brisa mueve,

Ni para ver en su ocaso
al sol hermoso un instante 10
ha detenido su paso
indiferente y errante.

Ni de la noche llegada
a las tinieblas atiende,
ni objeto alguno suspende 15
su turbia incierta mirada.

Y ni lágrimas ni acentos,
ni un suspiro mal ahogado

revelan los sufrimientos
de su espíritu apenado. 20

¡Tal vez de tantos gemidos
tiene el corazón postrado!
¡Tal vez sus ojos rendidos
están, de mal tan llorado!

Tal vez no hay un pensamiento 25
en su cabeza marchita,
y en brazos del desaliento
ni oye, ni ve, ni medita.—

El poeta "suave rosa"
llamóla, muerto de amores... 30
¡El poeta es mariposa
que adula todas las flores!

Bella es la azucena pura,
dulce la aroma olorosa
y la postrera hermosura 35
es siempre la más hermosa.

En sus amantes desvelos
la envidiaron las doncellas;
mas ¡ay! son para los celos
todas las rivales bellas. 40

Viose en transparente espejo
linda la joven cabeza;
mas tal vez dio en su reflejo
su vanidad la belleza.

¿Y qué importa si es hermosa? 45
sola, muda y abismada

POESÍAS

sólo busca la apartada
arboleda silenciosa.

Y allí cuando debilita
su espíritu el sufrimiento, 50
en brazos del desaliento
ni oye, ni ve, ni medita.*

(*) "Rosa bianca" en la ed. de 1843.

LAS DOS PALMERAS

Allá entre las tinieblas
de la noche perdido,
¿no oís algunas veces
vago, triste rumor,

Como el eco lejano 5
del pájaro oprimido,
que estrecha entre sus garras
sacre devorador?

Es la voz de la virgen
palmera enamorada, 10
que su gemido ardiente
alza en la soledad;

Y a las auras en torno
llama desconsolada,
y sus brazos agita 15
con amante ansiedad.

En las noches lamenta
sus perdidos amores:

las auras conmovidas
gimen en derredor;   20

   Y por oír su historia
los sauces tembladores,
sus lánguidas cabezas
levantan con dolor.

   Cuenta que ya a lo lejos   25
de su palmera amante
no ve alzarse la frente
con desvelo galán;

   Que ya nunca hacia ella
los brazos anhelante   30
tiende sobre los vientos
con amoroso afán.

   Que antes la brisa dulces
halagos la llevaba,
y a su amante en las noches   35
oía suspirar;

   Y de alegría entonces
su seno palpitaba
y dejaba al ambiente
su frente acariciar.   40

   Mas del invierno crudo
el vendaval airado
sus brisas mensajeras
tiernas arrebató;

   Y de los rudos golpes   45
su amante fatigado

hacia el suelo agitada
la cabeza inclinó.

¡Y desde entonces nunca
ve ya la amada frente,
ni sus brazos ansiosos
sobre los aires ve!

¡Ni escucha su murmullo
que halaga solamente
las bellas florecillas
que brotan a su pie!

Así en la noche cuenta
la palma sus amores;
las auras conmovidas
gimen en derredor;

Y al escuchar su historia
los sauces tembladores,
sus lánguidas cabezas
inclinan con dolor.

AL HADO

La estrella, el signo... ¡Ideal!
el Hado infausto... locura;
que para todo mortal
propicia, fácil, igual
en el mundo es la ventura.   5

Para el monarca opulento,
para el mendigo indigente
tiene la vida igualmente
un oportuno momento
de sonrisa complaciente.   10

No es la fortuna obtener
ese atributo del ser
que jamás faltó a ninguno:
la buena estrella es saber
asegurar cada uno   15
su fugitivo placer.

Fruto es la felicidad
para gustarle en sazón;
quien malogra la ocasión,

culpa la casualidad,
y llama a su imprevisión
destino, fatalidad.

Unos su influjo sintieron
porque su influjo estimaron,
otros de cerca la vieron,
y su favor desdeñaron
porque no la conocieron.

Y aunque en el mundo tú así
alumbras, felicidad,
sol de muchos, yo ¡ay de mí!
los rayos no percibí
de tu hermosa claridad.

Tal vez a mi lado estabas
cuando de tu lado huía;
tal vez tierna me buscabas
y amorosa me llamabas
cuando tu voz no entendía.

¡Cuán costoso es el saber,
cuán costoso el aprender
lo que debemos buscar,
y cuán fácil olvidar
lo que debemos temer!

¡Y cuán tarde el desengaño
de nuestros errores vemos!
Error que al fin conocemos
para sentir más el daño
que reparar no podemos.

Mas daños al más novicio
corazón han de tocar;
pero es risible artificio 50
a nuestras culpas llamar
hado adverso ni propicio.

CAROLINA CORONADO

A UNA COQUETA

Como aquellas lucecillas
vaporosas y ligeras,
que sin calor a millares
se levantan de la tierra,

Los amores en tu pecho, 5
fragilísima belleza,
sin que su fuego te abrase
alzan mil llamas diversas:

Brotan, lucen, se disipan,
otras nacen tras aquéllas: 10
la inconstancia las apaga,
la liviandad las renueva.

POESÍAS

CANCIÓN

Cuando la luz de la tarde
en occidente se apaga,
y la reina de las sombras
con ligero paso avanza;

En esas horas tranquilas,   5
inspiradoras del alma;
cuando en las alas del viento
el silencio se derrama;

Cuando la tórtola dulce
lánguido suspiro exhala   10
con acento lastimero
recogida entre las ramas.

A aliviar voy mis cuidados
a la orilla solitaria
de un pacífico arroyuelo,   15
que entre fresnos se dilata.

Y vagando pensativa
por la arboleda callada,

sueño dichas venideras,
o canto las ya pasadas. 20

Y comparo al manso río
mi existencia sosegada.—
El rueda blando entre flores;
ella entre ilusiones blanda.

A EMILIO DORMIDO

¡Cuál brilla su alba frente
de angélica pureza!...
¡Cuál vierte su mejilla
el candor infantil!

Exhalan el aliento 5
sus labios bulliciosos
más dulce que las auras
del aromado abril.

Entre rosado velo
de púrpura y de flores 10
protege su descanso
el ángel de la paz.

Y vaga cariñoso
en torno de su cuna
y halaga blandamente 15
su adormecida faz.

Y coronó su lecho
de blancas azucenas,

y coronó su frente
de rosas y azahar. 20

Silencio... que no turbe
ninguna voz humana
su plácido sosiego,
su blando dormitar.

CANCIÓN

Con el otoño perdidas
son las claras y lucidas
    alboradas,
y las flores del estío
yacen en el valle umbrío,   5
    deshojadas.

De los árboles desnudos
la vestidura luciente
    primorosa,
ya de aquilones sañudos   10
arrebata la corriente
    presurosa.

Al melancólico suelo
ya la lumbre del sol bella
    no aparece: 15
lleno de sombras el cielo,
en las noches ni una estrella
    resplandece.

Ya la lluvia se derrama
entre la amarilla grama   20

y acrecienta,
la desolada tristura
que en la desierta llanura
se presenta.

El campo tristeza ofrece 25
y la ciudad enfadosa
tedio inspira:
tú mis horas embellece,
compañera deliciosa,
blanda lira. 30

Otros busquen en buen hora
la dicha de sus amores
ponderada:
¡Tú con risa encantadora
me darás dichas mayores y 35
retirada!

Otros oigan extasiados
acentos enamorados,
¡lira mía!
sólo a mí tu canto grave 40
o tu murmurio suave
me extasía.

DESPEDIDA AL AÑO DE 1843

Adiós, el que caminas
a hundirte en lo pasado:
mis ojos con tristeza
te ven desparecer;

Tus días a mi vida,   5
crueles, han dejado
más lágrimas que risa,
más penas que placer.

Y tú los años míos
con nuevo peso aumentas   10
y una experiencia añades
al joven corazón;

Más yo tierno saludo
te doy porque te ausentas;
que hasta los males mismos   15
nuestros amigos son.

¡Ay! tal vez más ingrato
el año venidero

me hará con triste envidia
tus horas recordar;   20

Que siempre más agudo
es el dolor postrero,
y es siempre más amargo
el último pesar.

En vano la esperanza   25
con risueño atavío
muéstrame los objetos
allá en el porvenir:

Las que a lo lejos brillan
cual gotas de rocío,   30
son toscas piedrecillas
que el sol hace lucir.

Y a la remota dicha
la fantasía vana
y el corazón ansioso   35
cercana sueñan ver:

¡El ignorante niño
ve también muy cercana
la luna que sus manos
se afanan por coger!   40

Mejor fuera que ahora
partiera yo contigo
y la faz nos velara
juntos la eternidad,

Que sola y fatigada   45
en un suelo enemigo

quedarme con mi vida
de perpetua ansiedad.

   Mejor que el sueño eterno
apagara el latido 50
de este mi sin ventura
inquieto corazón;

   Que en sus amantes penas
dejarle sumergido,
llorando de infortunio, 55
temblando de pasión...

   Mas ya la noche avanza
y a pasos presurosos
a sepultarle corres
en el inmenso mar, 60

   Donde mi pena un día,
mis sueños fatigosos,
¡ay Dios! y mis amores
iré yo a sepultar.

AL SEÑOR DON JUAN EUGENIO HARTZENBUSCH

Sin la indulgencia con que fue juzgada por V. mi primera colección de ensayos, yo no me hubiera atrevido a escribir la segunda. Los hombres, con más confianza en sus talentos o más fortaleza para arrastrar las censuras pueden, sin desalentarse, sufrir un fallo desfavorable y atreverse a conquistar otro más lisonjero; pero en las de mi sexo, a lo que entiendo, la primera alabanza o desaprobación que el crítico da a sus obras influyen en sus resoluciones de un modo decisivo; o se retroceden con presteza y confusión los pocos pasos andados en un camino que se emprendió con miedo, o se continúa por él con la fe y seguridad que faltaban al emprenderlo. Tal a lo menos me acontece a mí, que hubiera abandonado la poesía si en vez del censor rígido no hallara al crítico tolerante que me infundiese ánimo para seguir, aunque poco a poco, mi marcha dificultosa.

A V., pues, debo esta segunda colección de ensayos; permítame que al consagrársela me escude con su nombre para que pueda defender ante el público mi pertinacia en proseguir escribiendo.

Carolina Coronado

A MI HERMANO EMILIO

MEMORIAS DE LA INFANCIA

Ya no es tan joven mi vida
que desde esta cima, hermano,
logre ver distinto el llano
donde quedó mi niñez.
Es la pradera florida
bajo la sombra de un monte,
y por eso es su horizonte
más delicioso, tal vez.

Yo con el rostro no acierto
de ese tiempo fugitivo,
mas su belleza percibo
de los años al trasluz,
como aquel reflejo incierto,
aquellos matices rojos
que perciben nuestros ojos
cerrados frente a la luz.

Yo no sé lo que soñaba...
mas recuerdo mis amores;
sé que amaba entre las flores
a un hermoso tulipán: 20
y que a mis solas le hablaba,
Emilio, tan dulcemente
que murmuraba el ambiente
celoso en mi tierno afán.

Lloré cuando se agostaba 25
su cabeza peregrina...
pero amé a la golondrina
así que la flor murió:
la golondrina emigraba
y entonces, Emilio mío, 30
a mi constante amorío
buscaba otro objeto yo.

¡Oh! ¡Todo me enamoraba
en aquel tiempo querido!
¡Cuál me recuerda un sonido 35
el ave y el tulipán;
y la fuente que manaba
el agua que yo bebía
y el campo donde crecía
la semilla de mi pan!... 40

¡Pero si no me comprendes,
si aquella edad ha pasado
y yo ya tengo olvidado
el suave idioma infantil!
si por acaso me atiendes 45
huyes riendo a deshora,

POESÍAS

¿por qué no estoy en tu aurora
o tú no estás en mi abril?

   Tú juzgas porque me hallaste,
bello garzón, a tu lado   50
que una ruta ha señalado
a nuestra existencia Dios:
no, que tu vía empezaste
en la mitad de la mía
y poco por esa vía   55
iremos juntos los dos.

   Emilio, cuando recuerdes
cual yo tu pasada infancia,
ya habrá una eterna distancia
que me separe de ti;   60
entonces, tal vez, te acuerdes
de mí, cual yo de las flores,
y entre tus tiernos amores
me cuentes, Emilio, a mí.

Ermita de Bótoa, 1844

CAROLINA CORONADO

EL JUEGO DEL NIÑO

Emilio, no le atormentes,
deja al insecto en reposo
que es juego muy doloroso
ese que tomas con él;
ambas alas transparentes   5
prenderle, y después burlarse
porque no puede escaparse,
es, Emilio, ¡bien cruel!

¡Mira cual bulle y cual pena
por desclavarse las alas   10
y lucir sus nuevas galas
en el ambiente de abril!
Si por la rubia melena
a un espino te apresara
así tu cuerpo luchara   15
en tu cólera infantil.

Escucha; ese pobre insecto
aire sólo necesita;
¿Qué le queda si le quita
el aire tu voluntad?   20

Tú su camino perfecto
le tuerces en tu capricho...
hombrecillo, ¿quién te ha dicho
que es tuya su libertad?

   Porque era la mariposa 25
más endeble que tu mano
ya con decreto inhumano
la inmolas a tu pasión;
¿será experiencia ingeniosa
de tus obras de otro día? 30
¿Son ensayos, vida mía,
que va haciendo tu ambición?

   ¡Por Dios, que a mi talle alcanza
tu brava cabeza, apenas,
y ya labras las cadenas 35
para amarrar a otro ser.
No bien el Señor te lanza
a este campo dilatado,
y ya seres te has hallado
a quien mostrar tu poder. 40

   ¡Oh! si la oruga lozana
te bastara solamente,
aunque esclava injustamente
no más que insecto es el fin;
pero ¡ay Emilio! mañana 45
las cosas truecan de nombres;
los insectos serán hombres
y mundo será el jardín.

   Mas, no le arranques las alas,
no se las rompas, criatura, 50

que va a lucir su hermosura
por esa extensión azul;
hoy ha estrenado sus galas
y es indigna tiranía
no dejarla un solo día 55
que despliegue su albo tul...

¡Fortuna! ya te abandona;
huyóse la prisionera...
¡Mira, mira cuán ligera
allá por los aires va!; 60
yo no sé por qué ambiciona
tu cariño aprisionarla,
porque es más bello mirarla
si libre y gozosa está.

¿Lloras, Emilio? ¡qué duelo!... 65
¡Era tu primer cariño!
vete consolando, niño,
que otro vendrá tras aquél,
mas no busques, no, consuelo;
llora, pobre Emilio, llora 70
que te hará el pesar de ahora
el que venga menos cruel.

Ermita de Bótoa, 1844

LA TÓRTOLA ERRANTE

> ....Solita
> Como a triste totolita
> que va po e monte peririta.
> <small>CANCIÓN DE EMILIO.</small>

Deja a la tórtola andar
por la mañana perdida
y ensáyame otro cantar
que yo no puedo escuchar
esa canción tan sentida.   5

Por más que anime el contento
tu linda boca graciosa,
Emilio, mi pensamiento
halla muy triste ese cuento
de la tórtola amorosa.   10

Tengo el alma dolorida
y me arranca tal memoria
esa tórtola afligida,
que pienso que de mi vida
me estás contando la historia.   15

Sólo que en mi soledad
no tengo como tu amiga
alas, aire y libertad
para calmar la ansiedad
que el corazón me fatiga...

Pero dejémosla ir
por la montaña perdida;
no me tornes a afligir,
Emilio, con repetir
esa canción tan sentida.

El girasol más enano
se alza más que tu cabeza;
pues, me quieres con terneza
¡No vengas tú tan temprano
a aumentar, ¡ay! mi tristeza!

Ermita de Bótoa, 1844

EL ESPINO

Yo no quiero de los campos
los árboles ni las parras
ni la multitud vistosa
de sus bellísimas plantas;

Pero un espino florido   5
que hay, Emilio, entre las zarzas,
es la envidia de mis ojos
la codicia de mi alma.

Viste su tronco ramaje
de verdes hojas lozanas.   10
Y entre sus brazos airosos
flores como espumas alza.

Más ansiosa que la abeja
es su perfume embriagada
vago errante, sin aliento   15
en torno de sus guirnaldas.

Mas, tiendo en vano los brazos
que antes que llegue a alcanzarlas

las punzadoras espinas
　　　de sus ramos me desgarran.　　　　　　　20

　　　Huye la flor de mis manos;
　　　crece de mi pecho el ansia;
　　　la flor queda en el espino
　　　y en el espino mis lágrimas.

　　　　　　　　　　　Ermita de Bótoa, 1844

EMIGRACIÓN DE LAS AVES

Turbóse el azul del cielo.
Y las lluvias anegaron
las semillas que en el suelo
los labradores dejaron.

Huéspedas de mi patria en el verano,   5
buscad ya lejos de la tierra mía,
en otro cielo, en otro nuevo llano,
nueva mies, nuevo sol, nueva alegría.

Tierna armonía postrera
dad a ese valle vecino   10
y un adiós a la ribera
y emprended vuestro camino.

Ved que el lejano monte se oscurece;
ved que anublado está ya el firmamento;
ved que la niebla presurosa crece   15
y es muy triste cruzar sin luz el viento.

Pero yo no os quiero oír
vuestra postrera canción,

que tengo de veros ir
afligido el corazón.

Ya la primera huyó la golondrina;
¿quién, Emilio, cantando a la ventana
con bulliciosa trova peregrina
a despertarnos ya vendrá mañana?

Ya van tras ella en tropel,
ya va quedando desierto
el verde, hermoso laurel
que las anida en mi huerto.

Por la postrera vez miro anhelante
en él la alegre multitud reunida...
¡Ay! para algún placer a cada instante
muriendo el corazón está en la vida.

Aunque vengáis del desierto
otro verano a cantar,
o no vendréis a mi huerto
o yo no os podré escuchar.

¿Quién sabe si mudada el alma mía,
quién sabe si perdido su contento
como se alegra hoy con la armonía
mañana sufrirá con vuestro acento?

Vosotras si veis venir
la nube, huís la cabeza;
pero yo no puedo huir
la nube de mi tristeza.

Yo sé que lejos de la tierra mía
otra hay más bella que buscar no puedo;

por eso os vais y de la niebla fría,
entre las sombras, temerosa quedo.

    Triste será aquí mi vida,
    pero de aquí no me voy;
    ¡Ay! ¡por qué a la tierra asida
    como ese laurel estoy!

Las que podéis cruzar libres el viento
dejad las sombras de la niebla fría;
yo en vuestra ausencia elevaré mi acento
bajo el bello laurel que os guarecía.

Ermita de Bótoa, 1844

TRISTEZA DEL OTOÑO

Hechas polvo caen, hermano,
las flores del jazminero
y ha perecido el postrero
pimpollo de aquel rosal,
   cuyo vástago lozano
tantos hijos sostenía,
que ignoro cómo vivía
la gran planta maternal.

Emilio, en el firmamento
gran revuelta se prepara
pues la avecilla más cara
de mi jardín emigró;
   y por las noches el viento
su vuelo tanto levanta
que de las parras quebranta
las hojas que el sol doró.

No sabes de cuál tristeza
se contagian mis sentidos;
no sabes cuántos gemidos
siento en el alma nacer,

POESÍAS

    cuando apoyo la cabeza
en la pared de mi huerto
oyendo el rumor incierto
que forma el hoja al caer.

    No es que del verde emparrado   25
me aflija el muerto follaje,
ni porque a playa salvaje
huya el pájaro leal;
    por lo que siento angustiado
mi pecho con las señales   30
del ave, de los parrales,
del jazmín y del rosal.

    ¿Qué me importan los jazmines,
ni las rosas, ni las aves,
cuando, hermano, muy más graves   35
pesadumbres tengo yo?
    Cuando en horas tan ruines
doliente paso la vida,
¿qué me importa la caída
de la flor que se agostó?   40

    Mas oye, cuando fenecen
las florecillas, hermano,
cuando al suelo americano
las golondrinas se van,
    unas sombras aparecen   45
en el viento conmovido
que a mi cuerpo estremecido
prolongada muerte dan.

    Surge a mis ojos el llanto
y mi espíritu se abate   50

y en mi seno apenas late
sofocado el corazón;
y en doloroso quebranto
mi cuerpo endeble flaquea,
y se conturba mi idea 55
y es todo en mí confusión...

Emilio, el otoño viene
de esas sombras circundado
de ese funesto nublado
que en mi endeble juventud, 60
tan extraño influjo tiene
que el temor de su venida
me hace escuchar la caída
del hoja con inquietud.

Emilio, el otoño llega 65
y se agobia el alma mía:
su grave melancolía,
¿quién sabe si acortará
esta vida que se entrega
a merced de ese nublado 70
que por el aire agitado
como una fantasma va?...

Ermita de Bótoa, 1844

POESÍAS

LA LUZ DE LA PRIMAVERA

Ya el almendro de flor está cubierto;
ya he visto a la primera golondrina
de su antigua morada tras la ruina
cruzar por mi ventana en vuelo incierto;
ya ha brotado en el césped de mi huerto   5
una temprana, roja clavellina,
y ya tremola, como blanca enseña
sus alas, en la torre, la cigüeña.

Dicen que de estación risueña y clara
esos son claros signos y seguros,   10
que rayos brillantísimos y puros
el sol a nuestra atmósfera prepara:
que no turbarán más su lumbre cara
esos vapores del invierno oscuros,
ni cruzarán el manso firmamento   15
pesada lluvia ni importuno viento.

Si puede el resplandor de mi alegría
perdida, renacer en mis sentidos,
logren mis ojos tanto entristecidos
cumplida ver tan bella profecía: 20

Mira, Emilio, si son del alma mía
los nuevos pensamientos atrevidos,
cuando ambiciono sólo a mi ventura
ver revestido el cielo de luz pura.

¡Luz nada más! ¡la luz!... es sed ansiosa
que seca ya los ojos abrasados,
que tiene entre sus sombras sepultados
oscurísima niebla pavorosa:
ni otro consuelo que la luz hermosa
tiene mi corazón, ni otros cuidados,
que impaciente aguardarla en su venida
y lamentar con lágrimas su huida.

¡Ven primavera! tu beldad gozosa
dome los irritados elementos,
en medio a sus combates turbulentos
álzate sobre el trono majestuosa;
cese ante ti la lluvia tenebrosa,
callen ahogados ante ti los vientos,
y huyan por el espacio los nublados,
como bandos de cuervos espantados.

En colina elevada, allá distante
veré en el campo relumbrar el río,
y en el tronco del álamo sombrío
oiré de nuevo al ruiseñor amante;
ora se esconde triste y vaga errante
la furia huyendo al vendaval impío,
pero así que se amanse el firmamento
vendrá a llenar con su armonía el viento.

Y yo en el viento oiré su voz amante,
y mi voz de sus trinos compañera,

como la luz y el aire por la esfera
volarán confundidos un instante;
¡y entrambos con el seno palpitante
embriagados de amor por la ribera
cantaremos del cielo la hermosura
adorando en su luz nuestra ventura!

Ermita de Bótoa, 1845

LA NUEVA INFANTIL

Emilio, qué ha sucedido?
¿qué me tienes que decir?
¿qué ha pasado? ¿qué has oído?
¿dónde anduviste perdido?
¿cómo tardaste en venir?   5

¡Nada tienes que contarme!
¡no tiene, Emilio, tu boca
un tierno beso que darme!
¡Emilio, quieres quitarme
ese beso que me toca!   10

¿Que en tu boquita sencilla
busquen un mismo placer
dos almas te maravilla?
¿No van a la fuentecilla
dos pájaros a beber?   15

¿Y dime qué más supiste?
¿Tú le miraste muy fijo
y estaba, Emilio, muy triste?
¿Eso pasó? ¿Y qué más dijo?
¡Y tú que le respondiste?...   20

¿Tú también le acariciaste?
¡Conque me amabas así!—
¿Un abrazo? ¿Y le besaste?
Y luego en fin le dejaste
para contármelo a mí...   25

¡Deja que te sienta unido
por esa dichosa nueva
contra el pecho y comprimido,
y que los labios te beba
en el beso que te pido!   30

Ermita de Bótoa, 1845

CAROLINA CORONADO

EL MUNDO DESGRACIADO

Hay escrito un cantar muy doloroso
en una historia triste que poseo,
para cuando el alegre balbuceo
deje, Emilio, tu labio bullicioso;
para cuando del álamo frondoso   5
que tan lejano de tu frente veo
toque a las ramas la graciosa mano
que ahora no alcanza al peralillo enano.

Vago, amoroso, indefinible canto
que yo no pronuncié, que nadie ha oído   10
por tu risa infantil interrumpido,
borrado a medias por mi ardiente llanto;
memorias para ti de tierno encanto
encierra ese cantar, que lleva unido
al sueño de tu infancia venturosa   15
el de mi larga juventud penosa.

Hoy mis pinceles para ti son vanos;
tú no conoces tu retrato ahora;
allí está tu cabeza seductora
en el grupo no más de dos hermanos;   20

cuadro es sencillo, obra de mis manos,
niño que ríe junto a mujer que llora,
aire que vaga junto a flor marchita,
y la destroza más cuando la agita.

Mas, no pienses historia peregrina 25
relatada escuchar en mis cantares;
todos del alma mía los azares
en la tristeza están que la domina:
si no es desventurada, lo imagina,
y es lo mismo que todos los pesares 30
del mundo tenga, que los sueñe todos,
si se sufre igualmente de ambos modos.

Y lo mismo que lloro, Emilio, llora
la multitud sin conocer tampoco
el grande, oculto, inapagable foco 35
de la llama del mal devoradora;
¿será que aun niño nuestro siglo ahora
pugna impaciente, como tú hace poco,
por romper las estrechas ligaduras
de sus largas envueltas vestiduras? 40

¿Será que de sí propio avergonzado
a comprender empieza su ignorancia?
¿Que entre las tiernas formas de su infancia
siente latir un corazón formado?
¡Ay! eso es; su espíritu exaltado 45
le hace correr larguísima distancia,
pero, a su cuerpo débil y rendido
fáltale fuerza y quédase dormido.

Cesan las guerras, y en la paz se aclaman
libres los pueblos, sabios venturosos; 50

CAROLINA CORONADO

¿por qué los corazones silenciosos
tantas secretas lágrimas derraman?
Unos al cielo sin consuelo claman,
ahogan otros sus gritos dolorosos;
¿es que a ninguno la común ventura   55
toca, a que todos gimen por locura?...

A los niños, Emilio, a ti te toca;
ven a mofarte de mis cantos vanos;
en tus brazos dulcísimos hermanos
ven a estrecharme con tu risa loca,   60
y séllame los labios con tu boca
y escóndeme los ojos con tus manos,
¡y el bullicio infantil de tu contento
el eco aturda de mi triste acento!

Ermita de Bótoa, 1845

EL MUNDO CODICIOSO

Las nuevas de este mundo tormentoso
ven a escuchar sentado en mis rodillas,
y cuenta, Emilio, tú las maravillas
de tu país tranquilo y delicioso;
yo te diré cómo el dolor penoso   5
hace saltar el llanto a mis mejillas,
y tú me explicarás cómo el contento
siempre en tus claros ojos tiene asiento.

En tus coloquios con las dulces aves,
en tus alegres juegos con la fuente,   10
¿qué pasa, Emilio, que tan tiernamente
amas el campo y sus misterios sabes?
¿por qué escondido entre las yerbas suaves
te place contemplar atentamente
más los insectos y saber sus nombres   15
que escuchar las historias de los hombres?

¿Qué piensas de esas piedras hacinadas
a que llaman ciudad que, con enojos,
apartas de ella los lucientes ojos
y hacia los campos tornas tus miradas?   20

¿Tienen de las abejas las moradas
más perfección que esos perfiles rojos
tan altos en los aires elevados
y con fatigas tantas dibujados?

¿Qué piensas, rubio Emilio, de esas gentes 25
revestidas de insignias de grandeza
que no acatas el brillo y la riqueza
que los pueblos adoran reverentes?
¿Cómo de esas monedas relucientes,
que van de mano en mano, la belleza, 30
cándido Emilio, tienes en tan poco
que con las chinas las confundes loco?

Entre los hombres alto vocerío
por ese metal bello se levanta;
esa es, Emilio, la reliquia santa 35
que de su religión queda al gentío;
para alabar su inmenso poderío
no hay en el mundo más que una garganta:
¡Gloria! cantan los ángeles en coro;
¡Oro! cantan los hombres, ¡oro! ¡oro! 40

¿Y qué mucho que tenga esa vistosa
dorada tierra fama tan crecida,
si de la raza entera envilecida
es la sola virtud maravillosa?
La turba de otros días religiosa 45
deja al divino Dios arrepentido,
y está pronta a adorar humildemente
becerros de oro, cual la antigua gente.

Si oyes el trueno de espantosa guerra
no es que el cristiano pueblo se levanta 50

para ir a rescatar la tumba santa
del *grande mártir* a lejana tierra;
si la historia en sus páginas encierra
de nuestros nobles padres gloria tanta,
nosotros que su lauro no anhelamos   55
no ya por Dios, ¡por vil oro luchamos!...

Mas, dejemos al mundo codicioso
que hace saltar el llanto a las mejillas,
y muestra, Emilio, tú las maravillas
de tu país tranquilo y delicioso;   60
llévame a ver cómo en tropel gracioso
a comer en tus manos las semillas
entre las yerbas verdes y suaves
vienen trinando las amigas aves.

Contigo iré, los dos caminaremos   65
juntos al valle, al bosque, a la ribera,
y con el lirio azul de la pradera
los juncos de las aguas trenzaremos:
tal vez en dulce soledad hallemos
aquella imagen grande y verdadera   70
que desde el cielo hermoso, a ti alegría
y a mí paz y esperanza nos envía.

Ermita de Bótoa, 1845

AU JEUNE ÉMILE

IMITATION DE CAROLINA CORONADO

Viens écouter, Émile, assis sur mes genoux
le récit douloureux de notre pauvre monde,
et puis tu m'apprendras de quelle paix profonde
jouit ton monde à toi, qui vis étrange à nous.
Enfant je te dirai quelle peine cruelle 5
vient souvent arracher des larmes à mes yeux;
et tu m'expliqueras le sourire joyeux,
qui perce incessament de ta noire prunelle.

Dis, tes doux entretiens avec l'oiseau des bois
et tes jeux innocents aux bords d'une eau limpide, 10
ont pour toi bien d'attraits, quand tu cherches avide
à courir dans les champs et poursuivre à la fois
l'insecte qui se traîne et celui qui voltige,
les contempler ému, par leur nom les nommer?
Pourquoi, quand tout cela sait si bien te charmer 15
de nos hommes l'histoire est pour toi sans prestige?

Quel effet, bel enfant, font-elles sur ton cœur
ces pierres que tu vois en tous lieux entassées,

POESÍAS

et qu'on nomme Cité, quand les jeunes pensées
et surtout ton regard s'en détourne moqueur? 20
L'asile trasparent qu'édifia l'abeille
pour, jalouse, y verser les trésors de son miel,
est préférable, dis, à ces tours qui du Ciel
paraissent affronter l'imposante merveille?

Et que penses-tu donc de ces habits dorés 25
que revêt le puissant et qu'un vain peuple encense?
Quand tout semble plier sous leur magnificence,
toi seul es insensible à ces biens révérés?
Et, dis, quel cas fais-tu de la valeur suprême
de ce brillant métal qui court de main en main? 30
Quand pour lui délirant se meurt le genre humain,
il te sert de hochet, et tu l'y confonds, même?

Et cependant, vois-tu, c'est pour lui que ces cris
se font jour à travers tout un peuple qui gronde:
C'est le Dieu qu'à genoux adore notre monde; 35
C'est le Dieu qu'en son cœur il chérit, tout épris!
Sa voix s'élève, haut, pour chanter ses louanges,
pour proclamer ses dons, ses bienfaits précieux.
Gloire! en de doux accords murmure l'ange aux Cieux,
De l'or!... répète l'homme en ses clameurs étranges! 40

Pourquoi tant de la terre exalter les appas,
si cette soif de l'or s'attache à l'existence!
Si pour le monde, hélas, c'est l'unique espérance,
c'est sa seule vertu, son refuge ici bas!
Des peuples d'autrefois la barbare croyance 45
Fit mépriser de Dieu les véritables lois,
Leur Dieu fut *un veau d'or*... de même qu'autrefois
à l'aspect du *veau d'or* il s'incline en silence.

CAROLINA CORONADO

Si jamais de l'airain le bruit multiplié
Retentit effrayant et menace ta tête, 50
ne vas pas croire, enfant, que ce soit la conquête
qu'entreprend le chrétien du *Sépulcre* oublié.
Ne vas pas croire encore si jamais dans l'histoire
tu parcours les exploits de nos vaillants aïeux,
qu'il veut leur disputer leurs titres glorieux: 55
Combattre pour *l'argent* est plus digne de gloire!

Mais tâchons d'oublier les moments doulureux
que ce monde cruel impose à ma faiblesse:
viens, Émile, à ton tour montre-moi la richesse
du pays où tu vis tranquillement heureux. 60
Viens et guide mes pas sous ces épais feuillages
où des oiseaux amis parés d'azur et d'or,
à ton aspect, vers toi, dirigent leur essor,
pour y chercher, joyeux, le prix de doux ramages!

Oh! laisse-moi te suivre et ne me quitte pas! 65
Ensemble nous irons, parcourant les vallées,
les plaines et les bois, et les vertes allées,
entrelacer les fleurs que courbèrent nos pas.
Et sans cesse avec toi dans ce riant asile
y verrai-je la paix qui m'échappe toujours, 70
et le calme innocent où se bercent tes jours
viendra, peut-être, aussi me visiter, Émile.*

Palma le 14 avril 1847

Jaume Cabanellas

(*) Versión libre en francés del poema anterior. No he podido identificar al traductor.

PRIMAVERA INVISIBLE

¡Qué caso tan peregrino
un año sin primavera!..
Pasó sin que yo la viera
¿o es tal vez mi desatino?

¿Qué, bandos de ruiseñores   5
en la arboleda cantaron
y que a millares brotaron
y se agostaron las flores?

¿De qué modo, cómo, cuándo
eso pasó, Emilio, di?   10
O yo nada percibí
o todo lo estás soñando.

¿Qué tamaña desventura
me gritaba en los oídos
que de esos claros sonidos   15
ni el rumor sentí, criatura?

¿Adónde estaban mis ojos
que no han visto en los collados

tantos lirios azulados
y tantos pimpollos rojos? 20

¡Yo que soñaba impaciente
con la nueva primavera!
¡Yo que su rosa primera
aguardaba atentamente!

¡Perderla así de ese modo 25
sin haberla contemplado!..
¡Ay, Emilio! yo he cegado
o tú lo has soñado todo.

De las bellas estaciones
adoro, Emilio, el placer, 30
y no quisiera perder
ni uno solo de sus dones.

Mas sin duda comprimidos
con fortísima tristeza
yo he tenido en mi cabeza 35
medio muertos los sentidos.

Y cuando al cabo despierto
de mi letargo penoso
hallo un estío ardoroso
y hallo un campo ya desierto. 40

Ansia de felicidad,
me devora el alma mía,
mas por acaso me guía
su instinto a la adversidad.

Y yo pienso que ha de ser 45
porque en mi pecho doliente

alienta imperfectamente
el sentido del placer.

 Y amo, y busco la aflicción
porque en su grande sentir
a sus anchuras latir
puede sólo el corazón.

 Por eso los ruiseñores
que sonaron no escuché,
ni he visto, aunque las busqué
en los campos, esas flores.

 Por eso la primavera,
que tú dices que pasó,
aunque la aguardaba yo
pasó sin que yo la viera.

Ermita de Bótoa, 1846

ÚLTIMO CANTO

 Emilio, mi canto cesa;
falta a mi numen aliento.
Cuando aspira todo el viento
que circula en su fanal,
 el insecto que aprisionas
en su cóncavo perece
si aire nuevo no aparece
bajo el cerrado cristal.

 Celebré de mis campiñas
las flores que allí brotaron
y las aves que pasaron
y los arroyos que hallé,
 mas de arroyos, flores y aves
fatigado el pensamiento
en mi prisión sin aliento
como el insecto quedé.

 ¿Y qué mucho cuando un hora
basta al pájaro de vuelo
para cruzar todo el cielo
que mi horizonte cubrió?;

¿qué mucho que necesite
ver otra tierra más bella
si no ha visto sino aquella
que de cuna le sirvió?

 Agoté como la abeja   25
de estos campos los primores
y he menester nuevas flores
donde perfumes libar,
 o, cual la abeja en su celda,
en mi mente la poesía   30
ni una gota de ambrosía
a la colmena ha de dar.

 No anhela tierra el que ha visto
lo más bello que atesora,
ni la desea el que ignora   35
si hay otra tierra que ver:
 mas de entrambos yo no tengo
la ignorancia ni la ciencia,
y del mundo la existencia
comprendo sin conocer.   40

 Sé que entre cien maravillas
el más caudaloso río
gota leve de rocío
es en el seno del mar:
 y que en nave, cual montaña,   45
que mi horizonte domina
logra la gente marina
por esa región cruzar.

 Mas ¡por Dios! que fue conmigo
tan escasa la fortuna   50

que el pato de la laguna
vi por sola embarcación:
   ¿qué me importa el Océano
y cuantos ámbitos cierra?
¡Sólo para mí en la tierra   55
hay diez millas de creación!

Mar, ciudades, campos bellos
velados ¡ay! a mis ojos;
sólo escucho para enojos
vuestros nombres resonar.   60
   Ni de Dios ni de los hombres
las magníficas hechuras
son para el ciego que a oscuras
la existencia ha de pasar.

Tal ansiedad me consume,   65
tal condición me quebranta,
roca inmóvil es mi planta,
águila rauda mi ser...
   ¡Muere el águila a la roca
por ambas alas sujeta;   70
mi espíritu de poeta
a mis plantas de mujer!—

Pues tras de nuevos perfumes
no puede volar mi mente
ni respirar otro ambiente   75
que el de este cielo natal;
   no labra ya más panales
la abeja a quien falta prado,
perece el insecto ahogado
sin más aire en su fanal.   80

Ermita de Bótoa, 1846

A ALBERTO

Las siguientes composiciones están dedicadas a una persona que no existe ya. Por eso me atrevo a publicarlas. Una mujer puede, sin sonrojo, decir a un muerto ternezas que no quisiera que la oyesen decir a un vivo. (*)

(*) V. la Introducción, p. 40.

CAROLINA CORONADO

GLORIA DE LAS GLORIAS

Es dulce recordar sueños de niño,
el vago acento de la edad primera
que en nuestro oído resonar hiciera
el ángel que anunció nuestro cariño;
cuando figuro que tu cuello ciño   5
en esa edad tranquila y placentera,
embriagada mi alma en sus memorias
digo que amor es gloria de las glorias.

Y es más dulce los sueños juveniles
recordar de esta vida enamorada   10
que siempre de ilusiones sustentada
consagra a los amores sus abriles;
yo te sabré cantar recuerdos miles
de esta pasión divina y encantada
que forma en sus combates y victorias   15
de nuestro amor la gloria de las glorias.

De una tarde serena de reflejos
sobre tu bello rostro apasionado,
la sombra de aquel valle sosegado
donde encontramos a los pobres viejos,   20

POESÍAS

el canto de la tórtola a lo lejos
y el beso de las auras regalado
me inspirarán poéticas historias
para tu amor que es gloria de mis glorias.

Te cantaré la llama indefinible 25
del entusiasmo que en mi ser palpita,
la sed ardiente que mi sangre irrita,
la fe de mi pasión indestructible;
la fuerza de tu encanto irresistible
que mi vida en insomnios debilita, 30
y pálido y temblando a estas memorias
dirás que amor es gloria de las glorias.

No pienses que al ceñir prendas de orgullo
coronas que los genios conquistaron
esas frentes dichosas palpitaron 35
cual yo de tus acentos al murmullo;
no hay eco en la creación, no hay canto, arrullo,
aplausos que los hombres inventaron,
que no parezcan dichas transitorias
ante ese amor que es gloria de mis glorias. 40

En vano la ambición arde y se agita
abrasando a los débiles mortales,
y conquista laureles eternales
cuando la flor del alma está marchita;
de otra deidad más alta y más bendita 45
invoquemos placeres celestiales.
Porque entre tantas dichas transitorias
tan sólo amor es gloria de las glorias.

Sé que la sombra del dolor me sigue,
sé que la vida perderé en el llanto, 50

sé que este amor tan inocente y santo
no ha de lograr la paz que lo mitigue;
pero bendigo el mal que me persigue,
las lágrimas, las penas, el quebranto,
y bendigo mis dichas ilusorias 55
porque es tu amor la gloria de mis glorias.

Elvas, 1845

SE HA DESHECHO EL ALMA MÍA

Brillaba el sol aquel día
con luz clara, pura, hermosa;
yo no sé qué presentía,
pero estaba el alma mía
agitada y recelosa.   5

Antes de ver la tormenta
el Alción la pronostica:
así una emoción violenta
que se siente y no se explica
a veces nos amedrenta.   10

¡Tempestad!... y recia que era
la que aguardaba a mi vida,
cuando por la vez primera
tu mirada placentera
vino a anunciar su venida.   15

"Alma noble, dije al verte,
"corazón osado y fuerte

---

7 *Alción*: estrella principal de las Pléyades.

"en amor y odio extremado,
"has de ser muy estimado
"de la que llegue a quererte."

Harto bien lo presagiaba,
¡mas, por Dios, no sospechaba
aquella que lo decía
que la idólatra sería
del corazón que juzgaba!

¿Por qué tu mirada era
tan dulce? ¿Por qué tu ruego
quisiste una vez que oyera?...
Con una chispa de fuego
se enciende una inmensa hoguera.

Dice alguno en su porfía
que es *mi alma dura roca;*
mas, por la Virgen María,
que a un acento de tu boca
se ha deshecho el alma mía.

Elvas, 1845

FLOR DE PUREZA

¡Oh de la madre tierra
hija mimada, fruto delicioso,
que en su espíritu encierra
hechizo venturoso,
divino ardor, perfume glorioso!   5

Flor a mí consagrada,
corona de mis sienes, perla mía,
la sola gloria amada
que mi ambición ansía,
luna en mi noche, sol claro en mi día   10

¿Dónde estás ¡ay!, adónde
la cabeza gentil triste reclinas?
¿Qué huerto, di, me esconde
las luces argentinas
con que mis ciegos ojos iluminas?   15

Yo fiel a la ternura
que el Señor hacia ti me inspiraría
guardé, en el alma pura
los halagos que un día
sólo a tu frente amada rendiría...   20

CAROLINA CORONADO

    ¿Por qué vio la mañana
antes que yo tu dulce risa amante?
Oruguilla liviana;
¿por qué aspiro un instante
tu pura esencia ni tu luz brillante?   25

    ¿Por qué ora el sol te abrasa?
¿Por qué a tu cabellera el aire toca?
¿Por qué el insecto pasa
y atrevido coloca
sus alas donde yo puse mi boca...?   30

Badajoz, 1845

GLORIA DE LAS FLORES

Si las flores del jardín
mueren, joven, con el día,
también las de mi poesía
muerte igual tendrán al fin
aunque un poco más tardía.

De abejas la turba ahora
el *ramillete* florido
de mis cantares adora;
mas cuando hayan perecido
abejas, arpa y cantora,

Tras los años destructores,
¿sabes tú si de esas flores
que hoy brota mi pensamiento
no se habrá llevado el viento
hojas, aroma y colores?

Más corto o más prolongado
a todos ha señalado
la suerte en la tierra fin;
muere la flor del jardín
después que la flor del prado,

Y aunque un poco más tardía
quiera acercarse la muerte,
a la flor de mi poesía
también de la misma suerte
ha de llegarle su día. 25

Porque otros hombres vendrán
y mi libro carcomido
por acaso no verán,
o de mi ramo querido
las flores desdeñarán. 30

Y marchito, deshojado
como las flores del prado
y las flores del jardín,
con ellas quedará al fin
mi ramillete enterrado. 35

Badajoz, 1845

POESÍAS

TEMOR DEL MUNDO

Alberto, si lloro o canto
siempre con voz dolorida,
no es que tenga de la vida
recuerdos el corazón;

    Es que el dolor presintiendo 5
antes que el dolor le hiriera,
como en pena verdadera
he sufrido en la ilusión.

    No vi la maldad del mundo,
ni vi los hombres perversos, 10
pero he llorado en mis versos
presintiendo su maldad,
    como pobre gaviota
que espantada busca asilo
antes que en el mar tranquilo 15
resuene la tempestad.

    Mar tranquilo de mi vida
mi juventud es ahora,
pero de esta mar sonora

las entrañas siento hervir: 20
   tengo en mi mente mis alas,
voy cruzando ola tras ola,
pero en la mar española
temo mis alas hundir.

   Temo al viento, a los nublados 25
antes de arribar al muro,
y temo al giro inseguro
de mi cobarde volar,
   cual temen las gaviotas
en las saladas espumas 30
que pueda sus blancas plumas
el torrente salpicar.

Si estuviera yo en la gloria
en cuyo trono esplendente
dices que tan claramente 35
me contempla tu ilusión,
   no llorara, y de mi lira
fueran los cantos risueños;
pero tú me ves en sueños
y los *sueños sueños son.* 40

No soy ángel, no soy santa,
y aunque a la virtud bendigo
no estoy en la gloria, amigo,
sobre el divino tisú;
   mas, viviera agradecida 45
en el mundo que me encierra
¡ah! si todos en la tierra
fueran buenos como tú.

Badajoz, 1845

BENDITO SEAS, ALBERTO

Aunque serena y callada
a tus suspiros me veas,
no indiferente me creas;
es que el alma enamorada
diciendo está embelesada   5
Alberto, bendito seas.

Si a responderte no acierto
cuando me vienes hablando,
¿piensas que tu voz no advierto?
pues es que estoy murmurando   10
con un acento muy blando
bendito seas, Alberto.

Alberto, ¿qué más deseas
de quien tanto vive amando?
yo te ruego que me creas,   15
que aunque callada me veas
estoy entre mí cantando
Alberto, bendito seas.

Muda estoy, fáltame vida;
queda el espíritu muerto,   20

la mente desvanecida;
pero esta voz repetida
forma en el alma concierto:
¡Bendito seas, Alberto!

Elvas, 1845

Retrato de Carolina por el pintor Madrazo

Iglesia de Almendralejo

¡OH, CUÁL TE ADORO!

¡Oh, cuál te adoro! con la luz del día
tu nombre invoco apasionada y triste,
y cuando el cielo en sombras se reviste
aun te llama exaltada el alma mía.

Tú eres el tiempo que mis horas guía,
tú eres la idea que a mi mente asiste,
porque en ti se concentra cuanto existe,
mi pasión, mi esperanza, mi poesía.

No hay canto que igualar pueda a tu acento
cuando tu amor me cuentas y deliras
revelando la fe de tu contento;

Tiemblo a tu voz y tiemblo si me miras,
y quisiera exhalar mi último aliento
abrasada en el aire que respiras.

Badajoz, 1845

PASIÓN

Ya no veo la alegría,
de tristeza me sustento;
no hay dentro del alma mía
más que amor y abatimiento.

Me acobarda mi pasión; 5
ni luchar con ella puedo:
yo me tengo compasión;
yo a mí misma me doy miedo.

Pienso que para calmar
esta fiebre dolorosa, 10
me bastará contemplar
la naturaleza hermosa.

Y corro a ver el brillante
sol y los vagos nublados,
y a escuchar del ave errante 15
el canto por los collados.

Mas también conmigo sube
su imagen cruzando el viento...

toma su forma la nube;
toman las aves su acento.

   Cesa con la juventud
dicen, este padecer;
mas los sabios la virtud
no enseñan de envejecer.

   Y con remedio costoso
esa ciencia me convida,
si ha de empezar el reposo
cuando se acaba la vida.

   ¡Triste esperanza en verdad,
tardo alivio, corazón,
aguardar la ancianidad
para calmar la pasión!

   Blanco el oscuro cabello;
la tersa frente fruncida,
y el mirar, que hoy llaman bello,
sin un destello de vida.

   El fino talle doblado,
el corazón entumido...
¿Es éste el bien deseado,
ésta la dicha que pido?

   ¡Ah, sí; que el talle, el mirar,
la tez y el cabello oscuro,
no valen este penar
que con lágrimas conjuro!

CAROLINA CORONADO

    Entonces, bardos galantes, 45
no cantaréis mi belleza,
ni oiré de labios amantes
dulce, amorosa terneza.

    Esclavos de la hermosura,
entonces bardos, tal vez, 50
retratando mi figura
satiricéis la vejez.

    Pero ciegos ya mis ojos,
embotados mis oídos,
no habrán de causarme enojos 55
vuestros versos aplaudidos.

    Tal vez los que gimen ora
rendidos ante mis pies,
con sonrisa mofadora
me contemplarán después. 60

    Mas, no vale el incensario
de amante o galán poeta,
este fuego temerario
que sin descanso me inquieta.

    Yo no veo la alegría; 65
de tristeza me sustento:
no hay dentro del alma mía
más que amor y abatimiento.

    Me acobarda mi pasión;
ni luchar con ella puedo: 70
yo me tengo compasión;
yo a mí misma me doy miedo.

POESÍAS

    Y aunque es muy triste aguardar
la vejez, amo de suerte,
que quiero verla llegar...
si antes no llega la muerte.

Elvas, 1845

ANIVERSARIO

Bendita sea la amorosa luna
que derramó en tu cuna
antes que el sol, sus lánguidos fulgores,
y te suspiró, alma pura,
la suave ternura   5
de sus nocturnos, célicos amores.

¡Bendito el astro cándido y luciente
que prestó dulcemente
su brillo melancólico y hermoso
a tu amante mirada!   10
¡Yo adoro arrodillada
de tu existencia al astro venturoso!

¿Es por eso el encanto indefinible
que de amor indecible
llena mi corazón? ¿Eres tan bello,   15
tan dulce, tan amante
porque el primer instante
de tu vida alumbró con su destello?

6 *célicos*: celestes.

¿Es al influjo de la luna triste
al que, tal vez, debiste
esa sombra que vela tu semblante,
y a medias oscurece
la luz que resplandece
en tu mirar de fuego centellante?

¡Ay! no lo sé; pero en mi frente siento
palpitante ardimiento
al contemplar tu faz tierna y sombría,
donde al par se difunden,
se mezclan y confunden
pasión, dolor, placer, melancolía.

¡Oh! Si mi voz al firmamento sube,
Dios hará que la nube
que tus divinos ojos entristece
agobie el alma mía,
y a ti dé la alegría
que tu adorado corazón merece.

¡Oh! quiera el cielo que al volver la luna
feliz como ninguna,
¡ángel querido! tu existencia vea;
y aunque yo desdichada
gima y desconsolada
al verla exclamaré: "¡Bendita sea!"

Elvas, 1845

CAROLINA CORONADO

LA PLANTA DEL VALLE

Alberto, la débil planta
en campo estéril nacida,
ni tiene muy larga vida
ni puede medrar en él;
   no es como el pájaro libre
que, en sus alas trasportado,
si le enoja hoy este prado
habita mañana aquél.

Yo soy planta, entre las piedras,
de un triste valle nacida,
y estoy a la tierra unida
del suelo donde nací;
   de una madre, de un hermano
tanto el querer me aprisiona,
que ni por una corona
los separara de mí.

Yo pude ver grandes pueblos
y cruzar soberbios mares
que me inspiraran cantares
dignos de gloria, tal vez;

mas, quise mejor quedarme
sin laureles lisonjeros
que dejar los compañeros
de mi inocente niñez.

   Por este santo cariño   25
que domina mi existencia
con silenciosa paciencia
en la soledad viví;
   por eso tu amante ruego
desoye el alma abatida,   30
por eso la despedida
con llanto amargo te di.

   Yo no quiero sin mi madre
partir a tierra ninguna,
y ansia ardiente me importuna   35
de ver un mundo mejor;
   ve, por piedad, tierno amigo,
sí es tormentosa la idea
que en lo mismo que desea
halla su pena mayor.   40

   Pienso, a veces, que la hormiga
que se desliza a mi lazo
más campiñas ha cruzado
que las que alcanzo a mirar;
   y entonces "hormiga —exclamo—   45
mientras tú buscas semillas,
¡cuántas grandes maravillas
pudiera yo contemplar!"

   "Adiós —les digo a las aves
que cruzan por mi ventana—   50

¿de qué os servirán mañana
ver las orillas del Po;
y de Francia los jardines,
y de América las palmas,
si no tenéis unas almas   55
para cantarlas cual yo?"

Pero si vienes, Alberto,
con esa dicha a brindarme,
la dejo por no alejarme
del valle donde nací,   60
y en esta constante lucha
consumirse el alma veo,
pues, ni yo venzo al deseo
ni el deseo me vence a mí.

Por eso, Alberto, la planta   65
en campo estéril nacida,
ni tiene muy larga vida
ni puede medrar en él:
no es como el pájaro libre
que, en sus alas trasportado,   70
si le enoja hoy este prado
habita mañana aquél.

Ermita de Bótoa, 1845

POESÍAS

LA AURORA DE SAN ALBERTO

    Días hay en nuestra vida
más grandes que los demás,
en que el alma suspendida
mira la extensión perdida
que vamos dejando atrás.   5

    En ellos nos detenemos
para ver los desengaños
que del camino traemos;
es un descanso que hacemos
una vez todos los años.   10

    Por nuestra tierra viajero
hoy te toca el alto hacer
en este valle postrero,
donde acerté yo a nacer
y donde morir espero.   15

    Vas a pasar uno aquí
de aquellos tan grandes días
que la vida tiene en sí,

y darle me place a mí
cariñosas armonías. 20

Este solo, en el concierto
de nuestra existencia entera
celebro contigo, Alberto,
que ambos en este desierto
nos vemos por vez postrera. 25

Y es deber de la amistad
que, al reunirnos aquí Dios,
cante con solemnidad
la sola festividad
que vemos al par los dos. 30

Días de dichosa suerte
que yo a cantarte no acierto
podrán los años traerte,
pero yo ya no he de verte
otro día de San Alberto. 35

Sus caminos al cruzar
hoy se ven dos en la vida
para no volverse a hallar:
así mi canto a la par
es saludo y despedida. 40

Mucho cielo y muchos mares
va la suerte a colocar
¡ay! entre ti y mis cantares;
por eso debes llevar
un eco de estos lugares. 45

35 *día de San Alberto*: celebrado el 15 de noviembre.

POESÍAS

    Y la más bella armonía
que con vago tono incierto
darte pueda el alma mía,
es cantar en su poesía
la aurora de San Alberto.   50

           Elvas, 1845

CAROLINA CORONADO

UN PAISAJE

Yo vi lucir los albores
de esa purísima atmósfera,
y brotar las claras aguas
de aquella ribera hermosa,
y nacer de su arboleda   5
una por una las hojas.
Yo he visto esas altas sierras
ir subiendo entre las sombras,
y alzarse el puente y la torre
y las casas y las rocas,   10
y surgir el barquichuelo
entre las plácidas ondas,
y aparecer en la orilla
esa gente pescadora.
¡Que la gran naturaleza   15
años tarde en esas obras
y tu mano las acabe
solamente en doce horas!
Despacio, pintor, despacio,
que son las venturas pocas.   20
¿Por qué has hecho esa ribera
tan risueña y deliciosa

que mis ojos embelesa
y el pensamiento me roba?
¿Por qué has dado al firmamento
esa tinta ardiente y roja
que lo mismo que el reflejo
del sol deslumbra y sofoca?
¿No ves que fija en la orilla
de esa ribera frondosa
en contemplarla me llevo
unas tras otras las horas?
¡Ay! ¿no ves que doble pena
sentirá el alma angustiosa
cuando por siempre se aleja
de esa ribera que adora...?
Despacio, pintor, despacio,
que son las venturas pocas.
¿Es culpa tuya que tenga
el puente romanas formas
y la torre arquitectura
árabe, morisca y gótica?
¿Es culpa tuya que vaya
la mano tan perezosa,
y que tus ojos cansados
de mirar piedras y rocas
en otras miradas fijen
las suyas fascinadoras?...
Aprisa, pintor, aprisa,
aunque las dichas son pocas.
Adiós; hermosa ribera,
cielo puro, árboles, rocas:
la mano que os ha formado
para siempre os abandona,
y los ojos que os han visto
aparecer entre sombras

ya cuantas veces os miren
llorarán vuestras memorias,
*¡que son las penas tan largas
como las venturas cortas!* 60

Ermita de Bótoa, 1845

LA LUNA EN UNA AUSENCIA

Y tú ¿quién eres de la noche errante
aparición que pasas silenciosa
cruzando los espacios ondulante
tras los vapores de la nube acuosa?

Negra la tierra, triste el firmamento,
ciegos mis ojos sin tu luz estaban,
y suspirando entre el oscuro viento
tenebrosos espíritus vagaban.

Yo te aguardaba, y cuando vi tus rojos
perfiles asomar con lenta calma,
como tu rayo descendió a mis ojos,
tierna alegría descendió a mi alma.

¿Y a mis ruegos acudes perezosa
cuando amoroso el corazón te ansía...?
Ven a mí, suave luz, nocturna, hermosa
hija del cielo ven: ¡por qué tardía!

* * *

Bardo amante, esa hechicera
fiel y sola compañera
de tu solitaria amiga,
presurosa mensajera   20
mis pensamientos te diga.

Yo me encontré en unos valles
a esa misteriosa guía
cuando lenta recorría
de olivos desiertas calles,   25
tristes, como el alma mía.

Yo de entre la tierra oscura
la vi brotar, como pura
memoria de tu pasión,
en medio la desventura   30
de mi ausente corazón.

Y como el recuerdo amante
me siguió en mi soledad
callada, tierna, constante,
sin apartarse un instante   35
esa nocturna beldad.

Porque si yo caminaba
y con pasos fugitivos
árbol tras árbol cruzaba,
ella al par se deslizaba   40
entre los negros olivos.

Si un instante suspendía
mi carrera silenciosa,
sobre la copa sombría

del árbol se detenía,   45
como una paloma hermosa.

Por eso el tierno quebranto
sabe de mi ausencia, sola,
porque al escuchar mi canto
vino a sorprender mi llanto   50
con la luz de su aureola.

Y pues es la verdadera
fiel y sola compañera
de tu solitaria amiga,
presurosa mensajera   55
mis pensamientos te diga.

Alange, 1845

CAROLINA CORONADO

PARA EL ALMA NO HAY DISTANCIAS

Almas esposas seremos;
unidas existiremos
aunque tú vivas lejano,
que el mundo no puede, hermano,
lograr que nos separemos. 5

Misteriosa inteligencia
que no alcanzan de la ciencia
a explicarnos las razones
sustentan los corazones
separados en la ausencia. 10

Hay espíritus queridos
en la atmósfera esparcidos
que nos recuerdan y agitan,
y los amantes sonidos
de nuestras voces imitan. 15

Ellos viven en los vientos,
en los mares turbulentos,
en los astros y las flores,

en la luz y los colores
y hasta en los vagos acentos.   20

   No se ven, aunque se miran,
pero se sienten, se aspiran
cuando tocándonos pasan,
cuando al tocarnos suspiran,
cuando al pasar nos abrasan.   25

   En el murmullo del río
oirás el acento mío,
en la estrella más dorada
verá lucir tu mirada
mi exaltado desvarío.   30

   Siempre juntos estaremos;
por la luna nos veremos
en las noches de verano:
¡cuánto hablaremos, hermano!
¡Qué de amores nos diremos!   35

   ¡Cuántas palabras suaves
que sólo en el mundo sabes
me dirás; cuánta dulzura,
cuánta amorosa ternura
te diré, cuando tú acabes!   40

   Y si quieres mensajero
más alegre y placentero
que la luna peregrina,
yo te enviaré, compañero,
a la bella golondrina.   45

   Ella por mí presurosa
cruzará el aire gozosa,

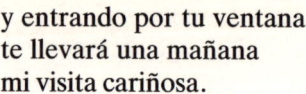 CAROLINA CORONADO

      y entrando por tu ventana
      te llevará una mañana
      mi visita cariñosa.   50

      "Despierta, mi bien querido;
      —te dirá— si estás dormido,
      que yo en su nombre te llamo:
      ella dice... *yo te amo:*
      Responde tú... *no la olvido.*"   55

Badajoz, 1845

LOS RECUERDOS

Auras, perfumes de junquillo, trino
de aves amigas, rodeadme: siento
el antiguo placer, aquel contento
que en tiempo a mis amores; imagino
de mi joven cantor sonar vecino   5
el palpitante, apasionado acento
y las yerbas temblar que sacudía
su planta cuando a mí se aparecía.

¿Quién no tiene recuerdos deliciosos
de edad mejor ¡ay!, aunque joven sea?   10
Siempre el pasado tiempo nos recrea
velado de atractivos misteriosos;
por esos de la infancia venturosos
diera el joven el brillo que rodea
su lozana existencia, y cada hora   15
presente por pasado... ¡Ley traidora!

¿Qué son nuestros recuerdos, son delirio,
infortunio, ventura, desconsuelo?
¿Cuál intento será que tuvo el cielo
darnos en ellos bien, darnos martirio?   20

CAROLINA CORONADO

Cuando veo que un blanco, débil lirio,
de los mezquinos que produce el suelo,
mi antiguo amor despierta, impulsa, enciende,
¡oh! exclamo ¡santo Dios!, ¿quién os comprende?

¿Qué ven, qué escuchan, pobre Carolina, 25
en la luz y el silencio ojos y oído?
¿Qué hay en la flor, que hay en la sombra, el ruido
que penetra en tu ser y te fascina?
Sobre la copa de la misma encina
el sol que tantas veces ha lucido, 30
la brisa de la antigua primavera,
¿por qué te agitan cual por vez primera?

Yo nada sé; filósofos profundos
que los misterios de la vida entienden,
sabrán de aquellos que el espacio hienden 35
en recuerdos espíritus fecundos;
yo las leyes ignoro de esos mundos
que los sabios dignísimos comprenden;
pero sé que en la tierra, peregrinos,
hay espíritus mil que son divinos. 40

Si fábrica de barro contrahecha
a quien faltó la esencia para un alma,
hombre estúpido, cuerpo siempre en calma,
la vida del espíritu desecha;
si juzga que de tierra sola es hecha 45
la criatura, que aspira a eterna palma,
es porque, en piel humana, ser de bruto
a su reino animal paga tributo.

Pero vosotras que gozáis, criaturas,
la inspiración real del sentimiento, 50

no os mofaréis porque en la luz y el viento
mi amor habite, y en las flores puras;
la yerba que tapiza las llanuras,
la nube que atraviesa el firmamento,
hacen surgir memorias olvidadas 55
en las almas por siempre enamoradas.

Duermen como la oruga-mariposa,
se ocultan sin cesar, como la luna,
decrecen, como el mar, pero ninguna
muere aunque mengua, velase o reposa; 60
se reaniman al sol, la noche hermosa
las hace aparecer una por una
y, cuando más lejanas de la idea,
las lleva al corazón recia marea.

Auras, perfumes de junquillos, trino 65
de aves amigas, me agitáis, os siento,
de espíritus ocultos sois aliento,
sois guardadores de mi amor divino:
venid al valle triste en que imagino
sonar de mi cantor el tierno acento; 70
¡placeres, dadme, en la ilusión hermosa
ya que en la realidad no soy dichosa!

Ermita de Bótoa, 1845

CAROLINA CORONADO

SIEMPRE TÚ

La niebla del diciembre quebrantaba
del sol los melancólicos fulgores
cuando en mi corazón de tus amores
el acento primero resonaba.

El segundo diciembre se acercaba
trayendo para mí nieblas mayores
que a merced de los vientos bramadores
tu nave en el Atlántico bogaba.

Y el diciembre tercero aparecía
templado, alegre como el mayo hermoso
y eras tú mi suspiro todavía.
El cuarto arrebatado, tempestuoso,
vino a robarme la ventura mía
¡ay! mas no a dar a mi pasión reposo.

Badajoz, 1846

ADIÓS, ESPAÑA, ADIÓS

¡Ah! cuando a partir vayas
al suelo americano
que para siempre, hermano,
nos separa a los dos,
   a orilla de los mares
detente ¡ay!, un momento
y di con triste acento
¡adiós, España, adiós!

Cuando tus claros ojos
fijes de nuestra España
en la postrer montaña
que el buque deje en pos,
   tendiendo entrambos brazos
allá desde el navío,
exclama, hermano mío,
¡adiós, España, adiós!

---

3 *hermano*: como en el poema siguiente, se refiere a Pedro, el segundo de los hermanos, que en el verano de 1847 se embarcó en Cádiz para Cuba, donde murió. Pedro Coronado había fundado en 1844-45 el semanario pacense *El Pensamiento* y una "Sociedad de Lectura" en Badajoz.

CAROLINA CORONADO

> Cuando sola una sombra
> divises de este suelo
> donde ha querido el cielo
> nos viésemos los dos,   20
>   dando postrer mirada
> a mi rincón lejano,
> aunque llores, hermano,
> di *"¡Carolina, adiós!"*

Cádiz, 1847

POESÍAS

ACUÉRDATE DE MÍ

 Y cuando ya no veas
las playas españolas
que tan tristes y solas
van a quedar sin ti,
 cuando estés en la nave   5
mirando al Océano,
acuérdate ¡ay!, hermano,
¡acuérdate de mí!

 Si el cielo está sereno
y el agua hermosa en calma,   10
en tanto que mi alma
te sigue desde aquí,
 en tanto vaya el onda
sulcando tu navío,
¡ay! siempre, hermano mío,   15
¡acuérdate de mí!

 Y si el cielo se irrita
y la mar se embravece,

---

14 *sulcando*: surcando.

mientras la gente rece
en derredor de ti,   20
   levanta confiado
tus ojos hacia el cielo,
y al pedirle consuelo
¡acuérdate de mí!

En calma y en bonanza   25
siempre en el Océano
repite, dulce hermano,
"yo me acuerdo de ti."
   Siempre con sol y estrellas
por la región marina,   30
repite "Carolina"
¡acuérdate de mí!

Cádiz, 1847

EN LA CATEDRAL DE SEVILLA

   Sólo en el pobre altar del pueblo mío
adoré yo al Señor —una mañana:
un templo veo junto a hermoso río
que embelesada miro... no es Guadiana...
De árboles tiene pabellón sombrío,   5
y por su orilla vi, con gente humana,
venir rugiendo un monstruo devorante
que se tragaba al río palpitante.

   ¿Habita en esa torre ese viviente
que con tan brava furia desbocado,   10
rompiendo impetuoso la corriente
se postra al pie del muro fatigado?
¿Es morada del monstruo omnipotente
que he visto por el agua arrebatado
esa gran torre, que arrancando el vuelo   15
se pierde como el águila en el cielo?

---

7 *monstruo devorante*: serán los barcos de pequeño cabotaje, según Torres Nebrera (*Carolina Coronado. Treinta y nueve poemas,* p. 151).
9, 15 *torre*: la Giralda.

¡La torre... el templo... Ah! Yo que en la vida
un templo hermoso vi, tanta grandeza
de repente al mirar, sobrecogida
bajé sobre los hombros mi cabeza   20
cual si se fuera a hundir; yo enternecida
a tan solemne y mágica belleza
lloré admirada, sin rubor lo canto,
de tierna sensación gota de llanto.

Retumbaban los órganos sonoros   25
cuando tímida cruzo las sombrías
bóvedas, y a la par los santos coros
llenaban las eternas galerías;
por mil brillantes cristalinos poros
iba al aire un torrente de armonías   30
tristes, como si fuera el moribundo
¡ay! que la religión lanzase al mundo.

Los que el embate sufren de la suerte,
los que el furor de la ambición agita,
los que cercana sienten a la muerte   35
una existencia en vicios ya marchita;
el dócil, el soberbio, el flaco, el fuerte,
el rico, el pobre, el ateo, el jesuita...,
¡cuántos a su infortunio habrán hallado
alivio en aquel templo sosegado!   40

¡Cuánta oración allí; cuántos vivientes
de aquel recinto en los profundos huecos
habrán llevado mustios y dolientes
de sus miserias hasta allí los ecos!
¡Cuántas extrañas, peregrinas gentes,   45
almas rendidas, corazones secos,

POESÍAS

habrán en la oración allí saciado
la sed de su camino fatigado!

¡Sí! los que al aire libre son blasfemos,
bajo la enorme piedra se estremecen, 50
y con devotos místicos extremos
su incrédula existencia a Dios ofrecen;
así al crujir de los pesados remos
y las olas al ver que se embravecen,
en medio de la mar tiembla y se aterra 55
el que los mares desdeñaba en tierra.

Allí bajando los audaces ojos
el señor del alcázar opulento,
Pedro el Fiero, el Cruel, también de hinojos
se humillaba ante el rey del firmamento: 60
como el león cargado de despojos
lleva a la selva su botín sangriento
él sus remordimientos ¡ay! llevaba,
y allí en la soledad los devoraba.

Pero en aquel altar el sabio Herrera 65
bebió la copa del sagrado vino,
y allí Rioja por la vez primera

---

59 *Pedro el Fiero, el Cruel*: Pedro I (1334-69), rey de Castilla y León, cuyo reinado fue marcado por constantes guerras civiles. Fue tema polémico el debate sobre el carácter de Pedro I en varias historias publicadas en los años 40 y 50 (Guichot, Merimée, Montoto, Ferrer del Río, etc.).
65 *Herrera*: Fernando de Herrera (1534-97), poeta renacentista, n. en Sevilla, conocido también por sus obras eruditas como las *Anotaciones a Garcilaso*.
67 *Rioja*: Francisco de Rioja perteneció al grupo sevillano, continuador de la tradición herreriana.

cantó al Señor con su cantar divino:
allí de Zurbarán la sombra austera
aún vaga, y de Murillo el peregrino   70
espíritu recibe en los altares
con su santo el incienso y los cantares.

Cuando incliné mi frente, y las rodillas
doblé sobre el luciente pavimento,
morada de tantas maravillas,   75
un sabio (1) era también, con paso lento
el que llega al altar; ya en sus mejillas
no hay color ni en sus ojos ardimiento,
pero más que la edad la ciencia abruma
su cabeza más alba que la espuma.   80

Heme allí solitaria, humilde, inquieta,
yertas mis manos, mi cabeza ardiente,
la bendición del sabio y del poeta
sacerdote aguardando reverente;
nunca a la voz tonante del profeta   85
la religiosa tribu del Oriente
sintió la viva fe del alma mía
cuando el sabio mi frente bendecía.

---

69 *Zurbarán*: los cuadros religiosos del pintor Francisco de Zurbarán, n. en Fuente de Cantos (Badajoz) (1598-1664), fueron especialmente populares en Sevilla.
70 *Murillo*: Bartolomé Esteban Murillo, pintor sevillano (1617-82). Zurbarán y Murillo iban a ser rivales en la pintura religiosa, compitiendo por la supremacía artística (y económica) de Sevilla.
(1) Don Alberto Lista [nota de 1852]
Adición a la nota de 1852: Alberto *Lista* (1775-1848), pedagogo, poeta de estilo neoclásico, mentor de Espronceda y humilde sacerdote de la catedral sevillana, fue muy admirado por C.C.

POESÍAS

¡Oh, tú que buscas la perdida estrella
vago marino en los hirvientes mares! 90
yo he rezado por ti. —La tierra bella
donde viste la luz, de tus azares
el término será; si la doncella,
inocente ocasión de tus pesares,
con su plegaria que a la Virgen sube 95
logra en el cielo disipar tu nube.

Yo tengo un templo, un Dios que me consuela
depositando en él mis oraciones:
tú, deshecho el bajel, rota la vela
no tienes en tu mar sino... pasiones; 100
venga la tempestad que te desvela
a mi cielo sus negros nubarrones
que *tengo fe,* y en mi paciente alma
para toda *borrasca* hay siempre *calma.*

Y si me rindo al fin, y Andalucía 105
quiere guardar entre sus blandas flores
mi dolorida frente, no aquel día,
hijo de España, mi letargo llores;
pálido el astro ¡ay!, de mi poesía,
oscuro el de mis célicos amores, 110
mejor descansaré muda y dormida
que amorosa cantando en esta vida.

Tal vez la vista del grandioso templo
mi pequeñez más clara me presenta,
y en el de Dios la majestad contemplo 115
más adorable y mi esperanza alienta;
de árabes y cristianos doble ejemplo
es el gigante que los siglos cuenta

sobre las nubes, cuando ya ha barrido
el aire, el polvo del que lo ha subido. 120

¿Qué será más que un átomo en el viento
el de mi leve tronco si fenece
a los pies del glorioso monumento?
Una generación desaparece,
¡y es nada para él!... ¡y otras y ciento 125
nada serán tampoco!... ¡El aparece
como un genio que aguarda en las alturas
ver el fin de las últimas criaturas!

Sevilla, 1847

¡NO HAY NADA MAS TRISTE QUE EL ÚLTIMO ADIÓS!

Si dos con el alma se amaron en vida
y al fin se separan en vida los dos.
¿Sabéis que es tan grande la pena sentida
que nada hay más triste que el último adiós!

En esa palabra que breve murmuran, 5
en ese gemido que exhalan los dos,
ni verse prometen, ni amarse se juran,
que en esa palabra se dicen ¡adiós!

No hay queja más honda, suspiro más largo
que aquella palabra que dicen los dos: 10
el alma se entrega a horrible letargo;
la vida se acaba diciéndose ¡adiós!

Al fin ha llegado la muerte en la vida,
y al fin para entrambos morimos los dos;
al fin ha llegado la hora cumplida, 15
la hora más triste... el último ¡adiós!

CAROLINA CORONADO

Ya nunca en la vida, gentil compañero,
ya nunca volvemos a vernos los dos;
por eso es tan triste mi acento postrero,
que nada hay más triste que el último ¡adiós!   20

Cádiz, 1847

NADA RESTA DE TI

Nada resta de ti... te hundió el abismo...
te tragaron los monstruos de los mares. —
No quedan en los fúnebres lugares
ni los huesos siquiera de ti mismo.

Fácil de comprender, amante Alberto, 5
es que perdieras en el mar la vida,
mas no comprende el alma dolorida
cómo yo vivo cuando tú ya has muerto.

¡¡Darnos la vida a mí y a ti la muerte;
darnos a ti la paz y a mí la guerra, 10
dejarte a ti en el mar y a mí en la tierra
es la maldad más grande de la suerte!!...

Cádiz, 1848

¡AY!, TRANSPORTAD MI CORAZÓN AL CIELO

Ángeles peregrinos que habitáis
las moradas divinas del Oriente,
y que mecidos sobre el claro ambiente
por los espacios del mortal vagáis.

A vosotros un alma enamorada
os pide sin cesar en su lamento
alas, para cruzar del firmamento
la senda de los aires azulada.

Veladme con la niebla temerosa
que por la noche ciega a los mortales,
y en vuestros puros brazos fraternales
llevadme allá donde mi bien reposa.

Conducidme hasta el sol donde se asienta
bajo el dosel de reluciente oro
el bien querido por quien tanto lloro,
genio de la pasión que me atormenta.

¡Ay!, transportad mi corazón al cielo,
y si os place después darme castigo,
¡destrozadme en los aires y bendigo
vuestra piedad y mi dichoso vuelo!

Cádiz, 1847

POESÍAS

YO TENGO MIS AMORES EN EL MAR

¡Hijo del mar, espíritu querido!,
alto ingenio inmortal de la poesía,
escucha desde el mar este gemido
que mi amoroso corazón te envía:
yo te adoro en el mar, y yo he venido 5
a escuchar en sus hondas tu armonía
y en su brisa tu aliento a respirar,
porque están mis amores en el mar.

Muchas noches al rayo de la luna
te he visto en la mitad del Océano 10
maldiciendo el rigor de tu fortuna
y mi sombra hacia ti llamando en vano;
y a las olas que van una por una
a estrellarse en el muro gaditano,
les digo que te lleven mi cantar 15
cuando se tornen con la aurora al mar.

Sobre esa torre (1) que en la noche oscura
brilla como la luz de tu mirada,

(1) El Faro [nota de 1852].

255

muchas veces también subo agitada
a mirar tu bajel desde la altura;   20
y si está su bandera enarbolada,
mi voz en las borrascas te conjura
para que puedan libres navegar
los amores que tengo en este mar.

Pregúntale a la tórtola africana,   25
si al cruzar por las costas españolas,
no me encontró llorando esta mañana
al pie de las marinas banderolas;
yo le rogué que fuera por las olas
a buscar a tu nave soberana,   30
y a decirte, poeta, en su cantar
que tengo mis amores en el mar.

Tú de mi juventud primer suspiro,
la primera ilusión de mis cantares,
el fecundo laurel del Manzanares,   35
cuyas hojas perfuman mi retiro;
tú cuya imagen en las olas miro,
porque eres hijo de los bellos mares,
escucha, si me puedes escuchar,
el amoroso adiós que doy al mar...   40

* * *

---

35 *laurel del Manzanares*: parece referirse a su coronación en el Liceo de Madrid en 1848.

Perdón, amigos, si al sonar mi acento
en el último adiós de despedida,
la mente absorta en su ilusión querida
arrebató mi voz por un momento:
nunca de la amistad el sentimiento   45
mi agradecido corazón olvida;
pero mirad cuán grande es mi penar
que dejo mis amores en el mar.

   Vagarosa ilusión del alma mía
es ya la imagen que en las olas veo;   50
pero es la sola dicha que poseo,
y venturosa en mi ilusión vivía;
y al dejar esa dicha que tenía,
cuando perderla para siempre creo,
sólo deciros puedo en mi cantar   55
que tengo mis amores en el mar.

   Perdón, amigos, si empecé mi canto
a una memoria de eternal consuelo,
y por amante respetad mi duelo
si al recordar su nombre sufro tanto;   60
y por amante respetad mi llanto
si en esta agitación y este desvelo
al deciros adiós vengo a llorar
¡porque dejo su tumba en ese mar!

   Harto dolor aguarda a mi existencia   65
lejos del mar que mi tristeza calma,
y harta paciencia necesita el alma
para sufrir, amigos, esta ausencia;
pero si logro al fin con la paciencia
de mi martirio conquistar la palma,   70

yo volveré después de mi penar
a buscar mis amores en el mar.

Más tarde o más temprano mi barquilla
naufragará en la costa gaditana,
y arrojará la mar hasta la orilla
entre la espuma mi reliquia humana;
y esa poetisa, que me nombra hermana (1),
os dirá con su voz clara y sencilla:
"Aquí vino su sombra a descansar,
porque están sus amores en el mar."

Cádiz, 1849

(1) La señorita doña Rosa Butler, [Nota de 1852].
Adición a la nota de 1852: *Rosa Butler:* "nacida en Jaén en 1821, autora de un poema épico sobre la *Creación del mundo* y que dedicó a Carolina la composición 'Flor de hermana'" (Torres Nebrera, *C.C. Treinta y nueve poemas,* p. 166, quien toma los datos de Ovilo y Otero, *Los escritores españoles del siglo XIX,* París 1859).

INSPIRACIONES DE LA SOLEDAD

NO MUERA DE TUS OJOS APARTADA

Al recordar, señor, que no he cantado
mis himnos a tu nombre todavía,
siento que de la débil arpa mía
las más sonoras cuerdas no han vibrado;
primero que mi espíritu arrojado 5
se levantará a ti con mi poesía
y a veces mil para afirmar mi acento
lo alcé en la tierra, lo ensayé en el viento.

Ora que firme y de tu amor prendada
sólo tu cielo el corazón me fija, 10
ora ya es tiempo que hacia ti dirija
mi voz a tu alabanza consagrada;
ora que el alma mía enamorada
fuerza es que objeto a su pasión elija,
a ti me acojo, compañero tierno, 15
perfecto amante de cariño eterno.

Amante que si lloro me consuela,
amante que si peno mi ser calma,
amante que velando por mi alma
no se cansa jamás por más que vela: 20
amante de quien nunca se recela,
amante que nos trae corona y palma,
amante augusto de tan rico brillo
que da la gloria por nupcial anillo.

A ti mi voz, a ti mi arpa querida, 25
a ti mi lloro, a ti el suspiro amante,
a ti mi vista fija y palpitante
clavada siempre en tu mansión lucida;
a ti mi corazón, a ti mi vida,
y la pasión altísima y constante 30
cuyo nombre inmortal demando al cielo
porque no tiene nombre aquí en el suelo.

Es honda sensación, dolor suave,
mimosa, melancólica ternura
que ni de alivio en su penar se cura 35
ni lo que anhela en su impaciencia sabe;
para el placer, Señor, es harto grave,
para la calma, fáltale ventura,
y si tú no le das en ti acogida
se apagará en sí misma consumida. 40

Yo te adoro aunque el rostro no te veo:
que eres muy bello y juvenil presumo,
y mi abrasado espíritu consumo
en dulce amorosísimo deseo;
en tu poder sin comprenderte creo, 45
amo sin alcanzar tu genio sumo

POESÍAS

y juzgo la pasión que me sofoca
para rendirla en tu homenaje poca.

Mírame con tu vista penetrante,
háblame con tu lengua deliciosa,   50
cíñeme con tu mano cariñosa,
guárdame con tu escudo rutilante;
inúndame en tu luz vivificante,
absórbeme en tu esencia misteriosa,
y pura y a tu gloria consagrada   55
¡no muera de tus ojos apartada!

Ermita de Bótoa, 1845

TÚ ME PIDES QUERER Y TE HE QUERIDO

Si clamo a ti, Señor, ¿no has de escucharme
tú de quien es la inmensidad *oído*?
¿Tú que la hirviente mar has contenido,
no has de poder el corazón calmarme?
¿Un átomo de luz no podrá darme   5
ese que tantos soles ha encendido?
¡Pues cómo has de dejar, Señor, mi vida
¡ay! ciega y sin consuelo y desoída!

Yo me acerco hoy a ti; yo estoy contigo;
sumiso el corazón tengo a tu lado,   10
pasión, orgullo y penas han callado,
no hay más que fe por ti, no hay más conmigo:
ordéname; una voz y yo te sigo...
¿Qué me quieres decir, qué me has hablado?
¡Por qué mi ruda y tarda inteligencia   15
no basta a percibir su dulce esencia!

Yo que te adoro a ti desde la infancia,
yo que te busco en incansable anhelo,
yo que más que a la tierra miro al cielo,
yo que a tu gloria aspiro en mi constancia,   20

POESÍAS

¿he de perder, Señor, por la ignorancia
de no entender tu voz, tu gran consuelo?
¿He de ofenderte, he de labrar mis penas
por no escuchar bien claro qué me ordenas?

Mas tú no hablas jamás; no por acentos   25
tu voluntad al universo explicas;
tienes en tu saber notas más ricas
para expresar tus altos pensamientos;
hablan por ti, Señor, los sentimientos
con que alivias el alma o mortificas,   30
y yo en ese lenguaje he comprendido
que me pides querer y te he querido.

Tú nos pides amor, amor constante
de agradecido pecho justo pago,
tú que una vida das por un halago,   35
tú de la humanidad eterno amante,
¿y antes quieren, Señor, que el alma errante
se fatigue de error en error vago,
que tener por consuelo en este mundo
cariño tan dulcísimo y fecundo?   40

Aquí abajo, del mundo habitadora,
dicen, Señor, que hay una docta gente
que no te reconoce, no te siente,
que no te admira, que jamás te adora;
que no te rinde gracias ni te implora   45
en el placer, en el dolor vehemente;
mas, fábula del mundo es torpe y vana,
porque no puede haber tal raza humana.

Pues al darnos la luz, belleza tanta
como a su inmenso rayo percibimos;   50

¿ignoramos, Señor, que la debimos
a un ser que desde el polvo nos levanta?
Tú grande majestad suprema y santa
nuestros ojos no ven, mas la sentimos:
el genio puede errar, cuando te niega,   55
pero no el corazón, cuando te ruega.

Existes, y las gentes lo entendemos,
desde la misma cuna te adoramos,
mas ¿sabes por qué luego te olvidamos?
Por malicia, señor, porque tememos;   60
no nos place tener jueces supremos
porque mejor sin leyes nos hallamos,
y antes que resignarnos a la pena
negaremos al Dios que nos condena.

Pero yo que te amé desde la infancia,   65
yo que te busco en incansable anhelo,
yo que más que a la tierra miro al cielo,
yo que a tu gloria aspiro en mi constancia;
acudo a tu saber en mi ignorancia,
acudo en mi aflicción a tu consuelo,   70
y es tal la fe con que te ruega el alma
que en esta misma fe logra la calma.

Ermita de Bótoa, 1845

POESÍAS

GLORIA DEL SENTIMIENTO

¡Qué hermoso es Dios, qué hermosa su cabeza!
¡Qué gallardo su andar, su voz qué suave!
Rasgos los cielos son de su belleza,
pasos los siglos de su marcha grave;
la voz de la inmortal naturaleza   5
de sus conciertos la sonora clave,
su acento arroba, su mirar abrasa,
tiembla el mundo a sus huellas cuando pasa.

Yo me enamoro dél: pobre doncella
a la ardiente pasión esclavizada,   10
la sangre a mi cerebro se atropella
a su paso, a su canto, a su mirada;
medito y me consumo con la estrella,
por el trueno me siento subyugada,
y al ver al tiempo transcurrir ligero   15
sufro, lo lloro, clamo, desespero.

Seres tranquilos vi sobre la tierra
que esta ansiedad febril nunca padecen,
ni están con los espíritus en guerra,
ni en éxtasis de amor se desvanecen: 20

cuatro páginas ¡ay!, su libro encierra;
nacen, medran, se nutren, envejecen,
y como nada amaron ni sintieron,
nunca se mueren porque no vivieron.

Repose en paz el corazón helado,
yo quiero ver lucir tu sol ardiente,
vagar tras de tu voz por el collado,
beber tu aspiración en el ambiente:
¡quiero mirar tu ceño en el nublado,
tu sonrisa en la luna transparente,
en las corrientes aguas tu armonía
y tus halagos en el alma mía!...

Ese es el solo bien del sentimiento,
la sola dicha de la triste alma,
la sola gloria del mayor talento,
del martirio mayor la sola palma;
llevar por adorarte el sufrimiento,
por comprenderte renunciar la calma,
de la pasión en el delirio ciego
ser desgraciada por sentir su fuego.

Sé que al cantarte en mi ilusión suspensa
la trova que mi boca te improvisa,
de los pueblos tendrá por recompensa
desdeñosa y sarcástica sonrisa:
su atmósfera pesada, oscura y densa
no dejará volar tan dulce brisa,
pero en el valle puro en que la exhalo
sirve a las soledades de regalo.

Ermita de Bótoa, 1845

POESÍAS

A LA INVENCIÓN DEL GLOBO

Águila altiva, que la nube asaltas
y en la cumbre a mirar al sol te atreves;
águila rauda, que los mares saltas
cuando las alas anchurosas mueves;
águila audaz, que en las regiones altas   5
la hiriente lumbre de los astros bebes;
águila reina, ya tiene el espacio
rival que te dispute tu palacio.

Si hallaras por acaso en tu elemento
veloz cruzando por las propias vías   10
al hombre que se eleva al firmamento
"vive Dios, al pasar, le gritarías,
que ni libres están, genio avariento,
de tus asaltos las regiones mías;
venció tu brazo cuanto halló en la tierra   15
¿y ora viene a mover al cielo guerra?"

Sí, sí, corcel para correr el suelo,
ligero pez para salvar los mares,
es águila atrevida para el cielo
el libre ser que en tu camino hallares;   20

déjale remontar contigo el vuelo
que de estrellas tal vez nuevos millares
cuando más huya la terrestre esfera
va a descubrir en su feliz carrera.

¿Qué vales tú si allá de las alturas   25
las bellezas que alcanzas no nos cuentas?
¿Qué importa cuanto ves en las anchuras
que mides con tus alas turbulentas
si nuevas no nos das a las criaturas
que estamos de saber aquí sedientas,   30
si un himno a la creación por obra tanta
jamás tu pico inexpresivo canta?

Mas aquel otro ser que el éter hiende
sube ya a comprender tanta belleza,
y del nuevo prodigio que sorprende   35
bajará a relatarnos la grandeza;
ya por cima del mundo se suspende
a contemplar la gran naturaleza,
y si le place el mar, su vuelo ataja
y como el ave acuática al mar baja.   40

Y cual vapor del mar se eleva luego
y con las nubes por los aires gira,
del encendido Can resiste el fuego,
del furioso aquilón sufre la ira;
sus fuertes alas en su presto juego   45
salvan al hombre que asombrado mira
allá por bajo de sus pies tendido
el monstruo enorme de quien es nacido.

---

43 *Can*: la constelación Can Mayor.

Como naturalista observa atento
de ignorado reptil la forma extraña;   50
el hombre aquel verá, pegado al viento,
como es la tierra que el Océano baña;
del polo ignoto, de viviente exento,
escrutará, tal vez, la oculta entraña,
y tal verdad puede alcanzar su idea   55
que la ciencia de ayer fábula sea...

¡Tanto saber...! ¿si escalará tu estancia
esta turba, Señor, de inquieta gente?
¿No pusiste, gran Dios, harta distancia
entre tu solio y nuestro genio ardiente?   60
No lograremos ¡ay!, por mi constancia
el triunfo de encontrarte frente a frente,
mas libres ya sobre los aires vamos;
¡Gloria porque a tu sol nos acercamos!(*)

Ermita de Bótoa, 1845

(*) En globo aerostático se cruzó el Canal de la Mancha en 1785; se realizó el primer vuelo de un globo dirigible el 9 de agosto de 1844.

CAROLINA CORONADO

BONDAD DE DIOS

¡Cuán grande, cuán hermosa
es la lumbre del sol que abarca el mundo,
y cuán maravillosa
es la estrella copiosa!
¡Cuán ancho es el espacio, cuán profundo! 5

Como a impulso violento
granos de arena círculos describen
en derredor del viento,
de astros miles sin cuento
así en la inmensidad girando viven. 10

Como esa luna breve
que los azules aires cruzar vemos
por los ámbitos leve,
con giro igual se mueve
esta espaciosa tierra en que nacemos. 15

Los mares procelosos,
los montes de volcanes coronados,
los pueblos populosos

POESÍAS

ruedan majestuosos
por la atmósfera en globo transformados. 20

¿Quién hacia el sol lo envía,
lo acerca, lo separa, lo sostiene,
su ruta marca y guía,
y en perfecta armonía
la prodigiosa máquina mantiene? 25

¿Quién es tan poderoso
que allá desde el lucero más lejano
que rige misterioso
la tierra cuidadoso,
tan bien gobierna por su propia mano? 30

¡Cómo a la flor atiende!
¡Cómo al insecto presta forma y vida!
¡Cómo el agua suspende
en la nube que hiende
el aire y baja en lluvia convertida! 35

¡Cómo enciende y sustenta
el alma pura que en nosotros vive,
y su fuerza acrecienta,
la sostiene y alienta,
cuando el dolor, cuando el placer recibe! 40

¡Cómo nos da alegría
en la niñez, y en juventud más fuerte
el amor y poesía,
y para la sombría
dolorida vejez nos da la muerte! 45

Ignorada tu esencia,
ignorado, señor, será tu nombre,

tu divina existencia,
pero tu omnipotencia
en su propio existir comprende el hombre.   50

Y si con tal desvelo
proteges amoroso a las criaturas,
¿no has de tener un cielo
donde con tierno anhelo
suban a verte, al fin, las almas puras?   55

Ermita de Bótoa, 1845

POESÍAS

¿CUÁL TU GRANDEZA ES? ¿CUÁL ES TU CIENCIA?

Siempre en la noche, compañeros míos
los árboles, la luna, los luceros,
mas ninguno de tantos compañeros
me demanda jamás ¿por qué suspiro?

A la luna le cuento mi cuidado 5
y sigue instable y muda a la voz mía,
como mujer ¡ay! envidiosa y fría
que el pecho tiene a la amistad cerrado.

No soles, no centellas, no luceros
almas son esas luces vacilantes 10
que prestan a los ojos anhelantes
sólo dudosos rayos pasajeros.

Vienen en infinita muchedumbre
y oyen mi canto y mi tristeza miran,
y otra vez silenciosas se retiran 15
sin consolarme, a la remota cumbre.

Inmóviles los árboles sombríos,
como los egoístas corazones,

no oyen la triste voz de mis canciones
que va a morir sobre sus troncos fríos.   20

Sola yo turbo cuadro tan sereno,
sola yo altero tan dichosa calma,
sólo inquietud y lucha hay en mi alma,
sólo mi corazón hierve en mi seno.

* * *

¿Sola yo? ¿Sola yo? ¿De entre millares   25
de criaturas tal vez la más dichosa?
descansando de fiebre dolorosa
duerme la tierra en medio de los mares.

Mas, recorred su vasta enfermería
y oiréis de trecho en trecho hondos gemidos;   30
¿cuántos son? ¿Cuántos son ¡ay! los heridos?
la enferma menos grave es la alma mía.

La luna silenciosa y reposada
que por los aires va, tal vez encierra
dentro de sí como la oscura tierra   35
una raza también desventurada.

Y tal vez de los nuestros sus gemidos
están por breve espacio separados,
y tal vez de ambos mundos encontrados
se responden en ecos los ruidos...   40

* * *

Leve es mi mal como mi cuerpo leve;
¿qué vale ante esa gran naturaleza

mi canto? ¿Qué mi amor? ¿Qué mi tristeza?
¿Cómo a gemir mi corazón se atreve?

   Mas, cabe gran pasión en breve pecho,   45
grande entusiasmo en reducida frente,
grande espíritu en mí, voraz, ardiente,
el rayo cabe en limitado pecho.

Quedan mis cantos en la baja tierra
pero sube hasta Dios mi sentimiento,   50
y abarco sola yo en mi pensamiento
cuanto en su espacio la creación encierra.

Yo la menor de maravilla tanta
obras, Señor, de tu fecunda mano
siento en mi pecho, aliento soberano   55
que hasta los mismos cielos me levanta.

   ¡Y mi amor, mi entusiasmo, mi existencia
son aura imperceptible de tu aliento!...
¿Quién eres? ¿Dónde estás? ¿Cuál es tu asiento?
¿Cuál tu grandeza es? ¿Cuál es tu ciencia?   60

                Ermita de Bótoa, 1846

CAROLINA CORONADO

SOBRE LA GUERRA

Nos ha dado el Señor cielos hermosos
con luz, porque los ojos alumbremos;
y nosotros los pueblos ingeniosos
con humo del cañón la oscurecemos.

Nos ha dado unas tierras deliciosas 5
donde las vidas sustentar podamos,
y nosotras las gentes belicosas
con sangre de los nuestros las regamos.

Nos ha dado suprema inteligencia
para adorar su ley mientras vivimos, 10
y nosotros negamos su existencia
y de la propia nuestra maldecimos.

Nos ha dado pasiones generosas
y odiándonos vivimos en la tierra;
"almas, nos dice, paz, sed venturosas" 15
y respondemos "infortunio, guerra!"

Guerra al Oriente, *guerra* al Mediodía,
por cuanto abarca el sol guerra sangrienta;

nuestra campana eterna de agonía
por las batallas sus minutos cuenta. 20

   Hacen trocar los siglos pasajeros
leyes, imperios, religiones, todo;
pero la horrible estirpe de guerreros
tiende su rama del egipcio al godo.

   ¡Oh de asesinos fuerte monarquía 25
de siglo en siglo trasmitida viene;
reinó antes de Moisés tal dinastía
y aun después de Jesús príncipes tiene!

   Un perpetuo clamor son las naciones;
toda la humanidad es sólo un grito; 30
cansado de sufrir generaciones
el mundo está, y cansado el Infinito...

   Tiende ¡oh paterno mar! tiende los brazos
y, por piedad de nuestros hondos males,
de la tierra los míseros pedazos 35
abisma entre tus formas colosales.

   Tal vez al arrollar el viejo mundo,
tus soberanas moles avanzando,
otras tierras mejor desde el profundo
se irán a tus espaldas levantando. 40

   Aquí están las semillas corrompidas,
a Dios no pueden dar ya fruto bueno,
y pues a Dios no sirven nuestras vidas,
¡húndenos mar, te servirán de cieno!

Ermita de Bótoa, 1846

CAROLINA CORONADO

AMISTAD DE LA LUNA

Esa oscura enfermedad
que llaman melancolía
me trajo a la soledad
a verte, luna sombría.

Ya seas amante doncella, 5
ya informe, negro montón
de tierra que en forma bella
nos convierte la ilusión,

Ni a sorprender tus amores
mis tristes ojos vinieron 10
ni a saber si esos fulgores
son tuyos o te los dieron.

Ni a mí me importa que esté
tu luz viva o desmayada,
ni cuando te miro sé 15
si eres roja o plateada.

Yo busco tu compañía
porque al fin, muda beldad,

POESÍAS

es tu amistad menos fría
que otra cualquiera amistad. 20

   Sé bien que todo el poder
de tu misterioso encanto
no alcanzará a detener
una gota de mi llanto.

   Mas yo no guardo consuelos 25
para este mal tan profundo,
fijo la vista en los cielos
porque me importuna el mundo...

   ¡Vergüenza del mundo es
si tiene mi pensamiento, 30
que ir a buscarte al través
de las nubes y del viento,

Y llevar hasta tu esfera
mi solitaria armonía
para hallar la compañera 35
que escuche la pena mía!

   Mas, pues no me da fortuna
otra más tierna amistad,
vengo con mis penas, luna,
a verte en la soledad. 40

Ermita de Bótoa, 1846

UN ENCUENTRO EN EL VALLE

Tórtola, te vuelvo a hallar;
roncas ambas de cantar
nos encontramos las dos:
¿te ha dado ventura Dios?
¿Cómo te fue en el amar?   5

Cual yo enamorada y niña
te abandoné en la campiña
cantando en son placentero
¿dónde está tu compañero?
¿Hizo el sacre en él rapiña?   10

¡También desventura aquí!
Yo pensé que sólo a mí
lastimaba la fortuna;
¿dónde hallaré sola una
que no se lamente así?   15

¿Te acuerdas de aquellos días
cuando a mi lado solías
decir amantes congojas

columpiándote en las hojas
del fresno donde vivías? 20

Este mismo es el collado,
nuestro querer no ha mudado,
nuestras canciones tampoco,
pero andando el tiempo loco
la ventura se ha llevado. 25

Y al pie de estos manantiales,
entre los mismos juncales,
bajo el propio fresno umbrío,
a cantar tu amor, yo el mío
vengo al campo, al nido sales. 30

¡Pero qué tristes las dos!
yo pienso que viene en pos
de la pasión la tristeza,
porque cuanto más terneza,
más gemidos nos da Dios. 35

Mira sino el arbolado
bajo ese manso nublado
que circunde el horizonte,
y el arroyuelo del monte
por su velo sombreado; 40

Melancólicos están
aunque su hechizo le dan
las bellas luces de mayo,
que en dulcísimo desmayo
por Occidente se van. 45

De entre las algas del río
ese balbuciente pío

de una escondida garganta,
también es dolor que canta
como tu dolor y el mío.			50

Pero si tú un compañero,
si tú el amante primero
tuvieras como otro día,
¡cuán hermoso te sería
este mayo placentero!			55

En ese fresno escondidos,
en un mismo ramo unidos,
arrullándoos con amor,
de las aguas al rumor,
sobre las aguas mecidos...		60

¡Fuera tanta tu ventura
en esta atmósfera pura
vivir así con tu amado
lejos del mundo que ha dado
honda pena a la criatura!		65

¡Ay! Tú volverás a hallar
otro amante a quien amar,
porque las tórtolas son
todas en el corazón
iguales, y en arrullar.			70

Mas el alma que ha perdido
su compañero querido,
que le llore noche y día
porque aquel sólo sería
para su amor el nacido.			75

Y ese Dios que tanto sabe,
en un arrullo suave
te dará un nuevo querer;
pero tú has nacido ave
y yo he nacido mujer.

80

Ermita de Bótoa, 1846

CAROLINA CORONADO

LA CLAVELLINA

Entre el musgo de mi huerto
germina una hermosa planta
coronada de flor tanta
que su tronco no se ve;
   muestra el capullo entreabierto 5
ya su primer florecilla
y la octava maravilla
son cáliz, hojas y pie.

   Venid, hermosas doncellas,
vosotras que amáis las flores, 10
si los vivos resplandores
no os deslumbran de esa flor;
venid a mirar cuán bellas
brillan sus hojas carmines,
en la suavidad jazmines, 15
ambares en el olor.

   La flor del verde granado,
la roja nocturna estrella
son más pálidas que ellas
en matiz y en claridad; 20

porque el estío abrasado
de fuego su cerco pinta;
fuego es su cáliz, su tinta,
su espíritu y su beldad.

   ¡Mirad, mirad, si parece 25
que el tallo que la sustenta
con sangre pura alimenta
ese rojizo botón!
   ¡Si cuando el viento la mece
y su ardiente seno agita, 30
parece que le palpita
en el centro un corazón!

   Escuchad —si acaso ciertas
fueran las transmigraciones
que antiguos sabios varones 35
creyeron en cada ser;
   esa beldad de las huertas
con sus hojas palpitantes,
¿no juzgáis que debió antes
ser una amante mujer? 40

   ¡Del griego pueblo locuras
son las que nos han contado!;
tal vez el ser de un malvado
se trasmita a un alacrán;
   pero las ánimas puras 45
de las amantes mujeres
no trasmigran a otros seres,
que rectas al cielo van.

   Hija de un átomo seco
de una planta mortecina, 50

siempre, siempre clavellina
ha sido esta flor carmín;
  cayó aquel grano entre el hueco
de una china y dos terrones;
llovieron los nubarrones
y germinó en el jardín.

Pero mirad ¡oh cuán bella!
¡Si cuando el viento la agita
parece que le palpita
en el centro un corazón!
  ¿Y quién sabe, quién si ella
tiene también sentimiento?
¿Quién sabe, quién, si es el viento
el galán de su pasión?

No turbemos sus amores;
dejémosla libremente
ante el dulcísimo ambiente
sus rojas galas lucir;
  dejémosla que las flores
tienen también sentimiento,
pero no tienen acento
y padecen sin gemir.

Reluciente clavellina,
gargantilla del estío,
no ornaré el cabello mío
con tu aromoso coral,
  si a vanidad femenina
consagrada tu belleza
ha de ajarte mi cabeza
la frescura matinal.

Vive libre, libre crece
sobre el tallo que alimenta
la vena que te sustenta
ese precioso botón,
  en cuyo centro se mece
un corazón que no veo;
pero que de cierto creo
que ha de ser un corazón.

Y las brisas te festejen,
y mimen las mariposas
las mejillas temblorosas
de tu rostro de carmín;
  y las hormigas se alejen
de tus contornos suaves,
y te saluden las aves
por la reina del jardín.

Ermita de Bótoa, 1846

¡CÓMO, SEÑOR, NO HE DE TENERTE MIEDO!

Yo te olvidaba ya; ni una alabanza
a la gloriosa bóveda te envía
la cantora sin fe; sin confianza
enmudece, Señor, el alma mía;
horas de ingratitud donde no alcanza
el reflejo inmortal de tu poesía
duermo, cuando mi sueño indiferente
viene a romper tu cólera imponente.

"De tus seres de amor, vaga doncella,
¿cuál de ellos quieres que a mi voz sucumba?
¿Qué faz querida borrará mi huella?
¿Qué ser amado lanzará a la tumba?
¿Tu padre morirá? ¿Tu madre bella?"
dices, y el eco de tu voz retumba
dentro de mí, Señor: "Todo lo puedo."
Todo lo puedes, sí; *¡Tú eres el miedo!*

Cubre la sombra de la muerte el mundo
cuando tu ceño muestras indignado,
y yo he visto a mi padre moribundo
con la sombra mortal de ese nublado:

POESÍAS

Señor, al verte contra mí iracundo
entonces tu poder he recordado;
entonces fue el clamor, el rezo, el lloro:
entonces fue el saber cuánto te adoro.

   Tú juegas con las vidas desdichadas,   25
tú al borde del abismo las suspendes,
y al vernos a tu cólera aterrados,
de súplicas y lágrimas te ofendes;
tú no quieres plegarias arrancadas
al espanto, Señor, tú nos comprendes;   30
sabes que el labio tu alabanza niega,
y si ruega, Señor, por *miedo* ruega.

   Tú no cediste a mi medroso ruego,
tú perdonaste la oscilante vida,
porque en tu libro de radiante fuego   35
la indeleble sentencia está esculpida;
pero salvaste de su infiel sosiego
a la memoria ingrata que te olvida...
¡Frágil memoria que tu nombre pierde
y el *miedo* haya de ser quien lo recuerde!   40

   Ni tu sol, ni tu luna, ni tus flores,
ni me inspiró tu lluvia del estío,
ni penetrar lograron tus favores
en este corazón cerrado y frío:
insensata dejé que otros cantores   45
elevaran a ti su acento pío
como el insecto inútil que dormita
mientras que el ruiseñor canta y se agita.

   No te cantaba cuando en calma el cielo
ornado de celaje transparente   50

brillaba puro: en tanto que su vuelo
sereno detenía el claro ambiente
no te cantó mi espíritu de hielo:
mas rugió la tormenta de repente,
con tu rayo amagaste al ser amado 55
y de *miedo,* Señor, te he recordado.

¡Míseras oraciones y cantares
que a impulso del temor rompen conmigo!
no más que en las desdichas y pesares
te llamo grande y te apellido amigo: 60
sólo cuando te ruego que me ampares
dulces palabras con amor te digo;
sólo cuando vivir sin ti no puedo,
"Señor, exclamo, ven, que tengo *miedo.*"

¿Pero me escuchas tú? ¿Pero respondes? 65
¿No me desdeñas porque indigna clamo?
¿Tu cariñosa gracia no me escondes
porque te olvido en paz y en guerra te amo?
¡Ay! no el cruel remordimiento ahondes;
no rechaces mi voz cuando te llamo; 70
si tanto puedes tú, yo nada puedo;
no es pecado, Señor, que tenga *miedo.*

Tú vives entre bóvedas de lumbre
de los soles que giran al ruido,
y yo sin que su fuego me deslumbre 75
no puedo ver al sol medio escondido;
tú de siglos y siglos pesadumbre
eterna llevas, —yo nada he vivido—
tú me puedes hundir —yo nada puedo—
¿cómo, Señor, no he de tenerte *miedo*? 80

Tiembla del hombre el corazón valiente,
tiembla el pueblo que audaz te desafía,
la fanática raza del Oriente
y la raza sin fe del Mediodía;
¡muy temible serás cuando el viviente   85
de tan lejana edad, Señor, temía
y en tantos siglos de gentil denuedo
no ha podido vencer, Señor, su *miedo*!

   Tú eres el miedo que despide llamas,
tú eres el miedo que el diluvio riegas,   90
y tiene miedo el mundo a quien inflamas,
y tiene miedo el mundo a quien anegas;
si tu poder conoces y nos amas,
cuando los rayos del furor desplegas
y acobardada ante tus iras quedo,   95
no te enojes, Señor, si tengo *miedo*.

   Puedes quitarnos los amados seres,
nuestra alegría convertir en llanto,
mudar en desventura los placeres,
y trocar en gemidos nuestro canto: 100
Señor, tan grande y poderoso eres,
es tan inmenso tu gobierno santo
¡que a tu amenaza amedrantada cedo
y te digo ¡Señor, *tú eres el miedo*!

Ermita de Bótoa, 1846

Y LLÉVAME CONTIGO A TU MORADA

¡Qué abatida estará, Señor, mi vida
cuando no te consagro ni un acento!
¡Qué hundido debe estar mi pensamiento
cuando así te abandona, así te olvida!
Preséntasme la tierra florecida,
resplandeciente en lumbre el firmamento,
y en vez de bendecirte y celebrarte
bajo los ojos para no mirarte.

Gran pesar no sufrí, padre divino;
ningún dolor agudo el alma llora;
pero más me entristezco, hora por hora
conforme voy andando mi camino:
ni sé si es bueno o malo mi destino,
ni advierto si se agrava o se mejora;
sólo sé que el vivir menos agrada
cuanto más adelanto en la jornada.

No he perdido la fe, que mucho creo;
no me hirieron, Señor, los desengaños,
ni presa fui de pérfidos amaños,
ni juguete de loco devaneo;

yo no tengo ambición, nada deseo,
es mi existencia juveniles años,
pero triste; Señor, muy triste estoy,
puesto que ni mi canto ya te doy.

¡Ay! Cuando siento del fecundo mayo
el vaporoso y caldeado ambiente
jugar con mis melenas blandamente,
te quisiera cantar, pero en desmayo
melancólico abísmase la mente,
y como herida por amante rayo
las lágrimas se agrupan a mis ojos
y hasta la luz del sol me causa enojos.

Luego las plantas pienso que suspiran,
paréceme que el río se lamenta,
y la vida a mis ojos se presenta
llena de sombras que dolientes giran...
y yo no sé por qué, miedo me inspiran,
y no sé que aflicción me desalienta,
pero tiendo los brazos y te digo
señor, señor, ¡ay! llévame contigo.

Tal vez, Señor, el porvenir me inquieta
porque nací mujer y soy cobarde,
y tal vez en las brisas de la tarde
me anuncia el porvenir mi ángel profeta.
Triste será el de la mujer poeta,
mas ora el bien, ora el dolor me aguarde,
mejor quisiera que con brazo amigo
me quisieras llevar, Señor, contigo.

* * *

CAROLINA CORONADO

    Aquí la turbación, aquí el gemido,
aquí la guerra, aquí los hondos males 50
tienen reinado eterno, y siempre iguales
los tiempos han de ser a los que han sido;
señor, y allá el descanso apetecido,
allá la paz, los goces celestiales
me convidan, si quieres santo amigo 55
para siempre llevarme allá contigo.

    Allá en la noche hay sol, no acaba el día,
siempre es abril para los ricos prados,
y por aquellos huertos regalados
sólo la flor de la virtud se cría: 60
el odio, la ambición, la tiranía
no existe en tus dominios dilatados;
los hombres a los hombres no asesinan,
la virtud y el amor allí germinan.

    Allá en la fuente de la fija ciencia 65
beberé hasta saciar mi gran deseo,
conoceré el error de Ptolomeo,
me reiré de la humana suficiencia;
sabré quién escribió la alta sentencia
que hundió al egipcio y destruyó al hebreo, 70
que ilumina las cumbres de Sodoma,
derriba a Grecia y aniquila a Roma.

    Sabré mejor que el sabio más profundo
de la historia del orbe tantos hechos,
porque en los pobres libros contrahechos 75
mientras estudio más, más me confundo;

---

67 *Ptolomeo*: astrónomo griego (siglo II d. J.C.), en cuyo sistema se colocó la Tierra en el centro del mundo, considerándola como cuerpo fijo.

penetraré las leyes de este mundo,
la esencia de los seres, sus derechos,
lo que son, lo que fueron, lo que esperan
nacidos, por nacer, y cuando mueran.   80

  Sabré por qué tu espíritu se esconde,
por qué rodar nos haces en la esfera,
qué pretendes hacer con tal carrera,
y cómo nos impulsas y hacia dónde:
por qué girar al sol nos corresponde,   85
por qué su luz la luna reverbera,
por qué tienes volcanes encendidos,
por qué tienes los mares extendidos.

  Por qué al par de Jesús nace Mahoma,
por qué alientas entrambas religiones,   90
por qué arde entre diversas oraciones
y en diferente altar distinto aroma:
qué das al que la cruz sagrada toma,
del de la media luna qué dispones,
quiénes te desconocen o te entienden   95
quiénes los que te adoran o te ofenden.

  Allá sabré también por qué nacimos
débiles y sencillas las mujeres,
y si el premio de tantos padeceres
habremos de lograr cuando morimos.   100
Allá sabré si destinadas fuimos
al duro yugo de los otros seres,
y si has dispuesto tú las leyes graves
que no puedo decir y que tú sabes.

  Allá sabré también por qué deliro,   105
y la oculta razón de mi tristeza;

CAROLINA CORONADO

  por qué abrasada siento mi cabeza,
por qué lloro, Señor, por qué suspiro,
por qué cuando tu hermoso cielo miro
ansiosa de tu gloria y tu grandeza,   110
olvido de la tierra cuanto amo
y llévame contigo, Señor, clamo.

  Si comparando el mundo, este de penas,
su injusticia, su error, nuestras pasiones
con el bello existir de esas regiones   115
pacíficas, hermosas y serenas,
anhelamos romper nuestras cadenas,
elevamos a ti los corazones,
y de tus brazos al paterno abrigo
me quiero refugiar yendo contigo.   120

  Si quiero descansar, hallar consuelo,
quiero verte, Señor, yo no vacilo;
¿dónde hallaré más dulce y más tranquilo
amor, y más placeres que en el cielo?
o si te place mi virgíneo velo,   125
si digna soy de tu celeste asilo,
no me dejes aquí desconsolada
y llévame contigo a tu morada.

Ermita de Bótoa, 1847

POESÍAS

PORQUE QUIERO VIVIR SIEMPRE CONTIGO

   Sí, yo te creo; viva mi fortuna
y viva el canto de mi humilde boca
si abrasada en tu amor mi alma no invoca
para cantar la fe musa ninguna:
de las musas el arte importuna   5
cuando tu amor me abrasa y me sofoca,
y me place exhalar a mi albedrío
tonos amantes para ti, Dios mío...

   Sí, yo te he visto clara y transparente
como la luz que me ilumina veo,   10
arrebatada, he visto en mi deseo
tu mirada, Señor, resplandeciente;
una vez nada más tu hermosa frente
he contemplado y me turbó el mareo,
y esa vez nada más que te he mirado   15
me dejaste el espíritu arrobado.

   Yo no sé cómo fue, si allá en el sueño
o si despierta he visto tu semblante,
sólo sé que te vi cruzar flotante
y que en tu imagen conocí a mi dueño,   20

y que es de entonces mi irritado empeño
ver otra vez tu aparición brillante,
contemplar otra vez tu imagen cierta
en delirios, en sueños, o despierta.

Yo me sueño contigo muchas veces,
con la ilusión de mi placer me inflamo,
y te busco después y no pareces,
y no respondes aunque más te llamo;
¿En dónde estás? ¿En dónde resplandeces?
¿Dónde te iré a decir cómo te amo?
¿Cuándo a mis ecos prestarás oído?
¿Cuándo podré llevarte mi gemido?

Yo tengo para ti nuevos acentos
que nada más mi corazón los sabe,
que no los sabe el hombre, el mar, ni el ave,
ni lo saben las brisas ni los vientos.
Y sólo a tus oídos más atentos
les es dado escuchar la voz suave
que por mi seno con aliento gira,
y antes que llegue a mi garganta, expira.

Es voz que al aire pierde su sonido
como flor que a la luz su aroma pierde,
y no puede expresarlo aunque recuerde
su misterioso y virginal sentido:
lágrimas muchas veces he vertido
allá del campo en la llanura verde,
cuando al morir el sol me consumía
sin poderte decir lo que sentía.

¡Ay! lo que siento yo, lo que me inquieta,
Señor, quién lo comprende, quién lo canta;

POESÍAS

¡pobre santa Teresa, pobre santa,
que a tal agitación vivió sujeta!
Y más pobre mujer, alma incompleta
esta, que no teniendo gracia tanta,
con la misma pasión que la devora   55
sin poderte mirar, Señor, te adora.

¿Dónde te iré a buscar, dónde amor mío,
escondida tu faz en el espacio
hallaré para verte más despacio
y calmar mi agitado desvarío?   60
¿Hacia dónde, Señor, mis pasos guío
para llegar por senda a tu palacio,
y sin genio, sin numen y sin arte
la fe que siento en mi pasión cantarte?

No te encuentro en el mar que antes ansiaba 65
cuando tan mal, Señor, te comprendía,
que en el recio furor con que bramaba
escuchar tus acentos presumía;
monstruo rabioso que espumante baba
verde como la bilis escupía   70
¡cómo sonar en su amargado seno
puede tu canto de dulzura lleno!

No te encuentro en las olas vacilantes
donde pensé que tu mirar lucía
antes de que tus ojos más radiantes   75
a iluminar vinieran mi poesía;

---

51 *Santa Teresa*: en el mismo año, C.C. escribiría de Santa Teresa de Jesús: "Monja perfecta era, yo no lo niego; pero cuanto más perfecta la monja, más imperfecta la mujer" ("Los genios gemelos. Primer paralelo. Safo y Santa Teresa de Jesús", p. 92).

soles y estrellas encendidos antes
ya me parecen luz pálida y fría,
y si sus rayos por acaso miro
cierro los ojos y por ti suspiro.

Por ti ya dejo las queridas flores,
los pájaros, el río, los pinares,
para ti nada más tengo cantares;
para mí nada más tienen colores
de tus ojos los bellos luminares,
para mí nada más tiene armonía
tu voz que sueño en la locura mía.

¡Oh! tú no estás aquí; tu forma bella
no es la del mar sombrío que batalla:
tu lumbre no es la lumbre de la estrella
ni por los valles mi ansiedad te halla;
tú más hondo que él, más alto que ella
opones a mi amor eterna valla,
y cuanto más en tu existencia creo
más sufro y lloro porque no te veo.

Pero yo tengo fe; yo he de encontrarte;
yo para siempre he de vivir contigo;
yo protegida por tu brazo amigo
el espacio hendiré para alcanzarte:
si en la tierra no es, en otra parte
seré dichosa, pues con fe te sigo,
y no me importa la envidiosa nube
que a interponerse entre nosotros sube.

Presto acaban los años en su giro
y de terna pasión la vida esclava;
presto, Señor, la juventud acaba

exhalada de amor en un suspiro;
no tengo sino a ti cuando deliro,
y este silencio y soledad me agrava 110
con las horas que pasan y no cuento
absorta en mi constante pensamiento.

¿Serán las pesadumbres de la vida,
de tan vario dolor tanta punzada,
de ingratitudes tantas, tanta herida 115
las que alarguen aquí nuestra parada?
¿tanto podré tardar en la partida
que el ánima no puede fatigada
con la esperanza, con la fe de hallarte
resignarse, sufrir, callar y amarte? 120

¡Cuánto esa nube durará en el cielo
si es la tormenta del vivir tan breve
que descendemos como nieve al suelo
y en él nos deshacemos como nieve!
¡Cuánto podré aguardar en este anhelo 125
si hasta el cierzo helado el soplo leve
hiere mi seno y hacia el triste ocaso
basta, Señor, a acelerar mi paso!

Ya vi pasada la estación serena
y escucho de las lluvias el ruido, 130
y el caracol del labrador resuena
en el silencio con medroso aullido;
sola estoy con mi sombra y con mi pena,
mas pienso en ti, Señor, y del sentido
quiero, lanzando el miedo y la tristeza, 135
al término llegar con fortaleza.

También el joven árbol cuando llueve
desbaratado al agua da sus hojas

que el agosto abrasó tornando rojas
y en vago con el vientecillo mueve; 140
tal vez el aire sobre mí las lleve
mañana si me rinden mis congojas,
y me inunde la lluvia que ahora cubre
los pálidos narcisos del octubre...

Quién sabe... ¡ah! del Asia allá el gigante 145
oigo, Señor, que llamaba a nuestras puertas,
y ya de Europa veo en un instante
las tierras de cadáveres cubiertas;
cuando blande su hierro fulminante
siempre las tumbas ¡ay! están abiertas 150
y ya su brazo siéntese iracundo
y de espanto, Señor, ya tiembla el mundo.

Terrible incendio, que talando pasa
los pueblos de Siam hasta el Bassora,
y crece en Siria, al África devora, 155
sofoca a Rusia y a la Europa abrasa;
¡ay pobre Irlanda, que tu tierra escasa
es para los sepulcros! reza y llora,
que van los buitres en tu negro cielo
sobre tus gentes a cubrir su vuelo. 160

Y ¡ay de nosotros! si el azote rudo
también, Señor, se vuelve contra España,

---

145 *del Asia allá el gigante*: se refiere a una epidemia de cólera asiático que infectó toda Europa en 1848.
154 *Bassora*: Basra, ciudad de Iraq.
157 *Irlanda*: miles y miles de irlandeses murieron de hambre e infecciones debido a la enfermedad de las patatas entre 1845 y 1852.

si entre sus dones fúnebres, Bretaña
también nos manda ese dolor agudo;
¡quién a sus recios golpes halla escudo! 165
¡qué asilo, si el palacio y la cabaña
convertidos en tristes hospitales
serán para sus víctimas iguales!

¡Quién podrá soportar esa agonía,
gritos de destrucción, ayes humanos; 170
los niños, las mujeres, los ancianos
pegando el rostro con la tierra fría!
¡Quién podrá soportar esa sombría
noche, sino los ánimos cristianos,
que absorbidos, Señor, en tus amores, 175
con tu memoria templan sus dolores.

¿En qué boca riquísima de aroma
aspiraremos el divino aliento,
cuando falta al pecho el sufrimiento
y el mismo corazón se nos desploma? 180
Cuando el dolor horrible nos carcoma
la sangre, con febril entendimiento,
¡qué mano ha de venir sino tu mano
a suavizar el padecer insano!

Tú a trasportarnos en tus brazos vienes 185
como las madres en la cuna al niño,

---

163 *Bretaña*: De Inglaterra iba a pasar el cólera a Irlanda en diciembre de 1848. Se ve aquí cierto encono de C.C. contra Inglaterra, quizá porque en el Parlamento británico se había propuesto el 6 de julio de 1848 la entrega de Cuba como pago de créditos que debía el Estado español. También se habían enfriado las relaciones diplomáticas entre los dos países, al rechazar el gobierno español la mediación inglesa durante la conmoción republicana del 48.

CAROLINA CORONADO

lecho nos pones de oloroso armiño,
fresca bebida de placer nos tienes:
con tus besos regalas nuestras sienes,
alegras nuestro ser con tu cariño 190
y olvidando a tu lado nuestra historia
¡oh! contigo vivir; esa es la gloria.

Yo comprendo esa dicha santa y pura,
ese tu aliento embriagador recibo,
de tu mirada gozo el atractivo, 195
de tus ecos penetro la ternura;
vivificante ardor, suave frescura
en tu morada celestial percibo,
tonos, perfumes, delicioso ambiente
que el alma sólo del amante siente. 200

Por eso ardiente sed tiene mi boca
y en tus labios, Señor, templarla quiero,
y por eso en tus brazos sólo espero
la fiebre mitigar que me sofoca;
y por eso te busco ciega, loca, 205
porque te adoro y por tu amor me muero,
y por eso con fe; Señor, te sigo
porque quiero vivir siempre contigo.

Sierra de la Jarilla, 1848

LA ESPERANZA EN TI

Nunca se clama en vano
cuando se clama al cielo en esta lucha
del existir humano;
todo, Señor, lo escucha
la gracia de tu oído soberano.   5

En medio a las estrellas
tu reposado caminar suspendes,
y oyes estas querellas
que tú sólo comprendes,
y nos respondes compasivo a ellas.   10

Tú la vena del llanto
haces que vierta su fecundo riego
en el mayor quebranto,
y nos das el sosiego
en el cansancio al fin de llorar tanto.   15

Tú de la misma pena
haces que nazca el sueño del reposo,
y la mar se serena

cuando más tormentoso
batalla el aire y rompe nuestra antena.   20

¡Oh, Señor, oh consuelo
el dulce, el solo, el cierto que en la vida
tiene el alma! ¡Tu cielo
contemplando embebida
cuántas noches me paso en mi desvelo!   25

La vía reluciente
que por la noche atravesando veo
del Este al Occidente,
¿será de mi deseo
el camino que busco ansiosamente?   30

Aquel iluminado
por la fúlgida luz de las estrellas,
camino señalado
para las almas bellas,
¿no le miro en la noche despejado?   35

¿No muestra la esperanza
del amoroso y celestial recreo
el camino que avanza
sin vuelta, sin rodeo,
sin pérdida en el cielo, sin mudanza?   40

¿Por qué la pesadumbre?
¿No he de llegar al fin, por más que tarde,
a esa dorada cumbre?
¿Es bien que me acobarde?
¿No es harto contemplar su hermosa lumbre?   45

Concierto misterioso
hacen los melancólicos luceros;

los nublados umbrosos
valen por compañeros
de los seres que sufren silenciosos.   50

   Aquellos en su giro,
los otros navegando el firmamento,
parece que un suspiro
exhalan por el viento
para aliviar mi mal, cuando los miro.   55

   Si en la bóveda oscura
suena el canto del pájaro perdido,
me llena de ternura
creyéndole gemido
que viene a acompañar mi desventura.   60

   ¡Pobre ave, tan nueva
que en este mayo acaso ha visto el día!
¿Dónde el aire la lleva
sola, errante, sin guía,
y por qué ese gemido triste eleva?   65

   Ya cruza por Oriente,
ya muda hacia el ocaso su camino,
ya otra vez tiernamente
viene a exhalar su trino
en los sauces, al pie de la corriente.   70

   Donde quiera un amigo
de nuestra humana pesadumbre hallamos;
donde quiera un testigo:
por más que los huyamos,
ave, nube o lucero están conmigo.   75

Suave melodía
de acentos que en el mundo se responden,
movimientos que guía
tu mano..., y corresponden
de tu máquina eterna a la armonía. 80

Tal vez el tedio aleja
de nuestro amargo pensamiento el ave:
la luz que nos refleja
el lucero suave,
resignados, Señor, tal vez nos deja. 85

Tal vez cuando la mente
la muerte invoca al sufrimiento cara,
se tiene de repente
viendo la luna clara
asomar tan hermosa y reluciente. 90

Y tal vez si el profundo
pesar no suspendieras de esos dones
con el placer fecundo,
en sus tribulaciones
desesperado pereciera el mundo. 95

Halle yo en mi carrera
ave desamparada, nube errante,
astro que reverbera
la luz de tu semblante,
y amo la vida aunque de pena muera. 100

Halle de tu grandeza
una señal donde mi vista alcanza,
y en la mayor tristeza,

Señor, tendré esperanza,
y en la pena más grande fortaleza. 105

Deja mis ojos claros
y de la noche al resplandor divino
contemplándote avaros,
para el bien que imagino
de la esperanza en ti veré el camino. 110

Ermita de Bótoa, 1848

CAROLINA CORONADO

PORQUE ES TU AMOR AMOR DE LOS AMORES

No es posible, Señor, que a quien te ama
no vuelvas la mirada enternecido;
pasión ninguna el corazón inflama
que tu aliento, Señor, no haya encendido:
no es posible, Señor, que quien me llama 5
me consienta partir como he venido,
melancólica, pobre, avergonzada
de no lograr de ti ni una mirada.

Yo no te vi jamás; pero en mi anhelo
tu espíritu ideal figura toma; 10
y en la luna te veo, cuando asoma
tan blanca y tan suave por el cielo:
dame (pues hora luce) algún consuelo
en tu palabra dulce como aroma;
que harto breve, Señor, para tu acento 15
es la inmensa extensión del firmamento.

La virtud del milagro exhausta ahora
dicen que está, Señor, mas no lo creo:
¡es ¡ay! que de la gloria del hebreo
no somos esta grey merecedora!... 20

¿Qué es para ti la magia aterradora,
si basta de tu ceja el leve arqueo
no para hacer brotar *apariciones,*
para hundir en los mares las naciones?

¿Qué es un fantasma, que los aires hienda?
¿qué es un acento que en el aire suene
para el que tiene voz que el orbe atruene,
manga de fuego que la tierra encienda?
¡Exhausta tu virtud!... ¿Por qué estupenda
peregrina visión no sobreviene,
cuando aquel que te niega en su locura
de tu máquina es mísera figura?

¿Qué más visión que nuestra misma sombra
con que a nosotros mismos espantamos?...
¿De dónde hemos venido? ¿A dónde vamos?...
¿Quién nuestro guía es? ¿Cómo se nombra?...
¡Exhausta tu virtud!... ¡Y aun nos asombra
esta propia vereda que cruzamos,
movidos por tal mano, de tal suerte
que amo la vida y corro hacia la muerte!

Daniel te vio; nosotros no te vemos;
te oyó Moisés; nosotros no te oímos.—
pero el mismo serás cuando existimos
cual las almas de siglos tan extremos.
Y ¿exhausta tu virtud, Señor, creemos,
visión maravillosa te pedimos,
cuando a la tierra muestras por visiones
una tras otra mil generaciones?

¡¡Visión, visión!!... La luna que me mira
no hablara si quisieras darle acento,

CAROLINA CORONADO

¿cuando lanzarla puedes de su asiento
y arruinar este mundo que delira?...
Si no me habla, Señor, si no suspira
respondiendo a mi ardiente sentimiento,
no es que le faltan ecos seductores, 55
es que falta ventura a mis amores.

Oigo el plañir del solitario río,
oigo el trinar de las nocturnas aves;
él me enternece con sus tonos graves,
y ellas me afligen con su amante pío, 60
y entonces es cuando hacia ti, Dios mío,
que de todo comprendes, todo sabes,
mis acentos dirijo invocadores,
cantándote el amor de los amores.

¡Oh cuán pálido es todo y cuán mezquino 65
lo que de hermoso y grande el suelo ostenta,
cuando el alma, Señor, se representa
tu sonreír y tu mirar divino!...
todo querer parece desatino
donde tu afecto incomparable alienta; 70
toda sabrosa dicha sinsabores
en donde está el amor de los amores.

Llueven las nubes; crécense los ríos;
nuestras eras de ayer son hoy laguna;
hínchase el mar; se pierden los navíos.— 75
¡Ay del que tiene amor a la fortuna!
Derríbanse los altos señoríos,
bajan al fango los de ilustre cuna.—
¡Ay del que tiene amor a los honores,
y desdeña el amor de los amores! 80

Mira, Señor, en tierra al encumbrado:
mira ya al opulento empobrecido.—
Si tan alto subió, ¿por qué ha bajado?
si tesoros ganó, ¿por qué ha perdido?
y su orgullo, Señor, ¿en qué ha parado?
y su altivo desdén ¿a dónde ha ido?
¡Olvidaron que todos son dolores,
si nos falta el amor de los amores!

¿Y yo te olvidaré, constante dama,
yo que en el corazón tu voz he oído?
No es posible, Señor, que quien me llama
me consienta partir como he venido:
no es posible, Señor, que a quien te ama
no vuelvas la mirada enternecido,
ni me pagues, Dios mío, con rigores,
cuando aspiro al amor de los amores.

No se parece su ternura santa
a las vagas pasiones turbulentas
que dan como de estío las tormentas
rayos por lluvia a la marchita planta...
No llora celos quien de ti se encanta...
Vírgenes puras a tu lado asientas:
y a tu cariño aspiran las mejores,
¡porque es tu amor amor de los amores!

Ermita de Bótoa, 1846

LA DESGRACIA DE SER HIJOS DE ESPAÑA

Esta serenidad de la campiña,
la virginal vegetación del suelo
que a nuestros ojos representa niña
la vieja tierra; el canto, el manso vuelo
del bando de aves que hacia aquí se apiña: 5
la vaca dando leche al tierno hijuelo
en medio el monte solo y sosegado
¿habéis en este mayo contemplado?

Y de ese monte en la tranquila falda,
sentado sobre el tronco de la encina,   10
admirando el azul, la rica gualda
del cielo, el orden con que el sol camina:
de aquella sociedad que a nuestra espalda
dejamos tan ruin y tan mezquina,
¿no os parece el recuerdo en este instante   15
más cruel, más agudo, más punzante?

El filósofo, amigos, nos engaña
cuando nos da del campo la armonía,
la paz y sencillez de la cabaña,
del bosque la risueña lozanía   20

para alegrarnos; ¡ay! no los de España
que comemos el pan de cada día
más amargo que hiel; dulzura hallamos
en las campiñas ya: ¡tarde acordamos!

 Si fuera antes de ver caliente y tinta   25
la requemada sangre del soldado
correr a nuestros pies... la suave cinta
del gracioso arroyuelo plateado
que entre las flores de variado pinta,
juego bullendo en el lujoso prado,   30
nos pareciera alegre como un día
a los hijos de Arcadia parecía.

 Pero se avienen mal desdichas graves
con la benigna paz de los oteros,
con los trinos gozosos de las aves   35
y el humilde balar de los corderos:
cuanto son estas horas más suaves,
más duros son nuestros pesares fieros,
dándonos por contraste aquí en la tierra
la ajena paz con nuestra propia guerra.   40

 Porque en el campo ya plantas extrañas,
desde que allá a jardín nos trasplantamos,
para insectos, reptiles y alimañas
el campestre placer abandonamos;
las inseguras débiles arañas   45
andan mejor que por la selva andamos,
y es más rica y feliz la baja hormiga
que logra un agujero y una espiga.

 ¡Cuánta envidia nos dan! ¡Cómo hace alarde
hasta el negro moscón que rasga el viento   50

de aquella libertad, que esta cobarde
generación no logra! ¡Qué sediento
nos queda el corazón cuando en la tarde
después de contemplar el movimiento
de esa naturaleza satisfecha, 55
su parte de placer de menos echa!

Parece que los vivos colorines
que a los nidos retornan gorjeando,
de nuestras artes, ciencias y festines,
cuando al pasar nos ven, se van mofando; 60
¿no sentís en el rostro los carmines
del rubor asomar, tristes pensando
que con tanto saber el hombre sabe
pues no se hace feliz menos que el ave?

¿Qué hemos de hacer sino sentir tristeza 65
hasta en medio del mundo campesino
que nos brinda tan sólo su belleza
para agravar aún más nuestro destino?
En vano el monte muestra su grandeza
y sus alas desplega el blanco espino; 70
murmura el río, las alondras cantan
y los cielos y tierra se abrillantan.

Nosotros no venimos al riachuelo
para admirar su pez ni ver su espuma,
ni divertimos espantando el vuelo 75
del pajarillo de graciosa pluma;
poco sabe de penas ¡vive el cielo!
quien tal de nuestro espíritu presuma,
y vano corazón tendrá el menguado
que tan contento viva y descuidado. 80

No; no venimos a esparcir al viento
el ánima doliente en nuestros días;
no venimos en busca de contento
ni tampoco a dejar melancolías:
venimos, pues no entienden nuestro acento   85
las duras rocas, las encinas frías,
venimos a esconder en la montaña
la desgracia de ser hijos de España.

Ermita de Bótoa, 1847

EL ÚLTIMO DÍA DEL AÑO Y EL PRIMERO

A mi hermano Pedro

Aquí tienes al anciano
terminando su agonía,
y al niño en el mismo día
empezando su vivir.
    Escucha cual suena, hermano,   5
de ese que viene el gemido
con el adiós confundido
del otro que va a partir.

    ¿Qué es más triste, la ignorancia
de aquel que busca la vida,   10
o de otro que perdida
deja la vida, el saber?
    ¿Qué lloras más, a la infancia
que a padecer se encamina,
o a la vejez que termina,   15
hermano, su padecer?

    Tuvo el año lozanía,
bella fue su primavera,

mas ¿sabes en la pradera
para qué las flores son? 20
   Para hacernos más sombría,
cuando acaba su belleza,
de los campos la tristeza
en la invernal estación.

   ¿Dudas? ¡ay! estrecha cuenta 25
hoy al año reclamemos,
y sus penas coloquemos
al lado de su placer.
   Ya verás cuál se acrecienta
ancho el cerco de sus males, 30
y el de sus bienes cabales
cuán estrecho viene a ser.

Tenemos pena cumplida,
ventura sólo aplazada,
con lágrima anticipada 35
tan antes pagada ya,
   que parece que la vida
poscrita al placer tenemos,
y sólo que le soñemos
castigo el dolor nos da. 40

   Tal nos pasa, tal sufrimos,
tal es el mundo presente;
tras nosotros otra gente
más dichosa ha de venir:
   que las almas que nacimos 45
de este siglo entre las guerras,
para cruzar nuestras tierras
en un perpetuo gemir.

CAROLINA CORONADO

    Bardos vendrán más contentos
en otra edad venturosa   50
que la vida hallen hermosa
y canten sólo placer;
    mas nosotros, descontentos
de estos tiempos revoltosos,
con los ojos lagrimosos   55
cantamos el padecer.

    Y cuando el año termina
más nuestro duelo se aumenta;
triste el año es que ahuyenta
¿más cómo el otro será?   60
    Esa aurora que vecina
sigue ya a la noche esta
en alas del sol traspuesta,
¿sabes tú qué luz traerá?

    ¿Podrán los ojos mirarla   65
frente a frente sin recelo?
¿Brillará pura en el cielo?
¿Saldrá envuelta en lobreguez?
¿Vendrá algún astro a eclipsarla,
tanta nube a oscurecerla,   70
que nunca logremos verla
en completa brillantez?

    Allá los sabios que miran
por la noche a los luceros,
en sus cálculos certeros   75
lo que averiguan dirán;
mas a mí que no me inspiran
profecías las estrellas,

no puedo decir por ellas
lo que los años traerán. 80

   Pero los temo y los lloro,
y entre su noche y su aurora
está para mí la hora
más triste del corazón;
   del rudo bronce sonoro 85
que entrambos años separa,
temblando aguardo la clara
y solemne vibración...

   Dos... cuatro... seis... alegría
al que nace saludemos; 90
ocho... diez... doce... ¡lloremos
al que deja de vivir!
   Es del año la agonía
y el nacimiento del año,
la esperanza y desengaño 95
lo pasado y porvenir.

Ermita de Bótoa, 1847

CAROLINA CORONADO

EL TIEMPO

Yo aparezco a la luz de nuestro cielo
palpitando al compás de una armonía;
yo he venido a ascender con nuevo anhelo
sobre el candente sol de la poesía:
y allí en su disco abreviaré mi duelo   5
en llamas exhalando el alma mía
hasta que blancos a sus rayos bellos
hechos cenizas caigan mis cabellos.

Yo sé que hay un incendio en mi cabeza,
que sólo en armonías exhalado,   10
puede aliviar al cabo mi tristeza,
desahogando su fuego concentrado;
si siento del amor la fortaleza,
si sufro de las penas el cuidado,
he menester decir lo que padezco,   15
o en compresión violenta yo perezco.

¿Por qué he nacido así? ¿por qué impasible
con las manos cruzadas sobre el seno,
el agua de los tiempos apacible,
no ve correr mi corazón sereno?   20

¿Por qué no busca y goza en lo posible
la indiferente paz; sino que lleno
de inquietudes, se agita y desespera
para él hora pasada y venidera?...

¿Cómo permite Dios que en nuestra mente   25
se refleje también la inteligencia;
y que la fiebre que el ingenio siente
venga a inquietar también nuestra existencia?
¡Es derramar la savia inútilmente
en planta que del hielo a la inclemencia   30
ha de dar a la tierra inútil fruto,
dándole con mis versos mi tributo!

Lamenta nuestros tiempos, buena anciana,
recuerda aquellos plácidos instantes
en que torciendo el copo de alba lana,   35
y refiriendo hazañas de gigantes,
viviste alegre tu feliz mañana,
sin enlazar jamás dos consonantes,
como voy a enlazar, diciendo ahora
cualquiera necedad hueca y sonora.   40

¡Oh tiempo! ¡O de este siglo sabias gentes,
cuánto mal a mi espíritu habéis dado!
¡Oh! ¡nunca vuestras luces esplendentes
hubieran mis tinieblas disipado!
Y aún cuando aquellos cuentos de serpientes   45
de las siete cabezas, que he escuchado
contar de noche cuando niña era,
y aunque en brujas y sábados creyera.

---

48   *sábados*: aquelarres.

CAROLINA CORONADO

    Pero el tiempo no cesa en su camino;
la humanidad viviendo avanza y crece...　　50
Vaya la nuestra andando a ese destino
que la discreta Europa nos ofrece.
Nace el ser, piensa y muere; este el sino;
nace la sociedad, piensa, envejece:
la nuestra está en la edad del pensamiento,　　55
y ni el ser femenil de él está exento.

    Mas ¡ay! esta ansiedad, esta fatiga
por descubrir lo raro y escondido;
esta sed de aprender que no mitiga
ni aun lo malo que habemos aprendido;　　60
esta vaga inquietud que nos instiga
a correr tras el siglo fementido,
¡cómo el ánimo exalta ardiente y loco
y consume los cuerpos en su foco!

    ¡Ah! si a lo menos fábrica lozana　　65
fuéramos como en tiempos del hebreo,
que estaba de su vida en la mañana,
cuando a su noche toca el europeo;
¡si al menos digna de la especie humana
fuera la arquitectura que ahora veo,　　70
fuerte, merecedora de su nombre,
aun pudiéramos dar gracias al hombre!

    Pero es la humana raza ya mezquina,
si en el siglo de Adán robusta era;
debilita, empobrece y contamina　　75
cada generación la venidera;
y no se disminuye, no termina
aunque más envejece y degenera;

a cada nuevo siglo que le hiere
se agrava el mundo más, pero no muere. 80

¡Calamidad! el joven es anciano,
tiene el niño del joven las pasiones;
la vida corre hacia su fin humano,
rápida en las doctísimas naciones,
pero ¿está el exterminio ya cercano? 85
¿Guardan raza más fuerte otras regiones
y es Europa no más la que padece
el espantoso mal que la envejece?

¡O Irlanda! ¡O Francia! el vértigo os agita.
De vuestros hijos en las calvas frentes 90
la juventud en cierne se marchita,
por engendrar las ciencias florecientes:
vuestro saber enerva y debilita
la fuerza corporal de vuestras gentes;
tanto alzaréis la torre del talento, 95
que os faltará en los hombres el cimiento...

Caeréis. Y el puente de gigante hechura
y arco triunfal de vuestra fama emporio,
serán como el egipcio promontorio,
un desengaño más de la criatura; 100
entonces, cuando salte en la llanura,
¡que antigua *Londres* fue ¡tiempo ilusorio!
toro salvaje, y que en la sola arena
la cabrilla montés beba en el *Sena!*...

---

89 *¡O Irlanda! ¡O Francia!*: referencia a la devastación del hambre irlandesa y a las turbulencias políticas del año de la revolución, 1848.

CAROLINA CORONADO

¿Qué entonces el vapor, audaz Bretaña... 105
navegará sobre él lobo marino?
¿qué tu museo, Francia?.. ¿a tu divino
David irá a copiar fiera alimaña?
Nación soberbia que el Océano baña,
¡ríndele entonces gracias al destino, 110
si del olvido al tiempo venidero
te arranca Byron como a Grecia *Homero!*

¿Quién os heredará, grandes naciones?
¿Qué pueblo de criaturas destinado
estará a recoger esos blasones, 115
que de gloria en la tierra hayáis dejado?
El tesoro de egipcias inscripciones
fue por las griegas gentes heredado:
la griega ciencia la heredó el latino;
la triple herencia a vuestras arcas vino. 120

Poco sabéis para tan larga escuela;
para haber tantos siglos estudiado
sobre la momia de la egipcia abuela,
sobre el cráneo del griego celebrado;
poco os lució de Roma la tutela, 125
cuando con tal saber no habéis logrado
no detener la vida en su carrera,
pero vivirla en paz, mientras corriera.

---

105 *el vapor, audaz Bretaña*: se refiere a la gran potencia marina y comercial de Inglaterra por sus buques de vapor.
107 *museo*: le Louvre.
108 *David*: Jacques-Louis David (1748-1825), pintor oficial de Napoleón I durante el imperio, y jefe de la escuela neoclásica.
112 *Byron*: C.C. recreará la figura de Byron (1788-1824) que murió luchando por la independencia griega, en su poema "Byron desde la tumba" (1883).

América feliz, que se levanta,
cantando libertad, llena de vida,   130
por los futuros siglos elegida
estará para hollaros con su planta;
la libertad, esa bandera santa,
defenderá tal vez de su caída
más largo tiempo al mundo de los otros...   135
pero también caerán, como vosotros.

Porque si el tiempo graba allí su huella,
en vano es levantar cien murallones;
en vano es inventar mortal centella;
en vano es el fundir monstruos cañones;   140
cuando sube a igualarse con la estrella
la cúspide mayor de las naciones,
llega un hora... los reinos se estremecen,
tiemblan, vacilan, caen y desparecen...

Empero, ¿a qué se lanza el pensamiento   145
a la remota edad, cuando la mía
será tan breve, que en el mundo ciento
y mil generaciones todavía,
antes que se resienta su cimiento,
a padecer vendrán a luz del día?   150
¿qué he pensado, qué he dicho, qué le importa
vida tan larga a quien la tiene corta?

¡Tiempo en obrar mudanzas infinito!
A ti culpo también de mi poesía,
que allá en los tiempos de la abuela mía   155
ni hubiera esto pensado ni esto escrito:
hoy tal oso escribir, hoy tal medito,
explayando mi alma en la armonía,
porque sigue también mi pensamiento
de tu exacto reloj el movimiento.   160

Ermita de Bótoa, 1847

EL AÑO DE LA GUERRA Y DEL NUBLADO

Antes apareció rojo cometa
y sobre España levantó su vuelo,
y una noche sombría por el cielo
le salió a contemplar la gente inquieta;
y entonces anunció el vulgo-profeta, 5
en confusión y vago desconsuelo,
calamidades tristes que vendrían...
y los sabios entonces se reían.

¡Ay, pero yo jamás! Alcé la frente
y la terrible aparición mirando, 10
en una piedra me senté llorando,
sin apartar los ojos del Oriente;
y no olvidé la claridad hiriente
de aquel fantasma, aunque con rostro blando
para borrar su imagen importuna, 15
tras el cometa apareció la luna.

Al año del augurio temeroso
que tan triste os canté cuando nacía,
¿le visteis ya? ¿no os dije que traía
el disco de su frente nebuloso? 20

POESÍAS

¿no os dije que una noche, sin reposo,
gimiendo por el año que moría
sentí en mi corazón pavor extraño
al asomar la luz del nuevo año?

¿No os dije que el espíritu invisible,   25
que vuela con la sombra en el vacío,
vaga en la noche siempre en torno mío
y habla a mi corazón en voz sensible?
¿No os dije que en su canto, incomprensible
para el alma sin fe del hombre impío,   30
escuché el porvenir infortunado
del año de la guerra y del nublado?

Yo conozco al dolor. Constante lazo
formado con el hilo de mi vida
tiene conmigo, y siento su venida   35
al recibirle con estrecho abrazo;
yo le he dado pedazo por pedazo
el alma, y en sus marchas entendida,
si un paso hacia nosotros adelanta
primero que el feliz, siento su planta.   40

¡Ay, por eso lloré cuando de enero
el sol primero lastimó mis ojos!
Otros alegres sus matices rojos
tomaron por señal de buen agüero.
¡Ay de mi corazón, que fue el primero   45
para sentir del año los enojos,
sufriendo ya el dolor anticipado
del año de la guerra y del nublado!

Triste nube cubrió la primavera...
¿las flores dónde están? ¡Flores perdidas!,   50

CAROLINA CORONADO

¡antes para mis ojos tan queridas,
tan olvidadas hoy en la pradera!
Ved si será mi pena verdadera
que las huellas mis plantas homicidas,
y con amarlas tanto y ser tan bellas,   55
morir las dejo sin dolerme de ellas.

Así también murieron mis venturas,
y no me duelo ya. ¿Qué de las flores?
Por las plantas, Emilio, nunca llores,
llora por el dolor de las criaturas;   60
a las aves que mueren, sepulturas
abres con simulacros de dolores;
¡ah! ¡que del mundo el padecer no sabes,
cuando también te dueles por las aves!

¿No ves las nubes del oscuro cielo   65
crecer y resonar? Alza los ojos.
¡No ves la luna entre vapores rojos
que nueva tempestad anuncia al suelo!
Llora, llora con grande desconsuelo
del irritado Arcángel los enojos,   70
que a los pueblos, Emilio, ha condenado
al año de la guerra y del nublado.

Por tu inocente boca habla a las gentes,
ora habiten los campos, las ciudades,
y diles que a las nuevas tempestades   75
preparen ya los ánimos pacientes;
diles que en las alturas eminentes
de las más escondidas soledades
huyan a conjurar el genio airado
del año de la guerra y del nublado.   80

Vuela, y al labrador de valle en valle
grítale y al pastor: «¡Huid la tormenta;
que ni en la mies ni en la cabaña os halle
del huracán la ráfaga violenta!
Que no aguardéis a que en el aire estalle 85
ese ardiente vapor que se acrecienta;
porque es mortal el fuego concentrado
del año de la guerra y del nublado.»

Y torna hacia el altar donde recemos
la más larga oración que tu memoria 90
conserve, Emilio, de la santa historia
que de la propia madre ambos sabemos;
y ojalá que estos ruegos que elevemos
los escuche el Señor desde la gloria;
y salve a nuestro pueblo desgraciado 95
del año de la guerra y del nublado.

Ermita de Bótoa, 1848

CAROLINA CORONADO

LA AURORA DE 1848

Ya se presenta allí, ya nos aguarda:
decid, ¿no os acobarda,
corazones humanos, su venida?
¿hay alguno que inquieto
no esté con el secreto 5
que esconde el porvenir para su vida?

Yo os conjuro a mirar la última estrella
que humilde luz destella,
cuando empieza a radiar el sol naciente;
y os conjuro, mortales, 10
a recordar los males
que lloráis del pasado amargamente.

Yo en mi atrevido, pertinaz empeño,
quiero apartar del sueño
el ánimo tranquilo y descuidado, 15
porque en sí mismo lea,
y en cuanto le rodea
estime el porvenir por lo pasado.

¿Quién el feliz será que ningún daño
ha sufrido en el año 20

POESÍAS

que hacia el abismo rápido desciende,
y en soñolencia vaga
ve el astro que se apaga
y no quiere mirar al que se enciende?

¿Quién será que del año en el espacio   25
la rueda de topacio
del sol sobre su frente no ha sentido,
destrozando las flores
de sus bellos amores,
de su esperanza, de su bien querido?   30

Cada cual en su historia lastimada
arroje una mirada
de su pena al recuerdo lastimero;
y temblará de espanto
al pensar que otro tanto   35
tal vez te aguarda el año venidero...

¡Ah! —Vos diréis que lóbrego y sombrío
empiezo el canto mío,
en vez de alzar con plácida sonrisa
himno que alegre el alma,   40
dulce expresión de calma
del feliz corazón de una poetisa.

Vos diréis que los mágicos jardines,
los bosques de jazmines,
orgullo de la hermosa Andalucía,   45
deben de mi cabeza
alejar la tristeza,
despertar mi entusiasmo y mi alegría.

Diréis que en el murmullo de esas fuentes
se calman las vehementes   50

penas del joven corazón herido,
y que a esta tierra agravio,
si no expresa mi labio
la dicha que en sus campos he sentido.

¡Ay! sí; yo cantaré cuando me aleje 55
tal vez por siempre, y deje
la tierra, alivio a mi salud perdida;
yo elevaré un acento
de hondo agradecimiento
en el adiós de tierna despedida. 60

No olvidaré las fuentes bulliciosas
ni las perennes rosas,
que esmalta sin cesar tibio rocío;
ni la luz trasparente
de un sol siempre luciente 65
sobre el cristal de su encantado río.

Yo en las ruinas que cantó RIOJA
he besado la hoja
de una amarilla flor, que allí temblando
crecía en una roca; 70
yo he llevado a mi boca
la corona real de SAN FERNANDO.

Yo del audaz COLÓN sobre la losa
he orado respetuosa

---

67 *Rioja*: autor del poema, "A las ruinas del anfiteatro de Itálica", aunque no del célebre "A las ruinas de Itálica" antes atribuido a él, siendo de Rodrigo Caro.
72 *San Fernando*: Fernando III el Santo, rey de Castilla y León (1199-1252), m. en Sevilla.

en la gran catedral, bajel divino,
digno del bueno piloto
que un nuevo mundo ignoto
buscaba por el piélago marino.

No; yo no olvido cuanto grande encierra
esta gloriosa tierra;
y cuando quiera el Dios de la armonía
cesar en su abandono,
elevaré mi tono
para cantar la bella Andalucía.

Diré cómo he venido, triste ave,
a este clima suave
donde he encontrado generoso abrigo;
y que, siempre querida,
del árbol que me anida
la benéfica sombra irá conmigo.

Diré que la amistad me dio sus brazos,
que los más puros lazos
me estrechan con dulcísimos favores
en esta tierra bella:
diré que he hallado en ella
toda ilusión... excepto los amores.

No seré como el mísero gusano
que en el ramo lozano
después que logra protector asilo,
marchita su frescura,
royendo la flor pura
en cuyas hojas reposó tranquilo.

Pero es la vez primera, ¡oh madre mía!
que el grave y santo día

en que el año nos muestra sus albores 105
vivo de ella apartada,
y me siento agobiada
de dudas, de presagios, de temores.

Por más que esfuerzo el ánimo caído,
por más que del sentido 110
quiero alejar presentimientos vanos,
la pena me quebranta,
se anuda mi garganta
al recordar mis padres, mis hermanos.

El año expira... en él ya no los veo 115
sino por el deseo;
pálido el nuevo sol irá mañana
con sus rayos perdidos,
cuando aún estén dormidos,
las rejas a alumbrar de mi ventana. 120

Mis tórtolas con queja lastimera,
sin mí por vez primera,
saludarán del astro la venida;
¡hartas veces cantamos
y juntas celebramos 125
la antorcha de esos años extinguida!

Y he visto que los años mi contento
de uno en otro momento
en mi espíritu han ido amortiguando,
y que de mi poesía 130
la llama que lucía,
poco a poco también se fue apagando.

¿Qué nos traerá ese sol aun escondido
a este mundo afligido?

¿Qué nuevo llanto verterán los ojos?
¿A qué ignorada pena
la suerte nos condena
en sus varios y fáciles antojos?

Tal vez de España, guerras, desventuras,
aguardan las criaturas,
o el espantoso azote del Oriente
vendrá, salvando mares,
las vidas a millares
a devorar de nuestra pobre gente...

¡Y el año expira... y suena la campana
que pronuncia el mañana!
Y ciegos, sin saber dónde corremos,
por más que le temamos,
al porvenir nos vamos,
¡aunque en el fijo mal nos estrellemos!

¡Mísera condición! Nadie nos guía
esta noche sombría;
perdemos ya de vista a un ENEMIGO
en el año que ha muerto:
pero ¿sabéis de cierto
si en el presente hallamos un AMIGO?

Vos no temáis, aunque enemigo sea,
porque en esta pelea
sois hombres, al fin, y con valor os vemos
a sufrir padeceres;
¡pobres de las mujeres
que ni valor para sufrir tenemos!

141 *azote del Oriente*: el cólera asiático.

Y aun cuando el año próvido y fecundo
venga sobre este mundo
a dar de bienes su rocío santo,
siempre, sin dichas otras,
será para nosotras
¡estéril en placer, fecundo en llanto!

LAS TORMENTAS DE 1848

¿También aquí, Señor, en las entrañas
del solitario monte a los oídos
vienen a resonar voces extrañas,
gritos de guerra y ecos de gemidos?
Negra sombra desciende a las cabañas: 5
lanza el perro medroso hondos aullidos,
y claridad fantástica ilumina
el trémulo ramaje de la encina.

Y suena por los valles la campana
de la vecina ermita; el ronco acento 10
del fiel pastor, que los jarales gana
de la espantada cabra en seguimiento;
y otro gemir, que imita voz humana,
y es canto de mortal presentimiento
que exhala un ave, inmóvil tenazmente 15
entre la yerba, al pie de la corriente.

Y oigo el aire silbar, y de la tierra
por la pesada gota removida
la exhalación percibo, y de la sierra
el gas de la cantera humedecida; 20

y oigo del lobo, que en el monte yerra
tras de la res cansada y perseguida,
el sordo aullar, que en confusión lejana
se pierde con el trueno y la campana.

Veo la lluvia correr, abrir los lagos, 25
despeñada rodar por las pendientes,
y henchir de los arroyos las crecientes.
Y entrar en la cabaña haciendo estragos;
y oigo el viento arreciar, y oigo las gentes
campesinas gritar en ecos vagos, 30
y a un pájaro en las ramas intranquilo
buscar en las más altas nuevo asilo.

Veo caer los árboles floridos
sobre el agua, la mies y los corderos;
por el valle los fresnos más erguidos 35
hundirse en la arriada los postreros,
y flotar de las tórtolas los nidos,
y el hato del pastor, y los aperos
del labrador revueltos zozobrando,
y a los bueyes pasar sobrenadando. 40

¿Adónde estás, clarísima ribera,
en que la luz del sol no se escondía,
sino un instante en la azulada esfera
cuando la blanca nube aparecía?
¡Ah, que ya te perdí, luz pasajera! 45
ya nunca te veré... nube sombría
se esparce en este pálido horizonte,
y truena por los ámbitos del monte.

¿Pero será también, lirio florido,
cielo de claro sol que te has nublado? 50

¿Será que de las balas el ruido
por tu serena atmósfera ha tronado?
¿Será que en vez de lluvia, sangre ha sido
la que regó tu valle sosegado?
¡Será verdad, Señor, que en ciega saña   55
cayeron, como el árbol, los de España!

Y ¿es verdad que cayeron los del Sena
y los hijos del Po y los del Duna,
cual remolinos de caliente arena
bajo la lluvia?... ¡almas sin fortuna!   60
Y ¿el sol esclareció con faz serena
de sangre aquella vívida laguna
de muerte aquella palpitante alfombra,
o estaba el cielo así velado en sombra?

¿Los viste tú? ¿oíste los gemidos   65
de las llorosas madres abrazadas
a los jóvenes cuerpos, divididos
por el golpe mortal de las espadas?
¿No asordó como el trueno los oídos,
no cegó como el rayo las miradas...   70
al estallar un cetro en cien pedazos,
brillando entre humeantes cañonazos?...

Y ¿es verdad que las tímidas doncellas
ciñen el casco, vibran los aceros,
y ven caer bajo sus manos bellas   75
impávidas los muertos caballeros?
Y ¿es verdad que irritando las querellas

57-58 *los del Sena... y los del Duna*: son las revoluciones del 48 en Francia, Italia (vv. 81-88) Polonia y Alemania (vv. 89-90). En España hubo levantamientos republicanos y carlistas (v. 56).

CAROLINA CORONADO

    y las venganzas de los odios fieros,
ostentan en su sien con vanagloria
el fúnebre laurel de la victoria? 80

    Y ¿es verdad que en la plácida comarca
do el glorioso Virgilio está durmiendo,
se levantan un pueblo y un monarca
a turbar su reposo con su estruendo?
¡Que del amante y casto y fiel Petrarca 85
las sagradas cenizas removiendo,
huellan sus palmas con los duros callos
sobre su misma tumba los caballos!

    ¡Mas qué nuevo fragor!... El norte truena.
¡Triste Alemania, pueblos desgraciados!... 90
Ya están los ojos de mirar cansados,
ya no puedo, Señor, con tanta pena;
yo me torno a la ermita, donde suena
la campana, y que truenen los nublados;
yo buscaré el reposo de mi alma: 95
no quiero tempestad, quiero la calma.

    Yo, Señor, el cobarde pensamiento,
al contemplar del mundo los horrores,
en mi cabeza fatigada siento,
y quiero refugiarme en mis amores; 100
quiero en mi corazón buscar aliento,
de la tormenta huyendo los furores...
mas ¡ah Señor! ¡¡también ronca y violenta
dentro del corazón hallo tormenta!!

    ¿Cómo olvidé, mirando por el monte 105
las frentes de los árboles hundidas,
que el nublado que envuelve mi horizonte

POESÍAS

hundió mis esperanzas más queridas?
¿Cómo dejo que el alma se remonte
allá por las ciudades combatidas;   110
si yo en mi corazón, fiero enemigo,
tengo la tempestad, que va conmigo?

¿Llora el pastor su choza destrozada?
¿Gime el rey su palacio arrebatado?
También mi corazón una morada   115
tuvo, y la tempestad la ha derribado;
también una mansión bella y dorada
y el sañudo huracán se la ha llevado...
Con él fueron mis chozas, mis ciudades:
¿quién me consuela a mí en mis tempestades?   120

Señor, de mi tormenta oscura, ardiente,
nadie ve el rayo ni percibe el trueno;
pero mi oído rebramar la siente;
pero la siente batallar mi seno;
pero consume dolorosamente   125
mi corazón, cuando a mis solas peno,
¿dónde la paz? si el cielo, si la tierra
si el corazón la tempestad encierra.

¿Será en la luna que hacia el monte asoma
entre la nube que al Oriente avanza?   130
¿Va a dar consuelo a la abrasada Roma,
viene a dar a nosotros esperanza?
¿Es, Señor, de los cielos la paloma
que en esta tempestad tu mano lanza,
y vuela, entre las nubes fugitiva,   135
con el ramo pacífico de oliva?

Yo no quiero su luz, recuerdo amargo
de mi perdido bien, su luz me ofende,

343

y hace en la noche el padecer más largo
cuando en vagos delirios me suspende; 140
¡Ay! que es cruel del alma en el letargo
si una memoria hermosa nos sorprende;...
no más luz que tu luz, Señor, deseo,
ya a ti en la oscuridad siempre te veo.

Pero que alumbre por el monte oscuro 145
para mostrar la senda a los pastores:
que a merced de la luna alcen seguro
resguardo los campestres moradores;
que desparezcan, a su rayo puro,
las sombras, la tristeza, los temores, 150
y que, otra vez, los campos sosegados
brillen por su fulgor iluminados.

Pero que extienda sus celestes alas
sobre el pueblo que gime moribundo;
que esparza el resplandor que le regalas 155
aplacando la cólera del mundo;
sobre el estrago horrible de las balas,
que hace de Europa el genio furibundo,
¡que ilumine, Señor, y que ella sea
paz en los odios, tregua en la pelea! 160

Ermita de Bótoa, 1848

ADIOS DEL AÑO DE 1848

LA AURORA BOREAL

¿Qué es esa claridad que de repente
de la ermita ilumina el campanario,
y del Gévora oscuro la corriente
brillar hace en el campo solitario;
y por qué palidecen de la gente   5
los rostros al fulgor extraordinario
mientras sus sobresaltos y temores
revelan los ancianos labradores?

«¡Ay de nosotros, ay de nuestra tierra!»
Claman los labradores espantados.   10
«¿Veis los senos del cielo ensangrentados?»
«Es anuncio de crímenes... de guerra...»
Mas confunden su voz desde la sierra
los lobos en su aullar, y los ganados
cuyos medrosos, débiles balidos   15
conjuran nuestros perros con aullidos.

Aparecerse veo las encinas,
agitando sus brazos al relente,
como fantasmas a la luz ardiente
que refleja en sus copas blanquecinas;   20
y dos tórtolas veo peregrinas,
huyendo de su cima velozmente,
que deslumbradas por la fuerte llama,
temieron el incendio de su rama.

¿Adónde van envueltos en los vientos,   25
cual nocturnos espíritus errantes,
esos que con amarse están contentos
desde la cuna sin cesar amantes?
¿Quién les turba la paz ni los acentos
con que entrambos se arrullan palpitantes,   30
para volar, huyendo de la aurora
a la orilla del Gévora sonora?

Del fresno entre la húmeda enramada
¿van a buscar contra el incendio asilo?
Y ¿adónde encontraré yo una morada   35
para que pose el ánimo intranquilo?
¿Adónde irá mi alma acobardada
de esta medrosa noche en el sigilo,
contra el fantasma que sufrir no puedo
a guarecerse del horrible miedo?   40

Emilio, ven, contempla sin enojos
los rayos de la luz, que así me inquieta,
y mira si es la luna ese planeta
que yo distingo entre vapores rojos;
porque hace un año que fatal cometa   45
vieron cruzar mis espantados ojos,

y trajo al mundo universal estrago,
y tengo miedo de su nuevo amago.

   Yo tengo miego, sí, yo confundida
y en mi propia ignorancia avergonzada— 50
la causa del fenómeno escondida
busco, y en mi saber no encuentro nada;
pero amante del Gévora, la vida
pasé a orillas del Gévora apartada,
y a temer aprendí de los pastores 55
del cielo los extraños resplandores.

   ¿Oíste tú contar que desgarrados
como fieras allá los hombres mueren,
y no serán los golpes que los hieren
por los genios maléficos lanzados? 60
Y cuando están así desesperados,
¿genios no habrá que así los desesperen
sobrehumanos, celestes, infernales
de quienes esas llamas son señales?

   No sé lo que será... pero recemos 65
por todos y por él... ¡genio querido,
ser adorado que jamás olvido
ni en los propios pesares más extremos!
¡ah! que de ese fantasma que tenemos
él hubiera mi mente defendido, 70
si penetrara aquí por un momento
la luz de su brillante pensamiento.

   Hijo del mar, su pensamiento grave
conoce de los astros el camino,
porque el allá en el piélago marino 75
las noches estudió desde su nave;

y él me dijera, pues que tanto sabe,
por qué del cielo el resplandor divino
tiende esta noche el rubicundo manto
que pone el corazón tan grande espanto.

Yo, si mi mano de su mano asiera,
aun a la luz que temerosa brilla,
en esta misma noche me atreviera
del Gévora a llegar hasta la orilla;
y tal vez más allá de la ribera
la causa hallara fácil y sencilla
de ese fuego que abrasa el horizonte,
en el incendio del cercano monte...

Mas vuelve, Emilio, y mira sin recelo
si la encendida nube ya se aleja;
calma por Dios el fatigoso anhelo
del corazón que ni alentar me deja...
¿Dices que de la luz el ancho velo
por el espacio todo se refleja,
y que ya no se ve sombra ninguna...
ni los luceros, ni se ve la luna?...

¡Qué nos va a suceder! ¡qué nuevas penas
los decretos nos guardan del destino,
si ya de pesadumbres imagino
que están las almas de las gentes llenas!
Y ¿por qué no han de ser puras y buenas
esas luces, que teme el campesino,
y por qué no ha de ser de la montaña
el incendio, tal vez, de una cabaña?...

Tal vez de la cobarde fantasía,
tal vez del conturbado pensamiento
esas visiones son que el alma mía

vio fijas en el rojo firmamento;
tal vez en esta noche oscura y fría
nadie siente el espanto que yo siento   110
y ven los hombres, sin curarse de ellas,
las ráfagas que absorben las estrellas.

Vuelve otra vez, y mira si se apaga
o si se enciende más... si se enrojece...
y si de algún fantasma que aparece   115
ves ondear la cabellera vaga—
¿qué es lo que dices? ¿que el incendio crece
y que abrasar el universo amaga—
tal vez ¡o niño! te confunde el miedo...
deja que mire... si mirarlo puedo...   120

¡Ay! es verdad, los rayos que se extienden
amenazando ahogar el vasto mundo,
los espíritus malos los encienden,
y al contemplarlos ya no me confundo;
ya con más claridad los aires hienden,   125
y aparece el fantasma furibundo,
y es hasta Roma donde el fuego alcanza,
y es sobre Roma donde el fuego lanza.

¡En Roma, en Roma! El fuego está en su cumbre
mira cómo la luz allí se aumenta;   130
allí chispea la espantosa lumbre;
allí el rojo fantasma se ensangrienta;
allí la alborotada muchedumbre
hace a la cristiandad terrible afrenta...
allí abismado en su dolor sombrío   135
¡huye a los mares el sagrado Pío!

---

136 *Pío*: Pío IX, papa de 1846 a 1878, que tuvo que escapar de las turbulencias revolucionarias en Roma el 24 de noviembre de 1848.

Mira por qué en los cielos se encendía
con tales rayos la siniestra llama;
mira por qué es la hoguera que derrama
tan fantástica luz al medio día; 140
mira por qué mi corazón temía,
risueño Emilio, al cielo que se inflama,
porque esa luz en noche tan oscura
era señal de nueva desventura.

Mira con qué furor sus alas bate, 145
para alejarse el de la adversa suerte;
año del infortunio, del combate,
del contagio, del crimen, de la muerte:
mira por qué a su «adiós» mi pecho late
sin que un instante a serenarle acierte, 150
porque el postrero adiós de su agonía
envuelto en el incendio nos lo envía.

¿Quién derramó la muerte en las ciudades?
¿Cuáles rayos los pueblos consumieron?
Los pontífices santos ¿por qué huyeron 155
y fue la humanidad calamidades?
No fueron de los hombres las maldades,
año de destrucción, tus genios fueron;
tu espíritu, no más, fue el enemigo,
que al mundo vino a dar tanto castigo. 160

Tú, como el huracán de los desiertos
que arrastra a los audaces peregrinos,
has pasado dejando los caminos
con el polvo de víctimas cubiertos;
tú, ya cuando a los muros palestinos 165
arribaba, tal vez, con pasos ciertos,

has destruido, con tu nube insana,
de una generación la caravana.

Y ¿cómo quieres que tu adiós acoja
la gente sin pavor, cuando en su daño   170
hiendes la horrible cabellera roja
maligno genio del funesto año?
Cuando en tu triste despedida arroja
el cielo fuego, y con enojo extraño
viste la noche de color sangriento,   175
¡cómo decirte «adiós» sin desaliento!

Huye, te dice el pueblo desgraciado,
de quien vinistes a turbar la vida,
y ¡ojalá! ¡que en tus urnas sepultado
fuera el llanto que trajo tu venida!   180
Los que tanto en tus horas han llorado
te vienen a cantar la despedida:
mas huye, por piedad, más velozmente
mientras te canta el corazón doliente.

Huye, y que deje de mostrar el cielo   185
ese color de púrpura que espanta,
y que en este dolor que nos quebranta
aurora más feliz alumbre el suelo;
¡huye, y por tanto mal, por tanto duelo,
por tanto lloro, por desgracia tanta,   190
como dieron al mundo tus peleas,
siempre en los siglos maldecido seas!

Ermita de Bótoa, 1848

CAROLINA CORONADO

EN EL CASTILLO DE SALVATIERRA

¿Por qué vengo a estas torres olvidadas
a hollar de veinte siglos las ruinas
espantando al subir con mis pisadas
las felices palomas campesinas?

¡Oh Walia! ¿no es verdad que prisioneras 5
la esclava del feudal y la del moro,
pobres mujeres de remotas eras,
regaron estas torres con su lloro?

¿Que perdido tu trono por Rodrigo
y derrotado el moro por Fernando 10
de tan largas batallas fue testigo
la misma torre donde estoy cantando?

---

1 *torres*: se refiere al castillo medieval de Salvatierra de los Barros, comarca de Jerez de los Caballeros, donde se sitúa también la novela *Jarilla*.
5 *Walia*: cuarto rey de los visigodos en España (415-19), vencedor de los suevos, vándalos y alanos.
9 *Rodrigo*: último rey visigodo de España.
10 *Fernando*: Fernando II de Aragón.

¿Que inmóviles aquí tantas mujeres
tanto llanto vertieron de sus ojos
como sangre vertieron esos seres
que arrastraron de Roma los despojos?

¿Y que tendiendo sus amantes brazos
al árabe y al godo que morían
y arrancando sus tocas a pedazos
en inútil dolor se consumían?

¿Y que tras tantos siglos de combate
que empedraron de fósiles la tierra
subo a la misma torre de la Sierra
aún a pedir también nuestro rescate?

¡Ay! Que desde aquellas hembras que cantaron
gimiendo, como yo, sobre esta almena,
ni un eslabón los siglos quebrantaron
a nuestra anciana y bárbara cadena.

Y ya es preciso para hacer patente
la eterna condición de nuestras vidas,
unir las quejas de la edad presente
a las de aquellas razas extinguidas.

¿Quién sabe si en la choza y el castillo,
contemplando estos bellos horizontes,
fuimos por estas sierras y estos montes,
más dichosas, en tiempo más sencillo?

¿Quién sabe si el fundar el ancho muro,
que libertad al pueblo le asegura,
no nos trajo a nosotros más clausura
quitándonos el sol y el aire puro?

Palomas que habitáis la negra torre,
yo sé que es más risueña esta morada,
y ya podéis, bajando a la esplanada,
decir al mundo que mi nombre borre.

Yo soy ave del tronco primitiva
que al pueblo se llevaron prisionera,
y que vuelvo a esconderme fugitiva
al mismo tronco de la edad primera.

No pudo el mundo sujetar mis alas,
he roto con mi pico mis prisiones
y para siempre abandoné sus salas
por vivir de la sierra en los peñones.

Yo libre y sola, cuando nadie intenta
salir de las moradas de la villa,
he subido al través de la tormenta
a este olvidado tronco de Castilla.

Yo, la gigante sierra traspasando,
lastimados mis pies de peña en peña,
vengo a juntarme al campesino bando
para vivir con vuestra libre enseña.

Comeré con vosotras las semillas,
beberé con vosotras en las fuentes,
mejor que entre las rejas amarillas
en las tablas y copas relucientes.

Iremos con el alba al alto cerro,
iremos con la siesta al hondo valle,
para que el sol al descender nos halle
cansadas de volar en nuestro encierro.

Nadie vendrá a decir qué fue de Roma,
ni llegará el guerrero a la montaña,
y las nubes que bajan a esta loma
me ocultarán también la faz de España.

Aquí no han de encontrarme los amores,
aquí no han de afligirme las mujeres,
aquí no pueden los humanos seres
deshacer de estas nubes los vapores.

Es un nido que hallé dentro una nube,
mis enemigos quedan en el llano
y miran hacia aquí... ¡miran en vano,
porque ninguno entre la niebla sube!

Yo he triunfado del mundo en que gemía,
yo he venido a la altura a vivir sola,
yo he querido ceñir digna aureola
por cima de la atmósfera sombría.

Por cima de las nubes nos hallamos,
¡libertad en el cielo proclamemos!
Las mismas nubes con los pies hollamos,
las alas en los cielos extendemos.

¡Bajen hasta el profundo mis cadenas,
circule en el espacio el genio mío,
y haga sonar mi voz con alto brío,
la libertad triunfante en mis almenas!

Mas... ¿por qué me dejáis sola en el cielo
huyendo del castillo a la techumbre?
¿por qué se agolpa aquí la muchedumbre
de pájaros errantes en el suelo?

CAROLINA CORONADO

¡Oh! ¿Qué estrépito es ese que amedrenta?...
La torre se estremece en el cimiento...
he perdido de vista el firmamento...
me envuelve en sus entrañas la tormenta.   100

La torre estalla desprendida al trueno...
la sierra desparece de su planta...
la torre entre las nubes se levanta
llevando el rayo en su tonante seno.

El terrible fantasma hacia mí gira...   105
tronando me amenaza con su boca...
con ojos de relámpago me mira...
y su luz me deslumbra y me sofoca.

El rayo está a mis pies y en mi cabeza;
ya me ciega su lumbre, ya no veo.   110
¡Ay! ¡sálvame, señor, porque ya creo
que le falta a mi orgullo fortaleza!

¡Bájame con tus brazos de la altura
que yo las nubes resistir no puedo!
¡Sácame de esta torre tan oscura   115
porque estoy aquí sola y... tengo miedo!

Castillo de Salvatierra, 1849

EN LA MUERTE DE UNA AMIGA

¿Dónde la amiga mía,
en dónde está la hermosa compañera
de tanta lozanía
y tanta gallardía
que daba envidia a la gentil palmera? 5

¿Adónde te hallaremos
si en esta soledad no te encontramos
por más que te busquemos,
por más que te llamemos,
por más que sin consuelo te lloramos...? 10

¡Ay! Cuando más sufría,
al alejarse la criatura bella,
nos dijo que volvía,
y tristes todavía
estamos aguardando aquí por ella. 15

Mas ya de su tardanza
son causa los celestes serafines,
que en dulce bienandanza

nos quitan la esperanza
de que vuelva jamás a estos festines. 20

Ya más no la veremos
del gran salón arrebatada pluma,
girar por sus extremos,
con su belleza suma,
envuelta en el cendal de blanca espuma. 25

Ni dirán los galanes
al contemplar su luz de pura estrella,
con suspiros y afanes,
«Entre tanta doncella
la del blanco cendal es la más bella.» 30

Faltóle a su pie vago
para cruzar la vida, tierra y calma,
y en el humano estrago,
como la flor del lago
toda en perfume se exhaló su alma. 35

¿Mas no es verdad, flor mía,
que vives más contenta en la morada
de la Virgen María,
tan santa y regalada,
que en esta pobre tierra desgraciada? 40

¡Ay celestes jardines
sobre las nubes húmedas, plantados
por bellos serafines,
con ámbares regados
y de castas doncellas habitados! 45

¡Ay deliciosas palmas
en cuya sombra reposada giran

las venturosas almas
de los que allá respiran
y oyen a Dios y su semblante miran! 50

¿No es verdad que en el cielo,
paloma de estos valles inocente,
alzas tranquila el vuelo
con perfumado ambiente
por las serenas bóvedas de Oriente? 55

¿No es verdad que a la vida
no quisieras volver, de los mortales,
desde que estás unida
con lazos eternales
a las dichosas almas celestiales? 60

¿Que ahora en el cielo puro
y en medio de luceros tan brillantes,
te parece ya oscuro
el festín donde antes
se alegraban tus ojos anhelantes? 65

¿Que las galas y flores,
la música y la danza tan querida,
y los tiernos amores
de tu alma florida,
te parecen ya sueños de la vida? 70

Y ¿no es verdad que miras
con lástima de amor, aprisionadas
del mundo a las mentiras
nuestras almas cansadas,
que quisieras llevar a tus moradas? 75

CAROLINA CORONADO

    Responde, amiga mía,
que ya te escucha el corazón atento;
haz que descienda pía
a la tierra sombría
en las nocturnas brisas un acento.   80

    Mas ¡ay! de mí te escondes...
no quieres responder a quien te canta...
¡Pero cómo respondes,
con humana garganta,
si ya no eres mujer, si eres ya santa!   85

Badajoz, 1849

EL AMOR DE LOS AMORES

I

¿Cómo te llamaré para que entiendas
que me dirijo a ti ¡dulce amor mío!
cuando lleguen al mundo las ofrendas
que desde oculta soledad te envío?...

A ti, sin nombre para mí en la tierra   5
¿cómo te llamaré con aquel nombre,
tan claro, que no pueda ningún hombre
confundirlo, al cruzar por esta sierra?

¿Cómo sabrás que enamorada vivo
siempre de ti, que me lamento sola   10
del Gévora que pasa fugitivo
mirando relucir ola tras ola?

Aquí estoy aguardando en una peña
a que venga el que adora el alma mía;
¿por qué no ha de venir, si es tan risueña   15
la gruta que formé por si venía?

CAROLINA CORONADO

¿Qué tristeza ha de haber donde hay zarzales
todos en flor, y acacias olorosas,
y cayendo en el agua blancas rosas,
y entre la espuma lirios virginales?

Y ¿por qué de mi vista has de esconderte;
por qué no has de venir si yo te llamo?
¡Porque quiero mirarte, quiero verte
y tengo que decirte que te amo!

¿Quién nos ha de mirar por estas vegas
como vengas al pie de las encinas,
si no hay más que palomas campesinas
que están también con sus amores ciegas?

Pero si quieres esperar la luna,
escondida estaré en la zarza-rosa,
y si vienes con planta cautelosa
no nos podrá sentir paloma alguna.

Y no temas si alguna se despierta,
que si te logro ver, de gozo muero,
y aunque después lo cante al mundo entero,
¿qué han de decir los vivos de una muerta?

II

Como lirio del sol descolorido
ya de tanto llorar tengo el semblante,
y cuando venga mi gallardo amante,
se pondrá al contemplarlo entristecido.

Siempre en pos de mi amor voy por la tierra
y creyendo encontrarle en las alturas,

con el naciente sol trepo a la sierra;
con la noche desciendo a las llanuras,

    Y hallo al hambriento lobo en mi camino   45
y al toro que me mira y que me espera;
en vano grita el pobre campesino
«No cruces por la noche la ribera.»

En la sierra de rocas erizada,
del valle entre los árboles y flores,   50
en la ribera sola y apartada
he esperado el amor de mis amores.

A cada instante lavo mis mejillas
del claro manantial en la corriente,
y le vuelvo a esperar más impaciente   55
cruzando con afán las dos orillas.

A la gruta te llaman mis amores;
mira que ya se va la primavera
y se marchitan las lozanas flores
que traje para ti de la ribera.   60

Si estás entre las zarzas escondido
y por verme llorar no me respondes,
ya sabes que he llorado y he gemido,
y yo no sé, mi amor, por qué te escondes.

    Tú pensarás, tal vez, desdeñosa   65
por no enlazar mi mano con tu mano
huiré, si te me acercas, por el llano
y a los pastores llamaré medrosa.

Pero te engañas, porque yo te quiero
con delirio tan ciego y tan ardiente,   70

que un beso te iba a dar sobre la frente
cuando me dieras el adiós postrero.

III

Dejaba apenas la inocente cuna
cuando una hermosa noche en la pradera
los juegos suspendí por ver la luna 75
y en sus rayos te vi, la vez primera.

Otra tarde después, cruzando el monte,
vi venir la tormenta de repente,
y por segunda vez, más vivamente
alumbró tu mirada el horizonte. 80

Quise luego embarcarme por el río,
y hallé que el son del agua que gemía
como la luz, mi corazón hería
y dejaba temblando el pecho mío.

Me acordé de la luna y la centella 85
y entonces conocí que eran iguales
lo que sentí escuchando a los raudales,
lo que sentí mirando a la luz bella.

Vago, sin forma, sin color, sin nombre,
espíritu de luz y agua formado, 90
tú de mi corazón eras amado
sin recordar en tu figura al hombre.

Ángel eres, tal vez, a quien no veo
ni lograré, jamás, ver en la tierra,
pero sin verte en tu existencia creo, 95
y en adorarte mi placer se encierra.

Por eso entre los vientos bramadores
salgo a cantar por el desierto valle,
pues aunque en el desierto no te halle,
ya sé que escuchas mi canción de amores.   100

Y ¿quién sabe si al fin tu luz errante
desciende con el rayo de la luna,
y tan sola otra vez, tan sola una,
volveré a contemplar tu faz amante?

Mas, si no te he de ver, la selva dejo,   105
abandono por siempre estos lugares,
y peregrina voy hasta los mares.
A ver si te retratas en su espejo.

IV

He venido a escuchar los amadores
por ver si entre sus ecos logro oírte,   110
porque te quiero hablar para decirte
que eres siempre el amor de mis amores.

Tú ya sabes, mi bien, que yo te adoro
desde que tienen vida mis entrañas,
y vertiendo por ti mares de lloro   115
me cansé de esperarte en las montañas.

La gruta que formé para el estío
la arrebató la ráfaga de octubre...
¿qué he hacer allí sola al pie del río
que todo el valle con sus aguas cubre?   120

Y ¡oh Dios! quién sabe si de ti me alejo
conforme el valle solitario huyo,

si no suena jamás un eco tuyo
ni brilla de tus ojos un reflejo.

Por la tierra ¡ay de mí! desconocida, 125
como el Gévora, acaso, arrebatada
dejo mi bosque y a la mar airada
a impulso de este amor corro atrevida.

Mas si te encuentro a orilla de los mares
cesaron para siempre mis temores, 130
porque puedo decirte en mis cantares
que tú eres el amor de mis amores.

V

Aquí tu barca está sobre la arena:
desierta miro la extensión marina:
te llamo sin cesar con tu bocina 135
y no pareces a calmar mi pena.

Aquí estoy en la barca triste y sola
aguardando a mi amado noche y día;
llega a mis pies la espuma de la ola,
y huye otra vez, cual la esperanza mía. 140

¡Blanca y ligera espuma trasparente,
ilusión, esperanza, desvarío,
como hielas mis pies con tu rocío
el desencanto hiela nuestra mente!

Tampoco es el mar a donde él mora, 145
ni en la tierra ni el mar mi amor existe:

---

136 *pareces*: apareces.

¡Ay! dime si en la tierra te escondiste
o si dentro del mar estás ahora.

Porque es mucho dolor que siempre ignores
que yo te quiero ver, que yo te llamo   150
sólo para decirte que te amo,
¡que eres siempre el amor de mis amores!

VI

Pero te llamo yo, ¡dulce amor mío!
como si fueras tu mortal viviente,
cuando sólo eres luz, eres ambiente,   155
eres aroma, eres vapor del río.

Eres la sombra de la nube errante,
eres el son del árbol que se mueve,
y aunque a adorarte el corazón se atreve,
tú solo en la ilusión eres mi amante.   160

Hoy me engañas también como otras veces;
tú eres la imagen que el delirio crea,
fantasma del vapor que me rodea
que con el fuego de mi aliento creces.

Mi amor, el tierno amor por el que lloro   165
eres tan solo tú ¡señor Dios mío!
Si te busco y te llamo, es desvarío
de lo mucho que sufro y que te adoro.

Yo nunca te veré, porque no tienes
ser humano, ni forma, ni presencia: 170
yo siempre te amaré, porque en esencia
a el alma mía como amante vienes.

CAROLINA CORONADO

    Nunca en tu frente sellará mi boca
el beso que al ambiente le regalo;
siempre el suspiro que a tu amor exhalo   175
vendrá a quebrarse en la insensible roca.

    Pero cansada de penar la vida,
cuando se apague el fuego del sentido,
por el amor tan puro que he tenido
tú me darás la gloria prometida.   180

    Y entonces al ceñir la eterna palma,
que ciñen tus esposas en el cielo,
el beso celestial, que darte anhelo,
llena de gloria te dará mi alma.*

Sierra de Jarilla, 1849

(*) Poema publicado primero en el *Semanario Pintoresco Español* en 1850 y 1851, cuya versión difiere mucho de ésta, como apunta G. Torres Nebrera (v. C.C. *Treinta y nueve poemas*, p. 179 y su Introducción).

ROMANCES

LA POETISA EN UN PUEBLO

¡Ya viene, mírala! ¿Quién?
—Esa que saca las coplas.
—Jesús, qué mujer tan rara.
—Tiene los ojos de loca.
Diga V., don Marcelino, 5
¿será verdad que ella sola
hace versos sin maestro?
—¡Qué locura!, no señora;
anoche nos convencimos
de que es mentira, en la boda: 10
si tiene esa habilidad
¿por qué no le hizo a la novia,
siendo tan amiga suya,
décimas o alguna cosa?
—Una décima, es preciso 15
dije— el novio está empeñado:
«ustedes se han engañado
me respondió, no improviso.»

            —Siendo la novia su amiga,
            vamos, ¿no ha de hacerla usté?— 20
            «Pero por Dios, si no sé,
            ¿no basta que yo lo diga?»
            La volvimos a rogar,
            se levantó hecha una pólvora,
            y en fin, de que vio el empeño 25
            se fue huyendo de la boda.
            Esos versos los compone
            otra cualquiera persona,
            y ella luego, por lucirse,
            sin duda se los apropia. 30
            —Porque digan que es romántica.
            —¡Qué mujer tan mentirosa!
            —Dicen que siempre está echando
            relaciones ella sola.
            —Se enseñará a comedianta. 35
            —Ya se ha sentado ¡la mona!
            Más valía que aprendiera
            a barrer que a decir coplas.
            —Vamos a echarla de aquí.
            —¿Cómo?— Riéndonos todas. 40
            —Dile a Paula que se ría.
            —Y tú a Isabel, y tú a Antonia.
            Ja ja ja ja ja ja ja.
            ¡Más fuerte, que no lo nota!
            Ja ja ja ja ja ja ja. 45
            Ya mira, ya se incomoda.
            Ya se levanta y se va...
            ¡Vaya con Dios la gran loca!

Badajoz, 1845

A UN VIEJO ENAMORADO

No lo toméis a consejo,
pues vos para aconsejado
y yo para consejera
inútiles somos ambos:
vos, señor, porque contáis 5
con muy razonables años
para poder en la vida
dirigiros ya sin ayo,
y esta humilde servidora
por tenerlos muy escasos 10
para poder con su apoyo
ir por la tierra marchando.
Mas sin ser consejo alguno,
podéis escuchar un rato
cuatro sencillas palabras 15
que tengo, señor, que hablaros.
Si de provecho no os sirven,
tampoco os serán de daño,
con que prestadme el oído
y os charlaré breve y claro. 20
Os quejáis de mis desdenes
y el por qué, yo no lo alcanzo,

pues las canas venerables
yo respeto, nunca agravio;
y en fe de verdad tan pura, 25
jamás consentí escucharos
las voces almibaradas
de, «hermosa, mi bien, te amo»;
por evitar que el ridículo
os hiriera de rechazo, 30
al responderos el mundo
con su risa y con su escarnio.
Porque, dejaos de aprehensiones,
ninguno creerá el *flechazo*
de que os doléis con tal pena, 35
pues Cupido no es tan malo
que fuera en un moribundo
a ensañar su genio bravo.
Más bien la gota, el reuma,
o algún histérico flato 40
han sido los agresores
de ese cuerpo desdichado;
y vos en reminiscencia
de los amores de antaño,
al encontraros doliente, 45
os juzgáis enamorado.
Pero señor, ¡en conciencia!
ved que es error, que es engaño
y en vez de atisbar mis rejas,
y espantarme todo el barrio, 50
tomándome por remedio
de males, que yo no sano,
buscad un doctor que os vea,
y si es un ataque asmático,
os recete y desengañe 55
del tema que habéis tomado.

A él podéis, si no os remedia,
llamarle «¡insensible, ingrato!»
y todas esas razones
conque os estáis lamentando 60
de una mujer que no os hizo
más ofensa ni más daño,
que nacer en este siglo,
y no en el siglo pasado.
Tal vez yo de haber nacido 65
en tiempo de Carlos Cuarto,
de vuestra joven persona
me hubiera también prendado,
como las viejas mujeres
que tiene Dios en descanso, 70
y que os dejaron memorias
de lo mucho que os amaron
en cartas ya carcomidas
y en rizos apolillados.
¡Cómo ha de ser! Lo dispuso 75
la suerte tan al contrario,
que entre vos y yo en España
tres monarcas han reinado.
Os lo digo, no por mofa,
vale mucho un hombre anciano, 80
pero soy caña muy débil
para serviros de báculo;
ni monedas de este cuño
parecen bien en la mano
del que al buscarlas debiera, 85
ser, al menos, anticuario.
Por lo demás, yo os estimo
como al Arco de *Trajano,*

---

66 *Carlos Cuarto*: rey de España de 1788 a 1808.

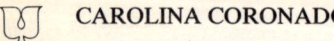

   como al *puente de los moros,*
   como a todo lo que es raro,   90
   porque llega y sobrevive
   a los días que alcanzamos.
   Cuando pasáis os saludo,
   con reverencia, con pasmo;
   cuando habláis os oigo absorta,   95
   como si oyera lejanos
   los ecos de aquellas voces
   que en tiempo del Cid sonaron...
   Pero la tos os molesta,
   la brisa va refrescando,   100
   y temo os falte la vida
   cuando por luenga la aplaudo:
   basta pues, cubríos el rostro,
   perdonadme y retiraos.

Badajoz, 1845

POESÍAS

A UN POETA CLASICO

Pulidísimo poeta,
que siempre os andáis buscando
cefirillos en diciembre
y florecillas en marzo.
Ved que es malogrado tiempo
el que gastáis en cantarnos
esas romanzas melosas
que a vos embelesan tanto.
Porque ninguno os escucha,
ni posible es escucharos,
ni debe ¡salvo los sordos!
nadie escuchar vuestro canto.
Vos engalanáis de yerba
fuera de sazón los campos
y a deshora de sus nidos
hacéis levantar los pájaros;
vos asida del cabello
sin compasión a su llanto,
a cada instante a la aurora
arrastráis de su palacio,
y ni deja miel segura
en el panal vuestro labio

ni brisilla sosegada,
ni libre arroyuelo manso.
Y lo que más impacienta, 25
ingeniosísimo bardo,
es que, cuando estamos todos
con vuestra musa trinando,
sobre la blanda verbena,
muellemente recostado, 30
tan complacido y risueño
vos dispongáis coronaros.
¿A dónde vais por el mirto?
¿de dónde arrancáis el lauro?
¿y qué lográis con poneros 35
en la frente esos enjalmos?
¿Un mancebo como un roble
no os causa grima pasaros
unas tras otras las horas
entre los juncos holgando? 40
¿No tenéis en vuestra tierra
otro más útil cuidado
que atisbar la rubia aurora
y espantar los tiernos pájaros?
Amigo, trocad, de vida 45
de cantinelas dejaos,
¡sacudid el cuerpo inerme
y haced valer vuestros brazos!

Badajoz, 1845

POESÍAS

A CESARINA

¡Que teniendo, Cesarina,
en tu hermosísimo rostro
ojos tan claros y bellos
me mires con malos ojos!
¡Que siendo risueño y blando   5
tu semblante para todos,
doncella, para mí sólo
haya de ser duro y hosco!...
—¿Celos de mí? ¡Virgen Santa!
¿Pues qué amador hay tan loco   10
que dude que con tu busto
competir no puede otro?
Bajo melena dorada,
sobre cuello delicioso,
con su cutis de azucena,   15
con su matiz de pimpollo
¿cómo hallar teme rivales
entre mujeres tu rostro
si juzgo que entre los ángeles

---

1 *Cesarina*: nombre novelesco que quizá sea eco de una novela de Dumas hijo, *Césarine* (1848), que se empezó a traducir en *El Heraldo* en 1849.

no los hallará tampoco?
¿No es por mi faz?... ¿por mi lira?
¡Oh demencia! ¿Te da enojos
un pedazo de madera
con unos bordones toscos
donde canto unos romances
que desoye el mundo todo,
porque una mitad no atiende
y la otra mitad es sordo?
¡Cómo el amor enajena!
¡Cómo los celos son topos
cuando ignoras que esa lira
vale entre los hombres poco!
Siquiera fuese mi canto
dulce, apacible, sonoro;
siquiera tierno y vibrante
alzara sublime tono,
entre escuchar sus conciertos
y mirar tus lindos ojos
no vacilara, alma mía,
el galancete más docto.
Brillante luz es el genio
mas si no tiene un contorno
lucido el fanal que encierra
ese vivo meteoro,
Cesarina, de sus rayos
teme las heridas poco
que aman los hombres al genio...
si el genio tiene tu rostro.

A UN AMADOR

Buen joven, en hora aciaga
fijasteis en mí los ojos,
pues los fijasteis risueños
y los apartáis llorosos.

Mal os quieren los amores
cuando eligen en su encono
mi corazón para blanco
de vuestro empeño amoroso.

Y en verdad que son injustos
pues ni antes, de vuestro rostro
Ni después, he visto alguno
con perfiles más hermosos.

Inútil en vuestra cara
es el perfecto contorno
pues para ganar las almas
tenéis demás con los ojos.

Y, por el mismo Santiago
que en un alazán brioso

vuestro talle y apostura
dar pueden al santo en ojos. 20

Mas entre sí están los nuestros
corazones tan remotos,
que el uno al Sud, el otro al Norte,
fuego es uno, hielo el otro.

Juzgo no habéis de enojaros 25
por mi desdén caprichoso,
mancebo, si ves despacio
cuál pierde más de nosotros.

Vos de galán lográis fama
con vuestro afecto amoroso, 30
yo en no amaros gloria pierdo
y fama de esquiva logro.

Y si queda aquí humillado
alguno, es mi orgullo loco,
pues desdeñándoos se ofende 35
y se castiga a sí propio.

Por eso la compasión
que demandáis no os otorgo,
porque entre amarme y no amaros
mi error la merece solo. 40

Almendralejo, 1846

ALTIVEZ

Joven del rubio cabello
y los azulados ojos,
sabed, por la Virgen sacra,
que estáis de remate loco
o se ha vuelto vuestro ingenio   5
agudo como el del topo
cuando estampáis en papeles
letras que encienden el rostro.
De las riberas del Tajo
airecillo contagioso   10
os ha impregnado el cerebro
de pensamientos que ignoro
si desdeñe por ruines
o castigue por odiosos.
No soy alta por la cuna,   15
ni soy rica por el oro,
ni gallarda por el talle
ni preciosa por el rostro,
mas para ser bien altiva
tengo joven en mi abono   20
un alma como ninguna
y un corazón como pocos.

CAROLINA CORONADO

El doncel en quien amante
una vez ponga mis ojos
primero tema que cieguen 25
que verlos fijos en otro;
tema hablarme el que ha entendido
mis acentos amorosos
primero muda que hallarme
en otros tiernos coloquios; 30
y si logra mi cabello
jure que en el mundo sólo
hay dos trenzas: la que él lleve
y la trenza de mi moño.
Por eso, mancebo, os digo 35
que estáis de remate loco
cuando habláis de mis constantes
pensamientos en desdoro;
si hay plantas que no resisten
a las ventiscas de otoño, 40
hay plantas que se conservan
desde el setiembre al agosto:
y es la de vos gran malicia
o error torpe y vergonzoso
esto de tomar perpetuas 45
por marchitables pimpollos.
Distintas somos las hembras
y hablar con iguales modos
de la buena y de la indigna
es desmán que no os perdono; 50
parlad con mayor mesura
si os es mi afecto precioso;
o temed verlo trocado
en un justísimo encono.
Y tened en cuenta, amigo, 55
que vale mucho mi enojo

POESÍAS

por ser los que estimo muchos
y los que aborrezco pocos.

Almendralejo, 1846

CAROLINA CORONADO

EL AMOR CONSTANTE

¡Ay abuela! este cariño
a que osáis vos llamar sueño,
ha nacido con mi lira,
ha crecido con mi cuerpo...
seis veces del sol en torno   5
fue girando el globo nuestro:
pasan soles, mueren lunas,
vienen Mayos, van inviernos
y tan fijo y tan constante
mi amor vive que sospecho   10
que ha de morir con mi vida,
si no es como el alma eterno.
Y ¿aun juzgáis que sueño? ¡ay triste!
Pues decid ¿cuándo despierto,
a la vejez o en la muerte   15
en la tumba o en el cielo?
Sabed, vos, que para siempre
enamorado mi pecho
aunque dijera que olvido
es que me engaño o que miento.   20
Ardiente, hermoso, inmutable
sólo un sol nos muestra el cielo,

si en él otros astros lucen
es con pálidos reflejos.
Señora, mi amor se eclipsa, 25
se oculta, mas no le pierdo
y su rayo más me abrasa
cuando le juzgo más lejos.
Bien hiciérais en prestarme
vuestros helados inviernos 30
que mejor me aprovecharan
los años que los consejos;
trocara mis negros rizos
por vuestros albos cabellos,
por vuestro rostro surcado 35
mi cutis rosado y terso.
Mas; pues esto no es posible
ni logramos entendernos,
gozad vuestra paz despierta
mientras sufro yo en mis sueños. 40

Badajoz, 1846

CAROLINA CORONADO

MAGDALENA

Pálida está Magdalena,
grande pena sufrirá,
los ojos hundidos tiene
reventando por llorar.
El talle encorvado al suelo   5
cual en mustia ancianidad
parece que por la tierra
busca su atento mirar
las hormigas que en el huerto
a sus pies vienen y van.   10
A la guerra fue su amante,
muchos mueren por allá,
y Magdalena se aqueja
por la vida del galán
que, pues letras no se escriban   15
ni se puedan enlazar,
*las hembras que bien quisieron
no olvidan su amor jamás.*
Luego escribe Magdalena
rasgos que al ausente van: 20
dos palabras lleva el pliego
"¡Di por Dios si vivo estás!"

II

Pálida está Magdalena,
grande pena sufrirá,
su descanso es la vigilia, 25
sus alegrías llorar.
No sabe del caballero
que entre batallas está;
nuevas que aguarda, no vienen.
Horas que vienen, se van; 30
y de temores se abrasa
y se consume de afán
que, pues no tenga esperanza
su amor de felicidad,
las hembras que bien quisieron 35
no olvidan su amor jamás.
Vinieron, al fin, en Martes
papeles de por allá,
como era Martes no pudo
desdoblarlos sin temblar. 40
Tal responde el caballero
a la doncella; escuchad.
"Ese billete os devuelvo
que vino a mí por azar;
sabed que sois atrevida, 45
que necia sois por demás:
y que las vuestras memorias
honra ninguna me dan."
La noble doncella herida
por tan bárbaro desmán 50
siente frío de agonía
en sus venas circular:
ya le zumban los oídos,
ya no ve la claridad.

....
"¡Bien sabéis, el caballero, 55
a quien habéis de injuriar,
no a varón forzudo y bravo,
a endeble y mansa beldad!
Pocas hazañas la patria
debe, señor, aguardar 60
de quien villano responde
de esta suerte a mi piedad.
Débiles tengo los brazos
y no puedo levantar
ni con ambos el acero 65
que responda a injuria tal;
Mas, no juzguéis que por ello
quedaréis sin castigar
pues, vale el desprecio mío
más que estocada mortal." 70
Dijo, levantóse erguida
colgó el papel del galán
en un espino del huerto
y con sonrisa falaz
añadió, "que sirva al menos 75
su nombre para espantar
a los pájaros que pican
las flores de este zarzal."

Almendralejo, 1846

LIBERTAD

Risueños están los mozos,
gozosos están los viejos
porque dicen, compañeras,
que hay libertad para el pueblo.
    Todo es la turba cantares,   5
los campanarios estruendo,
los balcones luminarias,
y las plazuelas festejos.
    Gran novedad en las leyes,
que, os juro que no comprendo,   10
ocurre cuando a los hombres
en tal regocijo vemos.
    Muchos bienes se preparan,
dicen los doctos al reino,
si en ello los hombres ganan   15
yo, por los hombres, me alegro;
    Mas, por nosotras, las hembras,
ni lo aplaudo, ni lo siento,
pues aunque leyes se muden
para nosotras no hay *fueros*.   20

20 *fueros*: garantías constitucionales sólo aplicables a los varones bajo una nueva ley electoral promulgada por el gobierno de Isabel II.

CAROLINA CORONADO

¡Libertad! ¿qué nos importa?
¿qué ganamos, que tendremos?
¿un encierro por *tribuna*
y una aguja por *derecho*?
   ¡Libertad! ¿de qué nos vale 25
si son los tiranos nuestros
no el yugo de los monarcas,
el yugo de nuestro sexo?
   ¡Libertad! ¿pues no es sarcasmo
el que nos hacen sangriento 30
con repetir ese grito
delante de nuestros hierros?
   ¡Libertad! ¡ay! para el llanto
tuvímosla en todos tiempos;
con los déspotas lloramos, 35
con tributos lloraremos;
   Que, humanos y generosos
estos hombres, como aquellos,
a sancionar nuestras penas
en todo siglo están prestos. 40
   Los mozos están ufanos,
gozosos están los viejos,
igualdad hay en la patria,
libertad hay en el reino.
   Pero, os digo, compañeras, 45
que la ley es sola de ellos,
que las hembras no se cuentan
ni hay Nación para este sexo.
   Por eso aunque los escucho
ni me aplaudo ni lo siento; 50
si pierden ¡Dios se lo pague!
y si ganan ¡buen provecho!

Almendralejo, 1846

POESÍAS

CELOS

A LA PRINCESA DE S...

   Dejad que despacio os vea
esa belleza tan rara,
pesadilla de mis sueños,
enemiga de mi alma.
¡Por Jesús, que ansiosa vengo   5
de miraros esa cara
blanca aurora *para alguno,*
para mí, noche nublada!
¿Cómo tenéis la melena,
muy oscura, muy dorada?   10
De vuestra faz las colores
¿son morenas o son albas?
¿Tanto valen vuestros ojos?
¿Sois de cuerpo tan gallardo?
¿Cuáles son, decid, en suma   15
vuestros dones, vuestras gracias,
para que pueda, señora,
admirarlos y envidiarlas?...
Yo no fío en sortilegios,
burléme siempre de magias,   20

pero al hallar vuestra imagen
con la luz de la mañana,
con las sombras de la noche,
sobre mis libros clavada,
junto a mi lecho perenne									25
y en todas partes, mi alma
por espíritu os conjura
y por visión os rechaza.
Señora, ¿pensáis que pueda
un corazón de cristiana									30
sin ofender a los cielos
hacerme tan desdichada?
Señora, ¿pensáis que somos
vos la reina, yo la esclava,
para que a vos así tenga									35
mi libertad subyugada
que a donde está vuestra imagen
allí mis ojos se paran
y allí escuchan mis oídos
do suenan vuestras palabras?								40
¡Si supiérais cuando os oigo
cuál las sienes se me inflaman
y cuánto mis venas hierven
que parece que se saltan!
¡Si supiérais cuáles sombras								45
ven mis ojos, qué fantasmas,
tal vez las brillantes flores
que os embellecen la cara,
por no parecer tan bella,
os arrancaréis de lástima!									50
Mas ¿para qué? no señora,
ceñid la frente lozana
de riquísimos encajes
y primorosas guirnaldas

para dar mayor contento 55
a los ojos del que os ama;
que para llorar las penas
que vuestras glorias me causan
tengo noches que me sobran
y lágrimas que me bastan. 60
Ved si al hermoso conjunto
de vuestras divinas gracias,
señora, algún atributo,
que daros pudiera, os falta;
pues queréis todas las dichas 65
con mi desdicha lograrlas,
venid, si os faltara el genio,
¡venid... y os daré mi arpa!

Cádiz, 1847

SALUTACIONES Y DESPEDIDAS

AL SEÑOR DON JOSÉ MARÍA CLAROS (*)

O no hay tierra ni ser, o hay Dios y cielo;
tal cuando niña discurrió la mente,
llevada del amor que hace al viviente,
buscar a Dios con instintivo anhelo;
luego de joven al cruzar el cielo, 5
hirió su pedernal mi pie inocente,
y más cierta añadí —no es ilusoria
la tierra ni el dolor; *hay cielo y gloria,*

Fija, obstinada, pertinaz, constante,
su existencia a la nuestra hallando unida, 10
dios es verdad, pues cierta es nuestra vida,
dije al sentir mi pecho palpitante.
¿Tuve un placer? ¡oh, gracias, Dios amante!
¡piedad mi Dios! clamé cuando afligida;
y el mundo me hizo así mal llevadero 15
la amistad del divino compañero.

(*) *José María Clarós*: No he podido identificar a este.

POESÍAS

Todo animado al sol de mi creencia,
la planta, el ave, el agua, las criaturas,
Dios es grande, pues forma estas hechuras,
exclamé al adorar su inteligencia.   20
¿Y no aprendí bastante, hay otra ciencia
que ilumine mejor las almas puras?...
Pues ignorante, amigo, me dijeron
los que a dudar de Dios sólo aprendieron.

Lucha trabé con ellos muy reñida,   25
trajo el ateo libros a millares;
yo respondí mostrando de los mares
a sus ojos la página cumplida.
La estrella de los cielos encendida,
fijé en su libro al fin de sus cantares,   30
y si no acierta a huir veloz, ¡presumo
que libro y sabio se tornaran humo!

¿Pensáis que así quedó? volvió la gente
niña, a llamarme *crédula y sencilla,*
y yo a cantar de Dios la maravilla   35
en el sol, en el aire, en el torrente.
—*No hay Dios,* —me grita el genio irreverente
—*Hay Dios,* —respondo; su mirada brilla,
su aliento corre, su palabra suena,
su amor palpita, su pisada atruena.   40

Pero en la dura lid tal vez venciera
el que desdeña a Dios a quien lo alaba,
si cuando ya el aliento me faltaba,
otra voz a esforzarme no acudiera;
de una fe más robusta y verdadera,   45
de un talento mayor la mente esclava,

cuando os oyó decir: —*hay Dios y cielo*—
tornó con más fervor a alzar su vuelo.

¡Gracias! porque en el mundo hallo profeta
de tan pura virtud, fe tan ardiente, 50
que en tanto error del mundo diferente
me preste una verdad al alma inquieta;
sí, amigo, la creación obra incompleta
fuera si nuestro autor omnipotente
no escribiera en la humana y triste historia 55
que para el bueno, como vos, hay gloria.

Almendralejo, 1845

A HERMINIA

¿No ves qué tierra, qué cielo,
uno azul, otra florida?
¿No ves qué estrellas, mi vida,
no ves qué luna, qué sol?
¿No ves qué hermoso es el suelo   5
donde Dios te ha confinado?
Es fecundo, es dilatado,
es soberbio, es... ¡español!

Yo no vi de ese paisaje
sino el rincón por su extremo;   10
mas no hay duda que es supremo
cual su tinta su pincel;
pues, el lugar más salvaje
de nuestra bella comarca
forma, en los valles que abarca,   15
a España rico dosel.

Por cada grano de tierra
brota en ella una semilla;
no hay extranjera avecilla

---

19 *extranjera avecilla*: se refiere a las rivalidades extranjeras en torno a España, en especial las de Inglaterra y Francia en la vida política y económica del país. V. también "A España".

que no nos la venga a hurtar: 20
los pueblos nos mueven guerra
por sólo pisar a España,
cual transeunte cabaña
lamiendo el suelo al pasar.

Cuando sacuda tu mente 25
de la infancia los ensueños,
estos campos tan risueños
y riquísimos al ver;
¿por qué dirás esa gente,
que ha marchado a mi venida, 30
pasó la preciosa vida
en quejas de padecer?

¿Por qué las tiernas mujeres,
que a mi llegar se alejaron,
tantas lágrimas lloraron 35
vertidas del corazón?
Si tiene el mundo placeres
y la vida tal encanto,
¿por qué se ha dolido tanto
la muerta generación? 40

Prende fuego en la montaña
y devasta la pradera;
mas oye a la primavera,
la yerba vegeta más:
así en la guerra de España 45
que estos seres encendimos
de cenizas os servimos
a los que venís detrás.

¿Sabes tú para qué puedas
alcanzar luz en tus días 50

qué de noches tan sombrías
estamos pasando aquí?
¡Tú que en el valle te quedas
cuando nosotras nos vamos
no sabes cómo le hallamos 55
al venir antes de ti!

De laureles, de riqueza
de altos honores cargados,
son, Herminia, desgraciados
los hombres de nuestra edad; 60
de brillantes, de belleza
y de amores circundadas
mujeres muy desdichadas
son las de esta sociedad.

Pero tú que has retardado 65
más que aquellos tu venida,
vas a encontrar en la vida
más placer, menos dolor;
pues que de España han cruzado
tantos otros el camino, 70
que sufre ya el peregrino
sus asperezas mejor.

Ya nuestro campo no vemos
salpicado y reteñido
con la sangre que ha vertido 75
la guerrera juventud;
y ya tranquilos podemos
elevar nuestras canciones,
sin que vengan los cañones
a atronar nuestro laúd. 80

CAROLINA CORONADO

    Ni ya rechazan del coro
a las cantoras mujeres;
pues al fin que *somos seres*
de la *especie racional*,
en este siglo sonoro   85
los españoles declaran...
¡Qué indulgencia!... y nos preparan...
¡Qué dicha!... lauro inmortal.

    Pero es tarde, Herminia mía,
tarde ya para esta gente,   90
que ha pasado tristemente
lo mejor de su vivir;
esa naciente alegría
que en nuestro pueblo resuena
no basta a calmar la pena   95
que venimos de sufrir.

    De las pasadas tormentas
naves nosotras heridas,
vamos a quedar sumidas
presto en el revuelto mar;   100
pero tú, que apenas cuentas,
Herminia, trescientos soles,
a los puertos españoles
logras a tiempo arribar.

    ¡Quiera Dios que la bonanza   105
con que empieza tu fortuna
como te mima en la cuna
te mime en la juventud!
Cada niña una esperanza
de placer es para el mundo: 110

¡quiera Dios que tú fecundo
manantial seas de virtud!

   ¡Que los dulcísimos nombres
que te da el materno anhelo
de serafín y de cielo   115
vayan de tu vida en pos.
¡Que embelesados los hombres
al exclamar— "¡qué hermosura!"
añadan siempre: —"¡y qué pura!
¡Bendígate, Herminia, Dios!"   120

Badajoz, 1845

CAROLINA CORONADO

A LUISITA

Pues eres tú forastera
recién llegada a la vida,
te contaré, mi querida,
lo que tienes que sufrir;
te gané la delantera
de la vida en el camino,
y merced a este destino
he aprendido ya a sentir.

Yo sé ya como se llora
de una pena lloro ardiente,
y si quieres que te cuente
cuál se disfraza también,
mostraré, porque lo veas,
la sonrisa en mi semblante
cuando el raudal abundante
mis ojos brotando estén.

A este saber doloroso
discreción el mundo llama,
y no es discreta la dama
si no es en el mundo así;

por eso en risa mi llanto
suelo mudar tan aprisa,
que al asomar la sonrisa
trago el llanto para mí.

Pero el mundo no se engaña, 25
y al mirar nuestro contento
grita airado "¡Fingimiento,
falsedad de la mujer!"
¡Oh graciosa tiranía
que a las que fingen condena 30
cuando fingir nos ordena
como preciso saber!

Esto, niña, es solamente
lo que, de ciencia nos toca;
después te dirá mi boca 35
lo que hay de felicidad:
y en fe de que no te engaño
en lo propio que te digo,
todo un sexo por testigo
te pondré de esta verdad. 40

Yo te diré nuestra historia
y aunque otra de hombres cuenten,
por Dios, que los hombres mienten
o ignoran este saber:
ellos beben *Cicerones*, 45
con *Sénecas* se alimentan,
pero esos libros no cuentan
las penas de la mujer.

45-46 *Cicerones, con Sénecas*: alusión al tipo de educación clásica y retórica que tradicionalmente recibían los hombres, pero no las mujeres.

Y ¡más valiera que doctos,
sapientísimos varones
perdieran en las naciones
su tiempo en tratar de nos!;
¡harto hicieron si aseguran
como un hecho averiguado
que de Adán y Eva el pecado
por ella sufren los dos!

¿Qué importa que su existencia,
la leche con que medraron,
los brazos en que apoyaron
su cuerpo desde el nacer;
y los besos maternales,
y el solícito cariño,
y sus placeres de niño
se los diera la mujer?

¿Qué importa que le dé ella
la amorosa compañía
al que triste viviría
sin ella en la soledad;
y el consuelo al desgraciado,
y la asistencia al doliente,
qué importa a esa ingrata gente
que se los dé la beldad?

De madres, esposas, hijas,
los tiernos, los dulces nombres,
¿no merecen a esos hombres
una página, un borrón?
¿no merecen que una hora
en nuestra suerte mediten

aunque algo al estudio quiten
de *Séneca* y *Cicerón*?...   80

  ¿Mas no escuchas? ¿Interrumpes,
niña, con risa mi canto?
Haces bien, porque iba el llanto
brotando a mis ojos ya;
conviértase en risas el lloro,   85
que en la mudanza precisa
pronta siempre la sonrisa
tras mis lágrimas está.

  Pero, guarda, por tu vida,
el papel de estas canciones,   90
y en la edad de las pasiones
fija los ojos en él:
"¡Ay, dirás, verdad decía
"la que estas cosas cantaba;
"bien me acuerdo que lloraba   95
"cuando escribió este papel!"

Badajoz, 1846

CAROLINA CORONADO

A LA JUVENTUD ESPAÑOLA DEL SIGLO XIX

¡Salud prole gallarda!, salud hijos
en quienes tiene fijos
sus ojos la nación que en vos confía;
las madres orgullosas
sus frases cariñosas 5
que os trove ordenan en el arpa mía.

"Doncella, me dijeron; tú que sabes
"de las voces suaves
"el sonoro compás, blanda caída;
"escoge las más bellas 10
"y fórmanos con ellas
"una dulce canción, tierna y florida;

"Hoy regalar queremos los oídos
"de los hijos queridos
"que alfombran nuestro suelo de laureles." 15
yo respondí: "Matronas,
"tejed vos las coronas
"y yo las llevaré a vuestros donceles."

¿Por qué de aquellas madres la dulzura
y amorosa ternura 20

de los acentos que por vos elevan,
con la misma armonía
de su ardiente poesía
mis vagos tonos, juventud, no os llevan?

   Cantan y lloran, ríen y deliran,
cuando pasar os miran,
sabios mancebos, en lucida tropa;
y ¿no es su orgullo justo?
¿de España el nombre augusto
no defendéis vosotros ante Europa?

   ¿Quiénes, sino vosotros, han sacado
al pueblo extraviado
en la ignorancia estúpida, al camino?
¿a quiénes hoy debemos
lo que el siglo sabemos
sino al ingenio vuestro peregrino?

   Esa ruda corteza que tenía
nunca arrancar podía
de los viejos el pueblo moribundo;
no en sus hombros inertes
en los del mozo, fuertes
un paso más logra avanzar el mundo.

   ¿No podrá del saber la rica vena
bajo negra melena
juvenil palpitar, que necesita
que las frentes lozanas
se coronen de canas
para ostentarla en la vejez marchita?

   ¡Si puede, responded, turba gloriosa
a la voz envidiosa

que en el antiguo pueblo se levanta
en boca del que espera
tener en su carrera
al genio que a su ciencia se adelanta.

   Dejad al cuervo atrás cansado y ronco 55
graznar sobre ese tronco
por antiguo en el bosque mutilado,
y, garzas placenteras,
volad siempre ligeras
hacia el árbol que veis recién brotado. 60

   Puedan sus altas ramas algún día,
con verle lozanía
dar sombra a multitud de vuestros nidos
que en sus hojas colgados
los hijos regalados 65
os guarden de los vientos defendidos.

   Flores, aromas, frutos, hermosura,
pompa, galas, frescura
el árbol fecundísimo esparciendo,
¡cuán abundante y puro 70
para el siglo futuro
su frondoso ramaje está nutriendo!

   Hasta el pastor en su gentil corteza
podrá grabar "riqueza",
hasta las hembras "libertad, ventura", 75
hasta los bardos "gloria",
y hasta "paz", por memoria,
el guerrero esculpir con su armadura.

   Para nosotros ¡ay! no bien brotados
sus ramos deseados, 80

POESÍAS

ni sombra prestan, ni nos dan verdores;
y en su blanda corteza
hoy grabamos, "pobreza,
"infortunio, baldón, llanto y dolores."

¿No asoma la tristeza a nuestra frente   85
al ver que solamente
en la vana ilusión de la poesía
tenemos los primores
de esos frutos y flores,
galas, aromas, pompa y lozanía?   90

¿No sentís vuestra sangre, hijos de España,
hervir con fuerza extraña,
correr desesperada por las venas
al mirar que logramos
en vez de lo que ansiamos   95
miseria, oscuridad, guerra y cadenas...?

En vosotros no más, gallardos hijos,
tiene sus ojos fijos
la española nación, que en vos confía;
las madres orgullosas   100
en frases cariñosas
ruegos os mandan por la trova mía.

Yo quisiera saber, como las aves,
de las voces suaves
el sonoro compás, blanda caída,   105
para daros con ellas
unas canciones bellas
dignas de vuestra mente esclarecida.

Pero está en cabeza el pensamiento
falto de atrevimiento   110

y en los labios la voz de la poetisa,
de la propia manera
que en la nación ibera
la nueva sociedad, torpe, indecisa.

Badajoz, 1846

A ESPAÑA

¿Qué hace la negra esclava, canta o llora?
Tú, Europa, gran señora,
que a tu servicio espléndido la tienes,
responde, ¿llora, canta,
o dormida a tu planta   5
apoya ora en tus pies sus tristes sienes?

Yo que en su misma entraña me he nutrido
y en su pecho he bebido
su ardiente leche, con amor la adoro,
y por saber me afano   10
si al pie de su tirano
reposa, canta o se deshace en lloro.

Venga el pueblo que a madre tan querida
debe también la vida,
las nuevas a escuchar, que de su suerte   15
por caridad nos diga
la señora enemiga
de quien vive amarrada al yugo fuerte.

Oigan los hijos de la negra esclava
lo que orgullosa acaba   20

de trasmitir su dueña a las naciones,
para que mofa sea
del mundo que la vea
sufriendo eternamente humillaciones.

Dice, que por nodriza solamente 25
al Norte y al Oriente
conducen a la madre, cuyo seno
a mucha boca hambrienta
sin cesar alimenta
con la abundancia que lo tiene lleno. 30

Y nos dice también que latigazos
la dan con duros brazos
los hijos de Bretaña y del Pirene,
después de haber sacado
al seno regalado 35
el jugo que los nutre y los sostiene.

Y se atreve a decir la fiera dueña
que en rendirla se empeña,
dejándola cansada, enferma y pobre,
para que no en la vida 40
emprendiendo la huida
su independencia y libertad recobre...

¿No tenemos un Cid? ¿No hay un Pelayo
que nos presten un rayo
de indignación, con que a librarla acuda 45
ese pueblo indolente,

---

33 *los hijos de Bretaña y del Pirene*: v. también "A Herminia" para una crítica parecida contra el expansionismo político y económico de Inglaterra y Francia en España.

POESÍAS

esa cobarde gente,
egoísta, ambiciosa, sorda, muda?

¿Dónde está la bandera, caballeros,
que dos pueblos enteros 50
con su anchuroso pabellón cubría?
¿dónde los castellanos
en cuyas fuertes manos
la enseña nacional se sostenía?

Ya no hay bandera; el pabellón lucido 55
en trozos dividido
como harapos levanta nuestra gente
sin escudo y sin nombre,
sirviendo cada hombre
de caudillo y de tropa juntamente. 60

Cual árabes errantes, cada uno
sin domicilio alguno
vagan los desdichados en la tierra,
huyendo del vecino
que hallan en su camino 65
por no poder marchar juntos sin guerra.

Quién levanta su tienda de campaña
en un rincón de España
y por su rey a su persona elige,
y quién sobre la arena 70
traza, escribe y ordena
las leyes con que él sólo se dirige.

Y quién burlando al Dios de sus abuelos
nombra para los cielos
otro señor que nos gobierne el alma, 75

juzgando la criatura
que siendo el Dios su hechura
más fácilmente alcanzará la palma.

Patria, leyes y Dios, siervo y monarca
el español abarca 80
refundiendo sus varias existencias
en el cerebro loco
para quien juzga poco,
de esa inmensa reunión, cinco potencias.

¡Soberbia, necia vanidad mezquina 85
que a padecer destina
la soledad, el duelo, el abandono
a esa España afligida
que siempre desvalida
se ve juguete de extranjero encono! 90

Ha menester alzarse una cruzada,
ha menester la espada
blandir al aire la española tropa,
los reinos espantando
para salvar luchando 95
a esa que gime esclava de la Europa.

Mas ¿dónde habéis de ir, tercios perdidos,
de nadie dirigidos,
marchando sin compás por senda oscura
con rumbo diferente, 100
a dónde, pobre gente,
a dónde habéis de ir a la ventura?

¿Resucitó Cortés, vive aun Pizarro,
o de encarnado barro

queréis poner vestido de amarillo   105
un busto en vuestro centro
por que al primer encuentro
vengan rodando huestes y caudillo?

   Nunca se lanza el águila a la esfera
sin medir su carrera;   110
nunca el toro acosado en la llanura
rompe en empuje fiero
sin pararse primero
a reforzar su aliento y su bravura.

   Unid el pabellón roto en pedazos,   115
enlazad vuestros brazos,
a un mismo campo el español acuda,
y al brindar la pelea
que un mismo nombre sea
el que invoquéis a un tiempo en vuestra ayuda. 120

   Así de negra esclava que es ahora
será España señora,
por vosotros del yugo rescatada,
y al abrigo del trono
con soberano tono   125
de los pueblos servida y respetada.

   Así ¡ay! de infeliz que hoy se presenta
será España opulenta,
por vosotros no más enriquecida,
bella y engalanada,   130
de laurel coronada,
respirando salud, contento y vida.

   ¡Veréis cómo ya entonces no la insultan
los que su diente ocultan

entre sus pechos, con hambrienta boca,   135
después de haber sacado,
su jugo regalado,
llamándola salvaje, necia y loca!

Veréis ¡oh! cómo entonces las banderas
de aquellas extranjeras   140
que la trataron con tan dura saña,
inclinando su frente,
con voz muy reverente
la dicen al pasar —"Salud, España."

Badajoz, 1846

A CUBA

Cuando los recios vientos se embravecen,
cuando mugen los mares irritados,
cuando estallan con furia los nublados,
cuando las olas borrascosas crecen,
cuando los buques míseros perecen   5
por las revueltas ondas anegados,
cuando la Europa envuelta en la tormenta
traba en la oscuridad lucha sangrienta;

Barca dichosa en medio del Océano,
tú sola vas del huracán segura: 10
Francia se anega, y en la noche oscura
el rayo incendia el pabellón romano;
y oyes los gritos del naufragio humano,
y te duele tal vez su desventura,
¡ay! cuando ves de las antiguas zonas   15
por la espuma del mar flotar coronas.

Y ves como cadáveres perdidos
al agua nuestros pueblos arrojados,
y ves como timones destrozados
los cetros a las playas sacudidos;   20

CAROLINA CORONADO

y a los que, aun viven, en el mar hundidos,
por los marinos monstruos devorados,
y como barco que encalló en la arena
a España inmóvil junto al mar que truena.

Y te contemplas tú, y en el espejo 25
de tus serenos mares retratada,
de la luz juvenil por el reflejo
ves tu belleza pura, inmaculada:
y de la Europa con el rostro viejo
a la fealdad rugosa comparada, 30
entre perlas tu hermoso cuello engríes,
y de lástima acaso te sonríes.

¡Oh ¡cuánta es tu beldad, cuál tu riqueza!
¡oh! ¡cuánto es tu esplendor, hija de España!
por eso están los buzos de Bretaña 35
asomando a tus golfos la cabeza...
Mas no serán ¡oh perla! tu belleza
y tu valor de su codicia extraña;
pues antes que cedérsela al britano
nos tragará contigo el Océano. 40

Dicen que tienen sobre tres castillos,
de los mares enmedio levantados,
a los reinos del mundo aprisionados
del oro del Perú con los anillos;
y que van a engarzar nuevos zarcillos 45
a la reina feliz de sus estados,
si la prenda mejor que la engalana
hurtan a la corona castellana.

---

35 *los buzos de Bretaña*: Inglaterra quería anexar Cuba en 1848. V. también el poema, "Porque quiero vivir siempre contigo".

¡Ah! bien los oigo por la noche oscura
cuando te entregas a tu sueño blando,   50
en la vecina costa murmurando
cantos de seducción a tu hermosura.
"Despierta, dicen, reina sin ventura,
"esclava del poder de San Fernando,
"que ya de libertad llegó la hora   55
"y ya puedes reinar, ya eres señora.

"Si hubieron cetro tus antiguos reyes,
"¿por qué el yugo sufrir de la extranjera?
"Si tú le puedes dar al mundo leyes,
"¿por qué no alzar tu nacional bandera?   60
"¿Serán tus hijos como pobres bueyes,
"cuyo trabajo a la comarca ibera
"dará las mieses de tu campo ameno,
"mientras ellos no más pacen el heno?"...

Pero adormida tú, nunca a su canto,   65
inocente beldad, prestes oído;
¡ay de tu corazón si seducido
pierde la dicha de candor tan santo!
¡ay si de España el amoroso manto
donde por tantos años has dormido,   70
loca rasgando tras la voz que miente
te osaras aclamar independiente!

Pobre beldad, despojo del pirata,
ese mismo cantor que te enamora
te forjará en su harem, altiva mora,   75
recias cadenas con tu misma plata;
y ese brillante espejo que retrata
tus fiestas y tus náyades ahora,

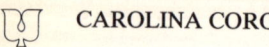

    por sus navales guerras empeñado
    reflejará tu rostro ensangrentado.

   ¿No eres libre y feliz? ¿No estás contenta
mientras nosotros sin cesar lloramos?
Mientras nosotros viejos peleamos
¿no estás joven, tranquila y opulenta?
¿No nos ves en la noche turbulenta
que en las rocas del mar nos estrellamos,
que vamos a morir ya sin consuelo
mientras serena tú cruzas el cielo?

   ¿No ves nuestros monarcas fugitivos?
¿No ves nuestros pontífices huyendo?
¿No ves a Europa, cuya hoguera ardiendo,
se sustenta con carne de los vivos?
¿Serán nuestros dolores incentivos
que te harán suspirar por el estruendo
y del infierno con que Europa lidia
América, gran Dios, tendrás envidia?

   Cuentan los sabios que en la noche vienen
espíritus lanzados del profundo,
que la ruina del antiguo mundo
con acentos fatídicos previenen...
y que, será verdad... y que, ellos tienen
miedo del pueblo loco y moribundo,
que entre las ansias ya de la agonía
llama a la libertad con voz tardía...

89-90 *monarcas fugitivos... pontífices huyendo*: alusión al destronamiento y destierro de Luis Felipe en Francia y a la huida del papa Pío IX durante el año revolucionario del 48.

Y que a su triste voz vendrán las fieras 105
de esas comarcas tras la muerta gente
a hundir en sus cadáveres el diente
hozando entre su sangre sus banderas;
y que allá en las edades venideras
irán los peregrinos de Occidente 110
enseñando al francés en su ignorancia
a qué desierto se llamaba *Francia*.

Y a contar al inglés, que oyendo atento
de su patria estará las aventuras,
en qué vasto erial, en qué llanuras 115
la populosa *Londres* tuvo asiento:
cómo en chozas buscaron aposento
los hombres que habitaban las alturas,
y cómo sus magníficos vapores
se tornaron en barcos pescadores. 120

Y que, así como queda por los huertos
si la sacude lluvia anticipada,
no madura la fruta abandonada,
España quedará por los desiertos...
¡España con la sangre de sus muertos 125
hijos queridos, sin sazón regada,
que sacudida al golpe de la guerra
sin madurar se podrirá en la tierra!...

Mas, que primero aquellos que con vida
queden en los desiertos europeos 130
recogiendo sus libros y trofeos
irán a tu ciudad esclarecida;
y que en vez de la historia entretenida
que nos enseñan hoy de los hebreos

la nuestra en este libro han de enseñarte 135
"Vida de Hernán Cortés y Bonaparte."

Por eso aguardas tú como heredera
a que exhalemos el postrer aliento,
y ves rodar al pie de tu palmera
nuestras hojas de acacia por el viento: 140
porque has de trasplantar en tu pradera
a este mundo arrancado de cimiento,
para que en ese suelo más fecundo
broten las flores del antiguo mundo.

Por eso alhajas tu preciosa villa 145
para hospedar a nuestras pobres gentes,
por eso a tus hermanos de Castilla
les preparas caminos relucientes;
por eso a tus mares a la orilla
guardas entre tus palmas reverentes 150
¡isla de salvación del pueblo ibero!
las reliquias del náufrago primero.

¡Cortés, Cortés! que le legó su gloria,
Cortés que prefirió tu cementerio,
la existencia en el mundo transitoria 155
temiendo sabio del anciano imperio,
la tumba de Cortés en tu hemisferio
de nuestra santa unión es la memoria;
¡sus huesos son de nuestra fe la prenda!
¡maldito el indio que sus huesos venda! 160

Sierra de la Jarilla, 1848

ÚLTIMA TARDE EN ANDALUCÍA

En despedidas nuestra vida pasa
cada día un adiós ¡ay triste vida!
¡que siendo vida en tiempo tan escasa,
la hayamos de pasar tan afligida!
Aun el de ayer nuestra mejilla abrasa   5
llanto de la postrera despedida,
y hoy se agolpa a los ojos otro tanto...
¡qué lluvia tan perenne es la del llanto!

Yo que no dejo hogar en que viviera,
una piedra ni un árbol conocido,   10
sin que al mirarlo por la vez postrera
no me arranque una lágrima, un gemido;
paso en lamentación mi vida entera:
mas ¿cómo sin lamentos me despido?
¿cómo no ha de llorar el alma mía   15
cuando te pierdo, hermosa Andalucía?

Hasta al mismo dolor si se despide
le damos al pasar una mirada,
una mirada que el espacio mide
de aquella hora en su región pasada.   20

¿Cómo podéis pensar que el bien se olvide?
¿cómo podéis querer que yo olvidada
de esta hermosa y dulcísima ribera
no le dé ni una lágrima siquiera?

Las bellas tardes que pasé a su orilla 25
¿sabéis que fueron para mí muy bellas?
¿sabéis que de la barca más sencilla
gozo en seguir las relucientes huellas?
¿sabéis que es más hermosa cuando brilla
aquí la luna, el sol y las etrellas, 30
y que voy a sufrir más desconsuelo
cuando me aleje de tan claro cielo?

¿Sabéis que necesito en este ambiente
ahogarme en azahar, morirme en rosas
para aliviar mi corazón doliente, 35
de emociones muy tristes, muy penosas?
¿sabéis que he menester la luz candente
de esas puras mañanas vaporosas,
aspirar de estos huertos en la calma,
para alejar el tedio de mi alma? 40

¿Habéis mirado el agua en la llanura
cuando se oculta el sol en la arboleda,
los árboles bañando y la frescura
y la fragancia que al bañarlos queda
habéis sentido allí... ¡Ah! qué ternura 45
inspira el son del agua cuando rueda
por los campos de acacia perfumados
y sus ecos muriendo en los collados.

¡O amiga tierra! ¡O vale regalado!
O sol ardiente, sol de Mediodía, 50

como al insecto yerto has reanimado
mi ser que en el dolor languidecía;
en pago al caro bien que tú me has dado
te doy mi corazón en mi poesía,
y aunque la hieran con su diente insano	55
canes que al darles pan muerden la mano.

   Poco y amargo a su mortal fiereza
hoy mi mano en mis versos les envía,
porque abrasa la fiebre mi cabeza
y no puedo cantar como quería;	60
yo me llevo conmigo la tristeza,
pero dejar quisiera la alegría,
y no puedo... me ahogo... esfuerzo el canto,
y en vez ¡ay! de cantar prorrumpo en llanto.

Abril, 1848

AL LICEO DE LA HABANA

Aquí ha vivido al pie de la corriente
conmigo nada más la golondrina;
¿quién pudo en ese vasto continente
el nombre repetir de Carolina?
¿quién os dijo que canto tristemente
sino fuera del valle esa vecina,
que os va a contar al cielo americano
lo que pasa en mi tierra en el verano?

¿Es esa negra quien mi voz sorprende
cuando gimo en el valle descuidada,
y allá más lejos mi secreto vende
cuando yo de su amor no cuento nada?
No ha podido ella ser... ella no entiende
ni mi suspiro ni mi voz ahogada,
y aunque a mi lado viva en el estío
nada os pudo llevar del canto mío...

¿Cómo, tampoco el viento que a las olas
del olvidado Gévora murmura,
en las últimas tierras españolas,
os pudo trasmitir mi voz oscura?

POESÍAS

¿cuál, pues, de las marinas banderolas
que flotan de la mar por la llanura
agitando en sus olas la poesía,
americanos, trasportó la mía?

Porque sabéis de mí... sabéis mi nombre...　　25
sabéis que canto y repetís mi acento...
y en alabanza, porque más me asombre,
respondéis a mi oculto pensamiento;
y no adivina el corazón del hombre
lo que pude sentir ni lo que siente,　　30
como en mi propio canto repetido
mi eterna gratitud no hayáis oído.

Sabréis que ha sido mi ventura tanta,
que yo he nacido en la inmortal colina
donde nació aquel hombre a cuya planta　　35
el pabellón de América se inclina;
aquel por quien se eleva la cruz santa
y la luz evangélica ilumina
en ese mundo hermoso y opulento,
a donde fue a exhalar su último aliento.　　40

Y sabréis que me siento en una peña
a ver al toro derribar la cuna
de aquel grande Cortés que nuestra enseña
clavó sobre las torres de la luna;
que en la cóncava piedra berroqueña　　45
de su blasón echar de la laguna,
he visto el agua... y dar a nuestros bueyes
la copa digna de beber los reyes.

Y que levanto la mirada al cielo
a darle gracias por el gran caudillo　　50

no tiene su sepulcro en este suelo
que empaña de su cuna el claro brillo;
y que dirijo con gozoso anhelo
al Occidente el corazón sencillo,
para decir "salud" a los hermanos   55
que guardan los sepulcros castellanos.

Hijos de aquella isla hospitalaria
donde brindan las palmas en reposo,
sabréis cómo en mi tierra solitaria
agradecemos vuestro asilo honroso;   60
y apenas escucháis nuestra plegaria,
cuando tendiendo el brazo generoso,
atravesáis el mar con digno ejemplo
para hacernos entrar en vuestro templo.

Y ¿a quién hoy sino a mí, pobre criatura;   65
cigarra de estos suelos labradores,
del áspero rincón de Extremadura
se tornan vuestros ojos protectores?
Mi canto agreste por mi tierra dura
el oído desgarra a los pastores,   70
y yo propia cansada de mi tono
al silencio del campo me abandono.

Pero a vosotros mi insonoro eco
dulce parece por sonar lejano,
y ya del sulco en el ingrato hueco   75
vuelvo a cantar en mi eternal verano;
no importa que mi son rústico y seco
aleje a los pastores de este llano,
si atravesando los lejanos mares
llegan a vuestro cielo mis cantares.   80

¡Gracias! el llanto que al oíros brota
refresca mi semblante y me consuela,
el alma a bordo de mi arpa rota
ya por los mares a encontraros vuela;
al pie de vuestra palma gota a gota   85
caerá ese llanto que mi fe revela,
¡y a la sombra feliz de vuestra palma
entre las vuestras vivirá mi alma! (*)

Ermita de Bótoa, 1848

(*)   Al mismo tiempo que la coronan en el Liceo de Madrid, el de la Habana admitió a C.C. como miembro de honor en 1848.

CAROLINA CORONADO

A CÁDIZ

No es sueño, es la verdad ¡oh mar! te veo...
no es sueño, es la verdad, ¡estoy contigo!...
no es sueño, es la verdad, tus ondas sigo
y sacio en contemplarte mi deseo;
aquí está la verdad en que yo creo,   5
aquí habita el Señor que yo bendigo,
y siento entre estas vívidas montañas
el hondo palpitar de sus entrañas.

¡Tú eres el mar!... ¡el mar!... no eres el río;
el horizonte con tus brazos llenas,   10
y en vez de murmurar bramas y truenas
maravillando el pensamiento mío;
pero en tu seno con placer confío
recuerdos, dichas, esperanzas, penas,
sin que un instante me acobarde el miedo   15
de que en tus ondas sumergirme puedo.

¿Miedo de ti? ¿Por qué? ¿No es de la tierra
de dónde vengo yo? ¡Por qué temerte!
¿Amenazas tú más que con la muerte
ni tienes sino el agua que dé guerra?   20

POESÍAS

¿En dónde tu maldad ¡oh mar! se encierra
para que así nos acobarde el verte?
¿Qué me puedes hacer? ¿Tragar mi barca?...
La Francia se ha tragado a su monarca.

¿A dónde vais, pobres gaviotas,
huyendo así del horizonte oscuro?
¿No teméis el morir al pie del muro
en sangre tintas vuestras alas rotas?
Hubo una edad entre las más remotas,
en que la tierra fue asilo seguro;
pero lanzados ya de aquel asilo,
el torrente del mar es más tranquilo.

¡Ah! yo no sé; pero al mirar de lejos
la vasta soledad del agua hermosa,
me siento de vosotras envidiosa
que podéis habitar en sus espejos;
los marinos nos dan tristes consejos,
porque huyamos del agua borrascosa;
pero al lanzarnos de tan bella casa,
no saben ahora lo que en tierra pasa.

¡Cuánto más blando el mar que nos rodea,
aunque el torrente abata vuestros vuelos,
será que las pasiones, los desvelos
de esa región que a nuestra vista humea!
¡No os vais del mar! El alma se recrea
soñándose suspensa entre dos cielos,
y si no tengo yo en las verdes salas,
menos debéis temer que tenéis alas.

¿Qué he de temer? ¿Que el mar en sus extremos
de sal inunde mi entreabierta boca?
¡La sed que en medio el agua nos sofoca

CAROLINA CORONADO

en la salada lluvia saciaremos!
Más salado es el llanto y lo bebemos
en tierra seca, y no en corriente poca,
siempre con ansia igual, con igual daño
un día y otro, uno y otro año.

¡Oh mil veces feliz ave y marino,
que cruzan sin temor esas montañas,
y más dichosa tú la que te bañas,
Cádiz, en ese golfo cristalino!
Allá te veo entre el flotante lino
salir, hermosa, honor de las Españas,
cual salen las palomas por el río
cuando a bañarse van en el estío.

Hija de las entrañas de Océano,
como sus conchas y sus peces eres,
y las que guardas célicas mujeres
son perlas escogidas por tu mano;
a bordo de tu buque soberano
Siempre embarcados tus felices seres,
Gozan en paz de la ilusión divina
De este viaje que jamás termina.

Cuando del muro los estrechos lazos
salta y el onda tu cabeza baña,
dicen que quiere con terrible saña
tragarte el mar en míseros pedazos;
pero es que te acaricia entre sus brazos
como a sus tiernos hijos la alimaña,
y cuando más parece que te abruma
te da la leche de su blanca espuma.

¡Ciudad de torres solitaria y bella!
todo es hermoso en tu recinto amigo;

el pobre halla limosna y halla abrigo,
y aun da a otros pobres el sobrante de ella.
Cuando me lleve mi contraria estrella
lejos de ti; me soñaré contigo...
si es que duerme bastante para el sueño
quien nada espera dulce ni risueño.

  ¡Ah, sí! me queda la ilusión divina
de este mar tan inmenso y tan profundo,
donde ha de hallar, al fin, descanso el mundo
cuando lo quiera Dios. Alma vecina
del mar, mejor comprende y adivina
lo que es Dios, lo que el pueblo moribundo,
que encerrado se agita y despedaza
ser contra ser y raza contra raza.

  Ya le voy a dejar, nada en la vida
sino el dolor profundo es duradero,
y por lo mismo que mirarlo quiero,
tengo que darle ya mi despedida;
todo placer va siempre de partida
muy pronto por la vida, muy ligero,
y basta que la mar mi encanto sea
para que nunca más su encanto vea.

  ¡Adiós, amigos!... ¡tierra hospitalaria!...
Las lágrimas más dulces que he vertido
¡oh Cádiz, Cádiz! en tu seno han sido;
y si en medio del agua solitaria
ves en el barco un rostro, que afligido
te mira, yo seré que entre la varia
gente y la nube del vapor que humea
"¡Adiós, adiós, diré mientras te vea!"

Cádiz, 1848

CAROLINA CORONADO

SE VA MI SOMBRA PERO YO ME QUEDO

A MIS AMIGOS DE MADRID

¡Oh generosa luz, oh hermoso Oriente
del pensamiento que buscaba el mío,
siempre confuso y ciego en el sombrío
y solitario claustro de mi mente!
¡Oh luz amada, luz resplandeciente, 5
en cuyos rayos mi esperanza fío,
luz de mi alma, luz de mi deseo,
que iluminas al fin, que al fin te veo!

Luz de gloria inmortal, que en ígnea rueda
brillas sobre la estatua de Cervantes, 10
brillas sobre los huesos palpitantes
del desgraciado Larra y de Espronceda;
no importa que la suerte me conceda
para verla no más breves instantes,
pues siempre verla y adorarla puedo, 15
porque se va mi sombra y yo me quedo.

Frentes marchitas, de estudiar cansadas,
ánimos nobles, de luchar rendidos,

poéticos espíritus caídos,
generosas ideas desmayadas;   20
yo, que del campo allá en las retiradas
soledades, guardé de mis sentidos
el entusiasmo, consolaros puedo
porque se va mi sombra y yo me quedo.

Aquí para cantar y aquí mi oído   25
para escuchar, amigos, vuestro canto,
y aquí estará mi ser, aunque entretanto
os diga la ilusión que ya he partido;
¡loca ilusión! Engaño del sentido
pensar que os dejo y que derramo llanto,   30
pensar que sufro y que dejaros puedo
cuando se va mi sombra y yo me quedo.

Aquí para labrar de la poesía
la dura tierra donde el lauro crece,
mi corazón, que nunca desfallece,   35
os seguirá constante en la porfía;
para dar mi tributo de armonía,
para animar al triste que padece,
para sufrir, si consolar no puedo,
aunque vuele mi sombra yo me quedo.   40

De las amigas manos las palmadas
aun escucho el dulcísimo ruido...
bien sabéis que por cada una he vertido
dos lágrimas profundas y abrasadas;
no me diréis jamás que mal pagadas   45
por este corazón ardiente han sido,
cuando jurar por vuestra gloria puedo,
que huye mi sombra, pero yo me quedo.

CAROLINA CORONADO

¿No es verdad que es muy triste en la morada
del solitario valle hundir la vida,
y no ver en el agua adormecida
sino la propia imagen retratada?
Por eso vine enferma y lastimada,
y no quiero tornar más abatida;
y por eso, no más, Dios me concede
que se vaya mi sombra y yo me quede.

¡Ay! aunque os digo "adiós" yo no me alejo,
es mi sombra no más la que mañana
volverá a retratarse en el espejo
del insalubre y muerto Guadiana;
aunque soñéis en la ilusión que os dejo,
mirad que es sólo una quimera vana,
un sueño ingrato a cuyo error no cedo,
que si se va mi sombra yo me quedo.

Nada importa el adiós, si es de tal suerte
que os digo "adiós" y es falsa la partida;
ni ha de rendirse débil y afligida
por un sueño no más el alma fuerte.
¿Qué os importa mi sombra vaga, inerte,
para sufrir en esta despedida,
si he dicho, amigos, que escucharos puedo
porque se va mi sombra y yo me quedo?

"¡Adiós!" mil veces os diré cantando
y estos adioses ni escuchéis siquiera,
ni penséis que mi voz es lastimera,
ni digáis que de pena estoy llorando;
es un adiós tranquilo, un adiós blando,
es una despedida placentera,

POESÍAS

pues ni llorar ni enternecerme puedo
porque se va mi sombra y yo me quedo. 80

¡Oh! ya veréis cómo al acento amigo
mañana y siempre con mi voz respondo,
aunque este adiós tan quebrantado y hondo
aun, otra vez, por postrera os digo;
veréis cómo en los triunfos os bendigo, 85
aunque os parezca, amigos, que me escondo,
porque es engaño, sí... ¡Nunca!... ¡No puedo!...
Se irá mi sombra, pero yo me quedo. (*)

Madrid, 1848

(*) Poema escrito para agradecer el homenaje que le hizo a C.C. el Liceo de Madrid en septiembre del 48. La coronó con laurel y oro José Zorrilla.

CAROLINA CORONADO

DESPEDIDA A MI HERMANO ÁNGEL. EL DOLOR DE LOS DOLORES

Ser, aun, niño y sentir la lozanía
que da el rocío de la edad temprana,
es dudar la desdicha de mañana,
es ser dichosos, Ángel, todavía;
es la fe, la esperanza, la alegría, 5
la fortuna, el valor, la gloria humana...
es, siendo niño, como tú lo eres,
vivir con el placer de los placeres.

Pero ser joven ¡ay! mirar tu vida,
sondar tu porvenir, temer abismos, 10
no hallar consuelos en nosotros mismos,
ni poderte seguir en la partida;
quedarnos en la triste despedida
suspensos entre vagos fanatismos,
luchando entre problemas y temores, 15
es, Ángel, *el dolor de los dolores.*

---

4 *Ángel*: en la primavera de 1848 el tercer hermano varón, Ángel, sale para América, parece que con destino militar.

Como planta de insectos castigada
que no puede brotar ramo florido,
así con los pesares ha crecido,
hermano, una familia desgraciada;   20
no vi rama en su tronco levantada,
que al golpe del pesar no haya caído,
y temer del azar nuevos rencores
es, Ángel, *el dolor de los dolores.*

Pobre doncel, que al ídolo guerrero   25
llevas la flor del corazón primera,
tememos por tu flor, no te la hiera
de nuestra suerte el golpe siempre fiero;
es gozo el entusiasmo lisonjero
del que laureles en la vida espera;   30
pero temer por tus hermosas flores
es, Ángel, *el dolor de los dolores.*

¡Veré pasar gallardos compañeros
los de tu infancia para ti queridos...
y oiré de nuestra madre los gemidos   35
al mirar a los jóvenes guerreros!
¡Veré pasar los alazanes fieros
menos que por tu voz bien dirigidos,
y el ver sin dueño al tuyo en sus furores,
Ángel, *será el dolor de los dolores.*   40

Y cuando de tu asiento en el vacío
los de la mesa en torno reparemos,
desabrido el manjar que gustaremos,
desabrido sin ti será, hijo mío;

---

20 *una familia desgraciada*: el abuelo de C.C. murió a consecuencia de la represión fernandina; su padre fue encarcelado por su liberalismo.

Emilio en su inocente desvarío 45
te nombrará, y entonces lloraremos...
porque este padecer, que ojalá ignores,
es, Ángel, *el dolor de los dolores.*

¡Ah! ¡que no pueda nuestra pobre vida,
dispersada por vientos tan insanos, 50
partir con nuestros jóvenes hermanos
el mismo pan, beber igual bebida!
¡que no podamos encontrar manida
en un árbol los pájaros humanos,
y a unos del sol fatiguen los ardores, 55
es, Ángel, *el dolor de los dolores!*

Ve si tus alas su atrevido vuelo
por cima de la mar firme llevando,
puedes ir esos mares navegando
hasta arribar al árbol de tu anhelo; 60
ve si logras calmar el desconsuelo
de tantos ojos que te están llorando;
porque verte en los mares bramadores
es, Ángel, *el dolor de los dolores...*

¡Ay! que jamás cobarde hundas la frente 65
por las revueltas olas alcanzado,
ni tampoco en los mares levantado
te quieras remontar al sol ardiente;
caminar por la vía rectamente,
como los buenos siempre han caminado, 70
pues verte entre *ambiciosos o traidores*
ese fuera *el dolor de los dolores.*

Contra ese mundo, cuya risa loca
tu fe combatirá con su *sarcasmo*,

opón la noble fe del entusiasmo, 75
que, si es del corazón, no se sofoca:
ante esa multitud cierra tu boca,
y, aunque se burle de tu altivo pasmo,
no sigas la maldad de sus errores,
que ese fuera *el dolor de los dolores*. 80

   Yo contra el mal de la virtud me valgo,
contra el dolor a la paciencia acudo,
y aunque es mi triunfo solitario y mudo,
en graves luchas victoriosas salgo;
no tienes gran blasón, pero es hidalgo, 85
limpio de mancha tu modesto escudo,
y venderlo al poder y a los honores
ese fuera *el dolor de los dolores*...

   Mas ¿dónde vas? aguarda un solo instante...
oye no más el último conjuro... 90
el *ídolo* mejor es el más *puro*,
su siervo más *glorioso* el más *constante*;
no te acerques al *mal*, porque es *brillante*;
no te alejes del *bien*, porque es *oscuro*...
¡Sé bueno, y que jamás con deshonores 95
añadas más dolor a estos dolores!

Badajoz, 1848

CAROLINA CORONADO

RECUERDOS DEL LICEO DE MADRID

Me acuerdo bien del venturoso instante
cuando vi yo la luz en vuestro oriente.
¡Cuánta luz, cuántas flores, cuánta gente
y qué mundo tan bello y tan brillante!
¿Por qué no estaba alegre tu semblante   5
tú que lleno de luz eternamente
en ese mundo que feliz te nombra
tienes el alma donde está tu sombra?

Gran pájaro de América atrevido,
que, trasponiendo los opuestos mares,   10
entre los recios vientos has venido
a dar al viejo mundo tus cantares;
tú que en tantos torrentes has bebido,
y hoy vienes a beber al Manzanares,
¡para que el ansia de tu sed ardiente   15
no perdone del mundo una corriente!

Tú que en el nuevo mundo te has mecido
entre el viento de arenas abrasado,

---

9 *pájaro de América*: ¿posible alusión a la escritora cubana, Gertrudis Gómez de Avellaneda, que por entonces vivía en Madrid?

al son del Orinoco adormecido,
al pie de las palmeras arrullado;
y más tarde en el norte has despertado,
y con la luna a Grecia has recorrido,
y de Sión por la cadena santa
¡abriste paso a tu incansable planta!

¿Por qué estás triste tú? ¿Por qué te quejas?
¿Por qué me llamas la feliz cantora,
y ni llorar ni suspirar me dejas,
envidiando mi vida de pastora?
¿Dónde están mi cayado y mis ovejas,
dónde la choza está que te enamora?
¿En dónde están mis dichas y mi calma
si aquí soy sombra a quien le falta el alma?

¡Ah! ¿qué se ha hecho de la pobre sombra
que huyó de esa mansión bella y querida?
El Gévora lo sabe que rendida
la ve muriendo en la campestre alfombra;
¿piensas tú que del alma desprendida
el verme en estos valles no me asombra,
y que puedo tener contento y calma
cuando la sombra está lejos del alma?

Mi alma en las ciudades tiene asiento,
y yo sufro también vuestro quebranto,
porque del vago ser que envidiáis tanto,
aquí está el corazón, allí el aliento;
aquí sus ojos, pero allí su llanto;
aquí su boca, pero allí su acento;
aquí está el mártir, pero allí su palma;
aquí soy sombra, pero allí soy alma.

Las ráfagas del aire trasparente
me pueden ocultar al que me mira; 50
pero yo siempre vivo en el ambiente
que vuestro labio sin cesar aspira;
es verdad que mi sombra vagamente
por los collados silenciosa gira,
y allí parece que reposa en calma, 55
pero no soy la sombra, soy el alma.

¡Sí! soy el alma siempre agradecida,
que a vuestro lado está, dulces amigos,
vosotros de mis lágrimas testigos
la noche de mi triste despedida, 60
nunca a la sombra me veréis unida;
y ¡ojalá que los hados enemigos
presto a *mi sombra* den eterna calma
y del cielo la luz den a *mi alma*!

Ermita de Bótoa, 1849

---

60 *despedida*: v. "Se va mi sombra, pero yo me quedo".

Busto de Carolina adolescente

Imagen de la Virgen de Bótoa

MEMORIA A LOS HÉROES
Y A LOS REYES

A HERNÁN CORTÉS

Llevadme a contemplar su estatua bella;
llevadme a su soberbio mausoleo...
¡Ah! que olvidaba, Hernán, en mi deseo
que este es mezquino e ilusoria aquella;
¿y en tu patria por qué? ¿qué diste a ella   5
para alcanzar de España ese trofeo?
¡Cuestan ¡oh! mucho piedras y escultores
para labrarte, Hernán, tales primores!—

Paréceme que el héroe se levanta
y hacia América el brazo armado tiende,   10
que avergonzada España le comprende
y el rostro no osa alzar fijo en su planta;
ella, la dueña de riqueza tanta,
hasta la prez de su conquista vende,
y aun juzga escaso el gananioso fruto   15
para ofrecerle un mármol por tributo.

CAROLINA CORONADO

    Cuando a su casa venga el extranjero,
¿qué osará responder la noble dama
si anhela ver, llevado por su fama,
la tumba del ilustre caballero?
"Ved, le dirá, si el cementerio ibero
guarda un sepulcro que de Hernán se llama,
que a mí, pues heredé ya su fortuna,
ni su tumba me importa ni su cuna."

    Eso dirá, y el hijo de Bretaña
o el vecino francés, si el huésped fuera,
con sarcástica risa respondiera
a la matrona: "descastada España,
"con que no le valió a Cortés la hazaña
"ni una tumba de mármoles siquiera?
"¿Y nacen héroes en la tierra ingrata
"que así los huesos de los héroes trata?

    "¿Es la igualdad que esa nación proclama
"la que deja en el polvo confundido
"al buen conquistador con el bandido,
"al que la presta honor y al que la infama?
"Grande nación esa nación se llama,
"y la imagen del hombre esclarecido
"no levanta cien palmos sobre el suelo
para mostrarla al pueblo por modelo...?"—

    Callad, callad, que vuestra lengua mata;
no a lamentar venís nuestro destino,
sino a mofaros dél, el mal vecino,
y a desolarnos más, el cruel pirata;
si es con sus hijos nuestra tierra ingrata,
nada os importa, andad vuestro camino,

que así cual es la madre que tenemos
mejor que a las madrastas la queremos.

Así cual es, la envidian las naciones,
virtudes brota en manantial fecundo, 50
Corteses manda a conquistar el mundo,
que descubren por ella los *Colones*;
si Bonaparte, rotas sus legiones,
la paz desecha, con desdén profundo,
Cortés entre salvajes y traidores 55
pone incendio a sus buques salvadores.

Arde la flota, irrítase la gente
a quien cierra la huida acción tamaña;
solo, perdido sobre tierra extraña,
Cortés la doma, al bárbaro hace frente, 60
y conquistarlo y tórnase él valiente
a rendir su laurel glorioso a España,
que... lo destierra, lo aprisiona en vida
y lo desprecia en muerte... *agradecida.* —

No veremos, Hernán, tu estatua bella 65
ni tu losa hallaremos ignorada;
pero en mi tierra existe la morada
donde estampaste tu primera huella;
pensaremos en ti delante de ella,
la extremeña familia arrebatada 70
de orgullo; porque plugo a la fortuna
en nuestra tierra colocar tu cuna.

Badajoz, 1845

CAROLINA CORONADO

A NAPOLEÓN

"No es ira, no es amor, no es del poeta
inspiración febril, es más ardiente
la llama que discurre por mi frente,
y el alma absorbe, el corazón me inquieta.

"Yo amo la tempestad, amo el estruendo;
cuando el vértigo insano me arrebata,
sueño que en nube de luciente plata
voy por el mundo un huracán siguiendo.

"El rayo en torno de mi frente gira,
el aquilón bajo mis plantas brama,
y lucho y venzo, y mi furor se inflama,
y ansiosa el alma a otra victoria aspira.

"Yo quiero alzado al fin sobre los hombres,
avasallar los pueblos y los reyes;
romper sus cetros; derrocar sus leyes,
hollar sus triunfos y borrar sus nombres.

"Ancha cadena que circunde el polo
yo quiero eslabonar con mis guerreros;

y bajo el pabellón de sus aceros
la gran nave en la mar llevar yo solo. 20

"Y ¡oh! si pudiera hurtar al firmamento
sus brillantes magníficas estrellas,
¡también imperios levantara en ellas
para ensanchar allí mi pensamiento!"

* * *

¡Francia, levanta! sal del caos profundo 25
en que yace tu pueblo sepultado,
que en brazo poderoso tremolado
va tu estandarte a conquistar el mundo.

¿Quién distinguir entre la inmensa grey
podrá al caudillo de tamaña empresa? 30
¿Qué señal en el rostro lleva impresa
el que del solio arrojará a tu rey?

Ese mancebo que los brazos grave
cruza sobre su seno, y la mirada
como águila en el sol, ardiente, osada, 35
clava en la multitud... ese lo sabe.

¡Oh! ¡cuál contra el mancebo se irritara
si su mirar la turba comprendiera!...
¡Si su ambición oculta sorprendiera
de ese rubio garzón, cuál se burlara! 40

Joven es el león; mas ya en la tierra
no hay fuerza que a igualar su fuerza alcance,
y ¡ay de la Europa, o Francia! cuando lance
ese joven león grito de guerra.

Verás cómo esa voz de los franceses 45
de pecho en pecho noble se difunde;
como chispa de fuego prende y cunde
de caña en caña por las secas mieses.

Verás, tras el magnífico estandarte
donde el águila altiva se reposa, 50
cómo tu juventud marcha orgullosa
la libertad, la gloria a conquistarte.

¡Verás!... mas antes que el caudillo sea
héroe conquistador de las naciones,
deja que a Egipto lleve sus legiones 55
y del grande Ramsé la tumba vea.

* * *

"Estas de reyes son y emperadores
las moradas magníficas que habitan,
este es el rico manto en que dormitan
de tierras y de mares los señores... 60

"Este es el cetro que en sus regias manos
fue látigo cruel o adorno inútil;
no es que un brillo me seduzca fútil
si hoy os le arranco ¡nobles soberanos!

"No es que me ciega joya tan lucida, 65
¡es que me irrita que los pueblos lloren,
es que me irrita que temblando adoren
los pueblos esa joya envilecida!...

"Y esta corona... ¿sola una diadema?
¿cien batallas por una solamente? 70

¿Será una sola incienso suficiente
para este fuego que mis sienes quema?

"Reyes, emperadores, ¡guerra! ¡guerra!
yo haré que en una sola se refundan
las coronas que, inútiles, circundan   75
tantas míseras frentes en la tierra!"

* * *

¡Huid del monte aquel resplandeciente
que de Austerlitz se eleva en las llanuras...
Huye, Alejandro, antes que en sus alturas
volcán oculto brote de repente!   80
¡Ay! que ya va tu juventud ardiente
a estrellarse en las águilas seguras...
Las nubes su vapor todo han juntado,
y el suelo va a quedar todo anegado.

Pero en sangre, Señor, en sangre pura,   85
porque el rey de las águilas osadas
donde terrible asienta sus pisadas
de cadáveres cubre la llanura;
cual los ojos de fiera en noche oscura
relucen entre el humo sus espadas,   90
y a bandadas los cuervos por el viento
síguenle en torno con feroz contento.

Caen, como en horrible terremoto,
las torres desplomadas, sus legiones,
sobre los extranjeros campeones   95

---

78 *Austerlitz*: batalla en que derrotó Napoleón a los austriacos y rusos (2 de diciembre de 1805).

que osan poner a sus victorias coto;
bajo los pies de sus caballos roto
yace el blasón de dos fuertes naciones,
y dos imperios juntos retroceden
y dos monarcas el laurel le ceden.

* * *

¡Oh! tú que alzado al fin sobre los hombres,
lograste avasallar pueblos y reyes,
romper sus cetros, derrocar sus leyes,
hollar sus triunfos y borrar sus nombres.

¡Napoleón! tú que abarcando el polo
con tu cadena inmensa de guerreros,
bajo del pabellón de sus aceros
la gran nave en la mar llevabas solo.

¡Ay! ¿cómo a la merced del Océano
dejas bogar tu nave huyendo de ella?
¿Has ido a conquistar alguna estrella
para alzar otro imperio soberano?

Badajoz, 1845

A ISABEL LA CATÓLICA

Si alcanzaran los ojos
a descubrir la inmensa pesadumbre
de los luceros rojos,
en la celeste cumbre
te hallaran con la santa muchedumbre.   5

En resplandor el oro
trocado de la espléndida corola,
que puso espanto al moro,
a los cielos, tú sola
prestas, más luz que el sol, con tu aureola.   10

¡Oh tierra gobernada
por tu cetro sagrado y victorioso
cuál se miró encumbrada!
¡Oh pueblo venturoso,
oh trono de la Iberia glorioso!   15

Por ti aquel noble empeño
con fama coronó el pueblo cristiano;
por ti de la mar dueño

CAROLINA CORONADO

    el genio soberano,
un nuevo mundo halló en el Océano.   20

    Mas eran a tu alma
dos mundos en la tierra espacio estrecho,
y una tercera palma
a conquistar derecho
tu espíritu se alzaba a mayor trecho.   25

    Reina a la par y santa,
de majestad en majestad te alzaste,
y hasta do se levanta
el mismo sol llegaste,
y sobre los luceros te asentaste.   30

    ¡Oh sacra! ¡Oh gran matrona
de la cristiana grey! ¡Oh reina mía!
Sé tú de la corona
que sustentaste un día,
inexpugnable amparo y guarda pía.   35

    Bendice tú, y alienta
la adorada, infantil, cabeza pura
que hoy tu diadema ostenta,
y bajo la ternura
de tu divino amor crezca segura.   40

Ermita de Bótoa, 1846

---

37   *cabeza pura*: la de Isabel II, n. en 1830.

AL EMPERADOR CARLOS V

¡Memoria al grande César! Yo le canto.
Si el rayo sacrosanto
del entusiasmo que mi sangre enciende,
alienta la poesía,
¿cuál mejor que la mía   5
de Carlos el espíritu comprende?

Alta categoría entre los reyes,
fueron, ya, de sus leyes
soberanos altivos los vasallos;
los príncipes de Europa   10
le siguieron en tropa,
sirviendo a su carroza de caballos.

Aun su excelso valor, su genio santo
al héroe de Lepanto
y a Felipe virtudes infundieron,   15
que bastó la vertiente
del colosal torrente
para engendrar los ríos que corrieron.

¡El César! el que asombro de Pavía,
la lis que florecía   20
sobre las sienes del primer Francisco
arranca, y al valiente
conduce con su gente
como a dócil rebaño hacia el aprisco.

¡El César! que espantando al africano   25
lleva el pendón cristiano
flotando por encima de los mares
a la moruna almena,
donde el clamor atruena
de bárbaros vencidos a millares.   30

¡El César! el que en Sena y en Toscana
a la gente otomana
y a los hijos del alto Pirineo
hace volar medrosos,
dejando vergonzosos   35
cien banderas deshechas por trofeo...

Empero ¿a qué, Señor, pasada gloria
recordar a esta escoria
de la española raza? ¿Para ejemplo?
¡Ha mucho que mi lira   40
que por gloria suspira
de los héroes de España en honor templo!

¿Y quién me oyó? ¿Los pájaros del monte
que pueblan mi horizonte?

19 *Pavía*: ciudad italiana donde ocurrió la victoria española en la que las tropas de Carlos V apresaron a Francisco I de Francia en 1525.
32 *gente otomana*: Carlos V peleó contra Solimán II, sultán de los otomanos.

POESÍAS

¿Los reptiles que habitan el sembrado? 45
¿El perro de cabaña,
o la oscura alimaña
que atraviesa de noche este collado?

¡Qué somos ya! las gentes humilladas
al extranjero dadas, 50
a servir a sus fardos de camellos;
¿tenemos corazones
que sientan emociones
con la memoria de los héroes bellos?

¿Sabemos qué es valor, lo que es nobleza? 55
¿Nos deja la tristeza
cuando del pecho roba hasta el aliento,
ni fuerza en nuestro pasmo
a un soplo de entusiasmo,
de noble admiración a un pensamiento?... 60

¿Por qué no eternos son los grandes reyes?
¿Por qué a las mismas leyes
sujeto de morir que los tiranos,
está Carlos divino?
¡Qué injusto es el destino! 65
¡Qué duros de entender son sus arcanos!

Y aun el breve reinado de consuelo
nos acortara el cielo,
túnica revistiendo penitente
al que manto vestía, 70
que puso al Mediodía
pavor, envidia al Sur, miedo al Oriente.

"Pueblos —dijo el gran rey a las naciones—
"ya visteis mis blasones,

"donde asomé la faz, tembló la tierra, 75
"Francia besó mi planta,
"y a mi antojo se canta
"el himno de su paz y el de su guerra.

"¿Veis que avasallo al indio, al castellano,
"alemán y al romano, 80
"tanta de mi corona es la grandeza?
"Pues con desdén profundo
"yo la cambio en el mundo
"¡qué escarmiento, ambición! por la pobreza."

Y desciñendo de su augusta frente 85
la diadema potente,
apareció más alto a los mortales
de humildad revestido
que orgulloso ceñido
con las áureas coronas imperiales. 90

Ermita de Bótoa, 1846

AL EMPERADOR DON PEDRO DE PORTUGAL

Si mi extranjera planta, lusitanos,
gustáseis cortesanos
por la tierra guiar, para mí extraña,
a cantaros iría
una tierna poesía   5
del gran Pedro en honor, la hija de España.

¿En dónde yace el capitán osado,
en dónde el celebrado
conquistador, de vuestras tierras fama?
¿Dónde están sus despojos   10
porque admiren mis ojos
de sus laureles la fecunda rama?

Con el fuego que brota de la tierra
que sus restos encierra,
mi corazón entonces abrasado   15
audaz prorrumpiría
en himnos de armonía
que dejaran al pueblo entusiasmado.

6 *gran Pedro*: Pedro I (1798-1834), emperador del Brasil.

CAROLINA CORONADO

Cantara del gran Pedro las hazañas
en sus largas campañas, 20
su genio, su valor y su nobleza,
y os arrancara el llanto
de ese entusiasmo santo
germen de la virtud y la grandeza.

Y también de tus ojos lograría, 25
soberana María,
lágrimas dulces de piadoso lloro,
con el elogio ardiente
que el labio reverente
al héroe diera, cuya tumba adoro. 30

Porque él dejó en los pechos su memoria,
María de la Gloria,
con fuego tan vivísimo esculpida,
que hasta el arpa extranjera
que lo canta y venera 35
se siente a su recuerdo enternecida.

¡Oh cuánto bien al pueblo lusitano
su protectora mano
hizo sentir, cuando celoso y tierno
sus males atendía, 40
al par que dirigía
de brasileños climas el gobierno.

El le dio libertad, le dio laureles,
el los tercios crueles

---

32 *María de la Gloria*: la hija del emperador Pedro, quien renunció al trono portugués en favor de ella en 1832. Durante la guerra carlista española, la reina María de la Gloria enviaba ayuda a los liberales.

del temerario príncipe arrolando, 45
marcó su feliz era
a la hermosa heredera
sobre el paterno trono colocando.

Aun arde el pueblo, aun de entusiasmo siente
la agitación ferviente 50
cuando de Pedro la marcial figura,
cuando su frente hermosa
grave y majestuosa,
ve, como sombra, alzarse en la llanura.

Aun de alegría se conmueve y llora 55
su voz fuerte y sonora,
al recordar cuando a su pueblo un día,
mostrando con ternura
a la doncella pura,
gritó el labio real "¡viva María!" 60

¡Cuán alto apareció sobre la tierra
el hijo de la guerra
al desnudar sus sienes imperiales,
aun joven su existencia,
de dos reinos la herencia 65
dividiendo con manos paternales!

Bien su espaciosa frente dos coronas,
de las opuestas zonas,
pudo ceñir el adalid valiente,
mas, un solo cabello 70
por más rico, más bello,
le pareció corona suficiente.

¡Cántalo, Portugal, canta orgulloso
al héroe generoso
cuya tumba saludan las comarcas, 75
que si breve es tu suelo,
son, por gracia del cielo,
más grandes que tu reino tus monarcas!

Yelves, 1846

POESÍAS

A LUIS FELIPE DESTRONADO

¿A dónde vas ¡o rey! con tus pesares?
¿No sabes que en los mares
aun la roca inmortal de Santa Elena
te brinda con su asilo?
¿que allí lecho tranquilo 5
tienes guardado en la caliente arena?

Aun hallarás la arena removida
con la huella atrevida
de otro Napoleón, que destronado
fue también a esa tierra; 10
aun su lauro de guerra
los trópicos allí no han marchitado.

Tú no fuiste a insultar con tus trofeos
los muertos Ptolomeos,

---

1 *rey*: Luis Felipe I, rey francés de 1830 a 1848, fue destronado por las fuerzas revolucionarias. Ni él ni su ministro Guizot querían ceder a las presiones a favor de reformas liberales constitucionales.
3 *Santa Elena*: isla inglesa de África donde fue cautivo Napoleón I de 1815 a 1821.

ni entre el eco marcial de los cañones
ligero cabalgando,
cadáveres hollando,
has llevado el terror a las naciones.

Mas tú, sin esgrimir hierro iracundo,
dabas leyes al mundo,
y a una mirada sola que lanzaban
tus ojos indignados,
los tercios espantados
el acero a tus plantas humillaban.

Y ¿piensas tú que el mundo te perdona
que unas genio y corona
y gobernando sin temor ni traba,
des a tu antojo, leyes
y domines los reyes,
y a Europa tengas de tu mente esclava?

...Ve, rey, a descansar. Londres te espera
como una hambrienta fiera
para tragar de Francia los despojos;
ella que hundió en la tierra
vuestro genio de guerra,
también a ti te cerrará los ojos.

Rivales en lo eterno ambas naciones
con dos Napoleones,
de la guerra y *la paz* (1) a ti te halaga
¡oh Francia! la fortuna;
mas ¡ay! tú eres su cuna
e Inglaterra es la tumba que los traga.

Sevilla, 1848

(1) Alusión al nombre que se da a Luis Felipe de Napoleón de la páz. [Nota de 1852].

POESÍAS

EL SIGLO DE LAS REINAS. AL NACIMIENTO DE LA PRINCESA DE ASTURIAS

¿Quién nos llora?... un dulcísimo lamento
en el lejano viento
me parece escuchar... ¿Resuena un lloro,
o es el gemido blando
que en las peñas rodando   5
alza el agua del Gévora sonoro?

Mas, ¿no es el medio siglo?... ¿No es el día
en que nacer debía
nueva princesa, porque Dios abona
su reinado en el mundo,   10
y de reinas fecundo
es de reinas por siglos la corona?

En dos brazos el siglo dividido
el uno ha recorrido
doce veces las horas del pasado,   15
y lento en su carrera

---

1 *¿Quién nos llora?*: alusión a la hija de Isabel II, la infanta María Isabel Francisca, n. el 20 de diciembre de 1851.

el otro de la esfera
a la mitad del círculo ha llegado.

Esta es la hora del suceso fijo
que el alma nos predijo
cuando rogamos con fervor al cielo,
y el acento más leve
que la ráfaga lleve
será la voz del ángel del consuelo.

¡Ay! yo apartada en valle tan distante
escucho palpitante
de roncos vientos el rumor lejano,
y no puede mi oído
percibir si el gemido
se exhala del alcázar soberano.

Pero es mi corazón arpa vibrante,
que rompe en este instante
lanzando un himno de alegría a España,
y si me engaña el viento
remedando un acento,
la santa inspiración nunca me engaña.

¡Oh vosotros ligeros peregrinos
que podéis los caminos
cruzar por la pendiente de estas sierras!
Volad a las ciudades,
y desde Creux a Gades
veréis el resplandor de nuestras tierras.

Si andáis de vuestra patria desterrados,
¡oh pobres desgraciados!
sabed que ya al hogar volvéis mañana,

sabed que vuestros hijos
con locos regocijos
se acercan al cañón y a la campana.

   El bronce va a lanzar con voz tonante,
mísero caminante,   50
el grito de perdón de torre en torre,
perdón de muro en muro,
y del perdón seguro
ya de la torre al muro el niño corre.

   Esa voz misteriosa que gemía,   55
y que el son parecía
del viento que murmura en la palmera,
ese lloro suave
como el trino de un ave,
del ángel salvador el llanto era.   60

   ¿Por qué vienes llorando, tú, alma mía,
si eres nuestra alegría
y a esperarte los pueblos van cantando?
¿Por qué tu boca pura
que nos da la ventura,   65
ángel del cielo, nos la da llorando?

   ¡Bendito el llanto que tu rostro baña,
riego fecundo a España,
bebida de los pobres condenados
a los duros tormentos   70
que caminan sedientos
de sus huérfanos hijos apartados!

---

51   *el grito de perdón*: se refiere a la amnistía general concedida en 1850 por el gobierno Narváez.

CAROLINA CORONADO

    Agua bendita que de culpas lava
la humilde frente esclava
del que amarrado a las argollas gime;   75
¡cuántos beben tu llanto
y aclaman por mi canto
al ángel salvador que los redime!

    Tú eres sólo, Señora, la afligida,
tú que eres tan querida,   80
tú que nos cumples la esperanza santa,
tú que el dolor serenas,
tú que calmas las penas,
tú sola lloras cuando el reino canta.

    Hoy se calman por ti nuestros rencores,   85
hoy todos los clamores
son un canto de paz a tu venida,
tus tierras y tus mares
resuenan en cantares
que América repite conmovida.   90

    Tus villas se iluminan una a una
para alumbrar tu cuna
como blandones de tu reino entero,
y a sus luces brillantes
se ven sombras errantes   95
que cruzan por el Tajo y por el Duero.

    La historia que leí de los profetas
y divinos poetas,
viene esta noche a la memoria mía
por aquel gran consuelo   100
que en el monte Carmelo
la tribu del desierto recibía.

Ya cantan en el valle los pastores
entre zarzas y flores;
ya encienden las candelas a lo lejos 105
con la seca retama
a cuya roja llama
del Gévora relumbran los espejos.

Es como entonces el diciembre helado.
El cielo está anublado 110
y blanco el suelo por la escarcha fría,
y así como has venido
parece que ha nacido
el hijo deseado de María.

Mas Dios permite, en sus eternas leyes, 115
que en vez de nacer reyes
nazcan a nuestro reino soberanas,
y a un dulce reinado
el siglo acostumbrado
te saluda en las tierras castellanas. 120

Dios ha querido, en su saber profundo,
que de reinas fecundo
fuera este siglo con que al sexo abona,
y de reinas envía
la bella dinastía, 125
y es de reinas, por siglos, la corona.

¡Vivirás! —¡reinarás!— la fe no miente
al corazón ardiente
que te presagia gloria venidera;
nuestro siglo ha vencido, 130
tú, princesa, has venido
a coronar el fin de su carrera.

Ermita de Bótoa, 24 de diciembre de 1851

CAROLINA CORONADO

A S.M. LA REINA MADRE
DOÑA MARÍA CRISTINA DE BORBÓN

Aquel nombre primero
que bendijo mi labio balbuciente,
después que prisionero
vi a mi padre inocente,
fue, Señora, tu nombre reverente. 5

Aquella faz hermosa
que, después de la faz hermosa y santa
de mi madre amorosa
miré con ansia tanta,
fue, Señora, tu faz que al mundo encanta. 10

La primera alegría
que de mi triste infancia en los albores
recuerda el alma mía,
brotó con tus favores
como al rayo del sol brotan las flores. 15

---

4 *mi padre inocente*: en diciembre de 1829 María Cristina de Borbón, al casarse con Fernando VII, concedió una amnistía general así liberando al liberal don Nicolás Coronado, padre de C.C.

Y la primera gala
que el sereno y trasparente cielo
al puro azul iguala,
la vestí con anhelo
por celebrar tu nombre y mi consuelo. 20

   Yo entonces no sabía
cómo en la vaga mente se creaba
la sonora poesía,
pero entonces cantaba
los himnos que en tu honor el pueblo alzaba. 25

   De tu dulce amnistía
a la sombra feliz hemos crecido,
las que niñas un día
tanto habemos sufrido
que sin ti fuera triste haber nacido. 30

   Con noche muy oscura
nacimos en el siglo desgraciado,
y nunca la luz pura
hubiéramos gozado
si no le amaneciera tu reinado. 35

   Luz trajo tu venida,
luz tu sonrisa, luz es tu mirada,
y a tu luz atraída,
ave desorientada,
yo te vine a buscar triste y cansada. 40

   Y tú al ave importuna
que de Aranjuez al campo retirado
fue a gemir su fortuna,

tendiste con agrado
tu mano, que es su nido regalado. 45

Al verte, a mi memoria
vino el recuerdo de la infancia mía,
toda la amarga historia
del padre que gemía,
y tu grandeza soberana y pía. 50

Recordé tu hermosura,
como del campo la primera mañana
que en nuestra infancia pura.
Con el alba lozana,
se muestra tan risueña y tan galana. 55

Y los himnos suaves
que gozosos cantaban mis hermanos,
al compás de las aves,
por los floridos llanos,
en honor de tus rasgos soberanos. 60

Y por eso a tu planta,
sin poder exhalar palabra alguna
mi anudada garganta,
quedé, como en la cuna
el niño embelesado al ver la luna. 65

Y nunca mi cariño
te pudiera expresar con un acento,
si, cual la madre al niño,
no me enseñara atento
tu labio a traducir mi pensamiento. 70

Tú al canto del *Petrarca*
y del *Tasso* a los épicos sonidos,

en la bella comarca
los muy blandos oídos
tienes acostumbrados y entendidos.   75

   Yo no sé hacer canciones
que el genio inspira, que el talento ordena,
mas, ¡ah! los corazones
que el entusiasmo llena,
tienen de gratitud fecunda vena.   80

   De un alma agradecida
comprende el amoroso sentimiento,
sin arte y sin medida,
que el agradecimiento
es, Señora, virtud, mas no talento.   85

   Mejor sé verter llanto
estrechando tus manos contra el pecho,
que encerrar en mi canto,
con un límite estrecho,
la gratitud que Dios tan grande ha hecho.   90

   Al decir que te ama
el corazón, Señora, no se inquieta
por la Apolínea llama
que, al numen no sujeta,
prefiero ser mujer a ser poeta.   95

   No puedo consagrarte
rico poema do tu augusto nombre
con perfección del arte
al universo asombre,
que los épicos cantos son del hombre.   100

CAROLINA CORONADO

> Mas ruego cada día
> en piadosa oración, que es más sonora,
> a la Virgen María,
> que te sea, Señora,
> como eres tú, mi augusta protectora.

105

Madrid, 1852

A LOS POETAS

A la Excma. señora marquesa de Monsalud y vizcondesa de
San Salvador. (*)

ESPRONCEDA

    Rompió el divino sol por Oriente,
engalanado en nuevos resplandores,
hervía el prado en olorosas flores,
rebosaba en perfumes el ambiente,
trinaba el ruiseñor más dulcemente,   5
acrecentaba el agua sus rumores,
de nuestro pueblo humilde el pavimento
retemblaba aguardando algún portento.

    De tu palacio antiguo, solo, oscuro,
en el rincón de la olvidada villa   10
surgió voz melancólica y sencilla,
como de niño tierno acento puro;
así el lloro dulcísimo figuro

(*) En el palacio de la marquesa se dice había nacido Espronceda.

del infante Ossián cabe la orilla
de la ruda Albión cuando nacía 15
como el bello Espronceda a luz del día.

Aquí al genio brillante de la España
plugo elegir su refulgente cuna,
por hacernos rivales en fortuna
con el Morven feliz de la Bretaña. 20
¿Quién la villa estrechísima que baña
por todo mar y arroyo una laguna,
y por muro y jardín cerca un sembrado
sin Espronceda hubiera recordado?

Ese *cantor del sol* tal vez al cielo, 25
Espíritu sin cuerpo, le pedía
ver la primera luz del claro día
del gran Cortés en el fecundo suelo;
y Dios tal vez al prematuro anhelo
del alma de Espronceda concedía 30
en raudal de talento transformado
el valor de Cortés nunca igualado.

Así brotó, cundió como los ríos,
como los mares se ensanchó en la tierra;
tempestad en amor, trueno en la guerra 35
fueron sus cantos bravos y sombríos;

---

14 *Ossián*: bardo legendario escocés del siglo III. MacPherson publicó con su nombre una colección de poesías en 1760.
15 *Albión*: Gran Bretaña.
16 *Espronceda* (José de): poeta romántico español de tendencia escéptica, n. en Almendralejo (1808-42), autor del poema *El diablo mundo* y *El estudiante de Salamanca*.
20 *Morven*: reino de Ossián.
25 *cantor del sol*: Espronceda es autor de un "Himno al Sol".

¡Oh! si elevara sus acentos píos
a Dios loando el que blasfema aterra,
profeta de este siglo desgraciado
le volviera la fe que le han robado.   40

   Destemplaron las cuerdas de su lira
los duros vicios, al rozar con ellos,
y en sus cantares, cuanto amargos bellos,
toda verdad apellido mentira;
loco de padecer, llorando de ira,   45
ve la nieve asomar a sus cabellos;
y ¡ay! ¡cómo entonces se lastima y canta,
y el corazón con su gemir quebranta!

   Dichosa muerte que aplacó tal vida;
dichosa vida por tan presta muerte;   50
¿debe sino yacer en polvo inerte
el que su fe en el mundo ve perdida?
Por todo el corazón ya carcomida
palma gallarda fue que al noto fuerte
no pudo resistir con su corteza,   55
y a la tierra inclinó la gran cabeza.

   ¡Oh! ¡cuán diverso fue el risueño día
en que brotó en la tierra ese capullo
mimado de las brisas al arrullo,
festejado del ave a la armonía!   60
¡Oh quién su primitiva lozanía
sin su infortunio, su impiedad, su orgullo,
pudiera devolver al genio muerto
primer cantor del español concierto!

---

54 *noto*: austro, viento del sur.

Madrid, Bretaña, su amargado canto 65
su juventud penosa han obtenido;
mas del pueblo extremeño sólo han sido
sus puros ayes, su inocente llanto.
¡Salve por esa cuna y honor tanto
y tanta gloria, pueblo esclarecido; 70
campana que sonaste alegremente
cuando el agua de Dios bañó su frente!

¡Salve campiña floreciente y leda,
que diste aromas al solemne día,
raza de aves que en la patria mía 75
cantaron la venida de Espronceda!
¡Salve morada que tapiz de seda
prestaste al niño huésped que nacía!
¡Salve dueña feliz de la morada
donde tan gran memoria está guardada! 80

Almendralejo, 1846

A QUINTANA

Buen sabio, ¿de tu tierra y de la mía
tu corazón no ansía
el nombre oír que la memoria encierra
de los pasados años?
¿O a tu memoria extraños 5
serán ya los recuerdos de tu tierra?

Yo, Señor, que heredé de mis abuelos
un libro de consuelos
obra de tu lozana fantasía,
cuando eras mozo o niño, 10
tengo mucho cariño
al buen cantor de la comarca mía.

Siempre al pasar cercana de tus lares
recordé tus cantares,

---

1 *buen sabio*: Manuel José Quintana (1772-1857), político y poeta neoclásico español, autor de la tragedia *Pelayo* y *Poesías patrióticas*. De 1823 a 1828 fue desterrado al pueblo de Cabeza de Buey (Badajoz).
8 *libro de consuelos*: ¿serán las *Poesías* de 1788, primeros brotes de Quintana?

y otras veces al margen del Guadiana 15
medité dulcemente
en la gloria eminente
que a nuestro pueblo consagró Quintana.

¿Por qué en el aprender ¡ay¡ soy tan ruda
que, aun cuando ansiosa acuda, 20
en la ciencia a estudiar de tus escritos
las brillantes lecciones,
no logro en mis canciones
remedar tus acentos infinitos?

Mas ¡qué mucho! las artes lentamente 25
vienen, cual la corriente,
del manantial sereno del Ruidera
a visitar los muros
solitarios y oscuros
de esta ciudad de España la postrera. 30

No se pule el salvaje entendimiento
del campesino acento
entre el tosco rumor; y la poesía
levanta su cabeza,
entre tanta aspereza, 35
como una planta estéril y bravía...

¿Qué nuevas te daré que a tu celoso
patrio entusiasmo hermoso
por la fama y el bien de nuestro suelo
alegren placenteras, 40
si antes que estas riberas
pienso, Quintana, que se mude el cielo?

Si las vastas encinas del contorno,
solo y agreste adorno

de estos valles, tal vez, contado hubieras, 45
al despedirte de ellos
en tus abriles bellos,
esas propias hallaras, si hoy volvieras.

  Los arraigados juncos de este río
bajo el mismo rocío 50
con que la espuma, al salpicar, los baña,
medran tranquilamente
sin que del hombre intente
otros sauces plantar la mano extraña.

  Y aun hay de tierra vírgenes pedazos 55
donde jamás los brazos
del colono feliz su fuerza emplean,
y hay fuentes, manantiales
sin guía y sin brocales
cuyos hilos se pierden y se orean... 60

  Más aprisa se mueve la tortuga;
menos tarda la oruga
su bella metamorfosis presenta
en esta tierra, Quintana,
un solo paso gana 65
de su cultura en la carrera lenta.

  Empero un solo nombre hay en el mundo
que del sueño profundo
a este pueblo pacífico levanta
y lo agita, lo enciende, 70
cuando extático entiende
la nota fiel de esta palabra santa.

  Grítale "Libertad" verás leones:
que vengan las naciones

a esclavizar a la soberbia España, 75
y será de este otero
cada azadón grosero
hacha incansable en la mortal campaña.

¡Por Dios! este rincón, hoy tan tranquilo,
fuera el último asilo 80
de aquella libertad apetecida
que, aunque no entiendo de ella,
debe de ser muy bella
cuando es tan ponderada y tan querida.

Tú la llamaste flor en tus cantares; 85
¡en la tierra y los mares
cuánta sangre costó! ¿Y eso son flores?
¡Hoy por lo solitaria
Será la *pasionaria*
o la *viuda negra* y sin olores! 90

Negra e inodora fue para los míos
cuyos años sombríos
vagando tras sus pétalos tronchados,
con pertinaz constancia,
las horas de mi infancia 95
y triste juventud han amargado...

No la aborrezco, no, me espanta
esa costosa planta
que nuestro llanto bebe por rocío:
más fruto y menos penas 100
me dan las azucenas
que en mi puerto florecen en estío.

¡Quiera Dios que no tronche en nuestra tierra
nuevo huracán de guerra

esa flor que inspiró tus armonías: 105
siquiera porque ha sido
la que más ha lucido
en tu guirnalda eterna de poesías!

Almendralejo, 1845

A LARRA

¿Qué voz, pobre Mariano,
de mofa, de sarcasmo, de amargura,
al que le ofrezco humano
recuerdo de ternura,
darás riendo en tu morada oscura?   5

Si la mujer que llora
fue blanco del rigor de tu garganta,
¿qué pensarás ahora
de la mujer que canta
¡ay! ¿qué dijeras de la *nueva planta*?   10

Al ver a la poetisa
tú contemplaras su cabeza atento,
y entre cruel sonrisa
prorrumpiera tu acento:
"Aquí yacen el juicio y el talento.»   15

---

1 *Mariano*: Mariano José de Larra (1809-37), o Fígaro, genial ensayista y costumbrista del período romántico.
15 *"Aquí yacen..."*: leit motif empleado en "Día de difuntos de 1836" de Larra.

POESÍAS

 Porque estás muerto canto:
vivo, Mariano, de tu pluma el vuelo
diérame tal espanto,
que no osara del suelo
mi lira levantarse de recelo.   20

 ¿Qué digo? En este instante
juzgo escuchar desde el profundo hueco
tu voz agria y punzante,
que aun en tu labio seco
para rasgar las almas tiene un eco.   25

 "—Mujer ¿á qué has venido?
"Al romántico yugo sujetada.
"¿Ensayas tu gemido
"en mi tumba olvidada
"por ser luego del mundo celebrada?   30

 "El nombre de Mariano
"¿es que presta sonoro consonante
"a tu numen profano,
"o vienes insultante
"a escarnecer aun mi sombra errante?"   35

 —¡Ateo desgraciado!
¡Víbora de las bellas ilusiones!
¡Genio desesperado!
¡Que al mundo no perdones
ni aun las que eleva a ti santas canciones!   40

 Vengo piadosa y triste
no a escarnecer tu nombre, respetado
aun luego que moriste
vengo, escritor amado,
el libro a agradecer que nos has dado.   45

CAROLINA CORONADO

    Si fue como tu vida
horrible tu morir, de Dios es cuenta,
tu historia dolorida
dos páginas presenta,
una que el mundo aplauda, otra que sienta.   50

    Lástima para el hombre,
corona para el genio esclarecido,
yo al invocar tu nombre
al criminal olvido
para cantar al escritor querido.   55

    Mira si el mundo es bueno,
que en tu risueña pluma a las criaturas
nos da hiel y veneno,
y nuestras bocas puras
gracias te dan por tales amarguras.   60

    La risa convulsiva
en que a tu hablar rompemos, nos quebranta,
¡oh guadaña festiva!
y en pago a pena tanta
mira si el mundo es bueno, que aun te canta.   65

    Pero de nuevo suena
a interrumpir mi voz tu voz burlona.
"Engañosa sirena,
"guárdate esa corona
"que ofrece el mundo necio a mi persona.   70

    "Sírvate de prendido,
"que más le cuadra a tu cabeza lisa
"que a mi cráneo *partido,*
"coronas que mi risa
"excitan como tú, vana poetisa !!"   75

—¡Oh! basta, adiós, poeta,
pues desdeñas mi ofrenda de armonía;
hasta en la tumba quieta
tu genio desconfía,
¡hielas la pobre flor de mi poesía! 80

¡Que en los ángeles crea
quien duda así de los humanos seres;
que del cielo te sea
la gloria que tuvieres
más grata que del mundo los placeres! 85

Badajoz, 1846

CAROLINA CORONADO

CIENFUEGOS

No he menester ingenio, el arte es vano,
demás están las musas y la lira;
sobra la indignación que en mí respira
para cantar al vate castellano;
tendí mis ojos, y busqué en el llano   5
su tumba ilustre, y me encendió la ira,
cuando al decir su nombre, lengua extraña
"yace aquí, replicó, no está en España."

Pueblo ¿es verdad? los huesos venerados
del noble y generoso caballero   10
¿los cubre por merced polvo extranjero?
¿No están en nuestras tierras sepultados?
¡Pueblo de fuertes hombres degradados!
¡Antípoda de gloria, pueblo ibero!
¡Que hayas de darnos siempre estos sonrojos 15
cuando a tus genios buscan nuestros ojos!

---

8 *Yace aquí... España*: Nicasio Álvarez de Cienfuegos (1764-1809), precursor de los románticos, murió en Francia, desterrado por su oposición al nuevo régimen bonapartista en España.

POESÍAS

    Como largo camino de hormiguero
de nuestra patria a Francia es el camino,
y yo al mirar a tanto peregrino
que recorre sin tregua aquel sendero,   20
van, dije, su adorado compañero
a rescatar del panteón vecino:
¿Traéis su polvo? pregunté impaciente,
"pondré de vose," respondió la gente.

    Duerme, poeta, que tu noble sombra   25
no ha menester que nuestro pueblo mire,
mientras contento en los salones gire
francés danzando en la francesa alfombra;
duerme, que al pueblo tu virtud asombra,
y es harto indigno de que el genio admire   30
dándole a tu sepulcro reverencia,
queden tus huesos del francés herencia.

                        Badajoz, 1846

CAROLINA CORONADO

A RIOJA

Rioja vive en ellas,
Rioja en esas flores
que brillan a mis ojos aun más bellas
porque son de Rioja los amores.

Esos albos jazmines 5
de su pecho llagado,
por enemigos fieros y ruines
fueron el lenitivo regalado.

Esos claveles rojos,
esas rosas lozanas, 10
honor tuvieron de alegrar sus ojos
y de ceñir sus sienes soberanas.

El bardo agradecido
alzó a sus compañeras
un canto, que en los siglos repetido, 15
vino a llenar también estas riberas.

---

4 *de Rioja los amores*: para Rioja, las flores muchas veces eran símbolo del deseo, figurado como mujer.

Y así cual las historias
y los célebres nombres
de abuelos que obtuvieron altas glorias
repiten a los nietos, otros hombres.   20

   Así a las de mi huerto
repito las canciones
que otro pueblo de flores, que ya es muerto,
logró inspirar en béticas regiones.

   Y es mucha maravilla   25
el mirar cómo ellas
doloridas oyen, por mi voz sencilla,
de su sentido vate las querellas.

   Paréceme que gimen,
paréceme que llanto   30
brota de entre sus hojas, que se oprimen
de sentimiento al escuchar el canto.

   ¡Oh Rioja, oh poeta,
¡y cuán poco su alma
tiene del mundo a la ambición sujeta   35
quien en vergel humilde halla la calma!

   Un *libro* y un *amigo*
en tu modesta vida
¡oh sabio angelical! bastan contigo
para lograr la dicha apetecida.   40

   No te cuidas de honores,
desdeñas la riqueza
y ensalzas la belleza de las flores
al par que otros del oro la grandeza.

Fenómeno del mundo, 45
que no comprende ahora
el siglo en ambiciones tan fecundo,
la edad en avaricias tan creadora.

¿Quién hoy ya se contenta
con la sencilla vida? 50
¿Quién no va tras de vida turbulenta?
¿A quién la paz del alma es hoy querida?

Los niños envejecen
de ambición prematura;
los bosques de laureles no abastecen 55
el ansia de laurel de una criatura.

El atrevido mozo
por el mando se afana,
cuando el albor de su naciente bozo
anuncia apenas su primer mañana. 60

¡Y dichoso si fuera
orgullo solamente!
¡Dichosos si esta raza no sintiera
de la codicia el aguijón hiriente!...:

Mas no, dulce Rioja 65
turbe nuestro reposo
esa amarga verdad que el alma enoja
y el corazón rechaza generoso.

Pensemos que esa tierra
la habitan serafines, 70
pero huyendo su gloria que me aterra,
tomemos a tu reina de jazmines.

Yo en las flores te veo;
tu cuerpo ha fenecido,
mas las alas del tiempo a mi deseo 75
de tu espíritu un átomo han traído.

   Y fecunda mi alma,
así tu pensamiento
cual de su amiga a la distante palma
fecunda el germen que transmite el viento. 80

   Por eso amo a las flores,
porque vives en ellas;
porque fueron, Rioja, tus amores,
son esas flores a mis ojos bellas.

   Si su color admiro, 85
si percibo su esencia,
escucho un melancólico suspiro,
oigo de su arpa dulce la cadencia.

   Y llevo reverente
a mis labios su hoja, 90
diciendo al huerto en mi entusiasmo ardiente
béselas yo pues las cantó Rioja.

Sevilla, 1847

A ALFONSO DE LAMARTINE

Libre será la voz, fuerte el aliento;
sonoro el instrumento
que vuestro canto, Alfonso, han sostenido,
cuando torpe y doliente
la humanidad presente   5
al inaudito son se ha conmovido.

De pueblo en pueblo, hasta el confín de España
llegó la voz extraña,
de ese mi pobre valle, nunca oída,
y aun del valle tranquilo   10
en el oscuro asilo
con entusiasmo ardiente fue acogida.

Poco de claras letras entendemos
las hembras que nacemos
en el rincón, sin luz, de humilde villa;   15
y poco nos cuidamos

---

3 *Alfonso*: Alfonso de Lamartine (1790-1869), gran poeta francés del romanticismo y autor de *Meditaciones* y *Armonías*, cuya influencia se detecta en la obra de C.C.

POESÍAS

de esos que no estudiamos
volúmenes de Francia o de Castilla.

   Tardo, como de sordos, el oído
apenas el sonido 20
del agudo talento ¡ay! nos alcanza;
y turbios nuestros ojos
ven siempre con enojos
las luces del saber, en lontananza.

   Postrado el femenil entendimiento 25
en hondo abatimiento
las vidas silenciosas consumimos;
ajenas a la fama
con que la tierra aclama
los sabios cuyas lenguas no entendimos. 30

   Mas, una rara historia desdoblamos
en cuyo centro hallamos
impresos nuestros propios corazones,
y ansiosas, palpitantes;
con ojos anhelantes 35
cruzamos, sin descanso, sus renglones.

   De lágrimas, Señor, la vena rota
viérais, gota por gota
las páginas bañar de vuestro escrito:
las almas inflamadas 40
viérais arrebatadas,
de gratitud, alzarse al infinito.

   Vos solo revelásteis sentimientos
que nunca los acentos
de nuestros pechos modular osaron: 45

495

CAROLINA CORONADO

solo en los labios vuestros
los infortunios nuestros
hoy sus fieles intérpretes hallaron.

¡Cuánto sabéis de penas femeninas!
¡Cuán puras y argentinas 50
corrientes de palabras generosas,
tierno y profundo sabio,
manan de vuestro labio
y alivian nuestras almas fatigosas.

La escala de las penas de la vida 55
tan larga y tan sentida,
habéis en nuestra historia recorrido,
y con distintos sones
todos los corazones
vibrando fuertemente han respondido. 60

Dicen que explica para docta gente
política eminente
de vuestro libro la preciosa historia:
dicen, que en las naciones
turbulentas pasiones 65
se levantan en torno a vuestra gloria.

Rudas, señor, y frívolas mujeres,
de los ilustres seres
los encumbrados juicios no alcanzamos;
pero las almas puras 70
de las buenas criaturas
mil votos por instinto os consagramos.

---

49 *de penas femeninas*: en cierta época C.C. pensó con toda inocencia que era mujer Lamartine.

Os alaben los pueblos oprimidos
porque habéis sus gemidos
con soberano esfuerzo levantado, 75
y humíllense en la tierra
los que movieron guerra
al valiente pendón que hais tremolado.

La patria que en sus ínclitos blasones
muestra Napoleones, 80
láurea corona en vuestra sien suspenda;
mas, permitid que os lleve,
Señor, aunque tan leve,
el arpa femenil, su justa ofrenda.

¿Pues no somos también seres humanos? 85
¿No son nuestros hermanos
los que osáis abogar por nuestras vidas?
¿No debemos cantaros
y las manos bañaros
de lágrimas, señor, agradecidas...? 90

Suban entre el ferviente clamoreo
del aplauso europeo
nuestros votos también a vuestro oído,
como sube al ambiente
con la voz del torrente 95
el trino de la alondra confundido.

Hoy estamos del mundo en las regiones
hembras, niños, varones,
a general concierto convocados;

---

73 *Os alaben... oprimidos*: Lamartine iba a ser uno de los jefes más importantes de la revolución francesa del 48.

caiga perpetua mengua
sobre aquel cuya lengua
por vos no rompa en himnos acordados.

Del femenino coro aun el acento
embarga el sentimiento,
y a cantaros, Señor, vengo yo sola;
oídme con dulzura,
que es verdadera y pura
la ardiente bendición de una española.

Vos sois francés; la Francia os merecía;
pero no es patria mía,
y al ensalzar vuestro glorioso nombre
añado tristemente:
¡Oh Dios omnipotente!
¿Por qué no es español tan grande hombre?

Badajoz, 1847

EN LA MUERTE DE LISTA. (*)

>   Ignorada de si yazga mi mente
> y muerto mi sentido;
> empapa el ramo para herir mi frente
> en las tranquilas aguas del olvido.
>
> Lista.

   No le lloréis, amigos, ese canto,
   himno de gloria al sueño de la muerte,
   era la inspiración del alma fuerte
   de aquel varón tan apacible y santo;
   ya fatigado de enseñaros tanto,   5
   y ya sintiendo su entusiasmo inerte,
   quiso muriendo de su yerto labio
   la postrera lección daros el sabio.

   Todas las ciencias del saber tenía
   menos la de la muerte el docto anciano,   10
   y quiso penetrar en ese arcano
   por completar su gran sabiduría;
   ya el misterio sabrá de la agonía,

(*)   V. "En la catedral de Sevilla".

el fin conocerá del ser humano,
y si a la gloria remontó su vuelo, 15
ya habrá medido la extensión del cielo.

Y ya del sol el punto culminante,
y del planeta dócil a su mando
sabrá cómo en sus órbitas girando
van por el cielo en rotación constante; 20
y ya desde Poniente hasta Levante
en la extendida tierra meditando,
"¿Cómo, dirá, mientras duró mi sueño
pude estudiar en mundo tan pequeño?"

El eje aquel del globo entre los hielos 25
que su mente en las noches fatigaba,
ya de cierto sabrá cómo se clava
para que ruede firme por los cielos;
y ya se habrán calmado sus desvelos
cuando su vista perseguir sin traba 30
pueda en la inmensidad, y por la cumbre
del sol llegar hasta su misma lumbre...

Ya sabrá si la aurora enrojecida
que a visitar su tumba anoche vino,
de otra desgracia al mundo prevenida 35
es el augurio cierto del destino;
y si es no más la ráfaga lucida
que deja el rayo del mirar divino,
cuando entre sombras, nubes y misterio
traspasa alguna vez nuestro hemisferio. 40

Y sabrá por qué vienen los cometas
al ignorante mundo a dar espanto,
y si en el cielo por celeste encanto

desterrados están de otros planetas,
o si del orbe son grandes profetas 45
que se aparecen entre sangre y llanto
por cima de las míseras ciudades
sólo para anunciar calamidades.

Y sabrá do se forma la corriente
que por las noches en el cielo vago 50
parécenos de fuego extenso lago
o de luceros río transparente;
y de la luz la primitiva fuente,
la del diluvio, de espantoso estrago
y el origen, la historia y la fortuna 55
¡¡de la estrella polar hasta la luna!!

¡Ah! ¡si pudiera el inmortal maestro
discípulos queridos y mimados,
tantos nuevos problemas aclarados
desde su mundo transmitir al nuestro! 60
¡Ah! ¡si la nueva ciencia, el nuevo estro
y los nuevos misterios de los hados,
ocultos al saber de la criatura,
pudiera revelar desde su altura!

Atentos en el valle los oídos 65
a sus doctas palabras, siempre amigas,
como al viento flexibles las espigas,
doblárais vuestras frentes conmovidos;
y él, mostrando los frutos escondidos
que arrancaron del arte sus fatigas, 70
nutriera vuestros jóvenes talentos
de sabrosos y dulces pensamientos.

Yo nunca le escuché; nunca la sombra
de mi ignorancia disipó su ciencia;

CAROLINA CORONADO

¡nunca yo, solitaria en mi existencia 75
hallé a ese sabio que la fama nombra!
Mientras os daba en la campestre alfombra
sus lecciones sonoras de cadencia,
yo, sola por mi valle, no escuchaba
mas que a la pobre alondra que trinaba. 80

Yo nunca le escuché; nunca mi mente
esclareció su antorcha luminosa...
mas recibí la bendición piadosa
que por última vez dio a nuestra frente.
El templo de los hijos del Oriente, 85
donde el cadáver de Colón reposa,
fue el templo en que nos dio su despedida
dejando nuestra frente bendecida.

Luego en la cuna del glorioso Herrera
dicen que reposar quiso el anciano... 90
blando arrullo le presta esa ribera
para adormirlo en el florido llano;
¡no le lloréis, amigos! ¡yo quisiera
tan tranquila dormir! ¡tener cercano
así mi lecho del hermoso río 95
que arrullara también el sueño mío!

Yo quisiera también cerrar mis ojos,
cerrar mis ojos a la tierra oscura,
abrirlos a la luz del cielo pura,
al sol brillante, a los luceros rojos; 100
cerrarlos de la vida a los enojos,
abrirlos de la gloria a la ventura,

---

85 *templo*: la catedral de Sevilla.

¡dormir cuando nos dicen que vivimos,
despertar cuando dicen que morimos!

    Yo no derramo lágrimas piadosas   105
por el que asciende a la feliz morada,
que allí quisiera verme regalada
por su ambiente purísimo de rosas;
las lágrimas que vierto dolorosas
son ¡ay! porque me quedo desterrada   110
a sufrir cual vosotros el castigo
de padecer aquí sin nuestro amigo.

Badajoz, 1849

A LAS POETISAS

INVITACIÓN

¿Queréis formar un coro,
hermosas las del canto peregrino,
más dulce, más sonoro
que el rumor argentino
del agua y de los pájaros el trino?   5

¿No veis cómo las aves
cantan en amigable compañía
a unos acentos graves
los otros de alegría,
uniendo en perfectísima armonía?   10

Nunca entre sí celosas,
porque la voz del ruiseñor descuella,
se alejan rencorosas
de la enramada bella,
dejando triste al ruiseñor en ella.   15

No; que con tiernos píos
la bulliciosa turba Rey le aclama

y en los valles sombríos,
donde a su coro inflama,
sólo el odioso buho le desama... 20

Yo ya tengo escogida
corona de bellísimos laureles
y de rosas ceñida,
que estimo en los vergeles
mejor que a los brillantes oropeles. 25

Riquísimo prendido
que bañará de aromas los cabellos
y en el rostro encendido
hará a los ojos bellos
orgullosos lucir con sus destellos. 30

¡Mil veces venturosa
la compañera que en su tierna frente,
esa fresca y airosa
guirnalda trasparente
entre nosotras alce alegremente! 35

Orne prenda tan bella
a la que eleve más el claro acento:
el ruiseñor aquella
será del coro atento,
y el buho la que envidie su talento. 40

Badajoz, 1845

CAROLINA CORONADO

CANTAD, HERMOSAS

Las que sintáis, por dicha, algún destello
del numen sacro y bello,
que anima la dulcísima poesía,
oíd: no injustamente
su inspiración naciente
sofoquéis en la joven fantasía.

Si en el pasado siglo intimidadas
las hembras desdichadas,
ahogaron entre lágrimas su acento,
no es en el nuestro mengua,
que en alta voz la lengua
revele el inocente pensamiento.

Do entre el escombro de la edad caída,
aun la voz atrevida,
suena, tal vez, de intolerante anciano,
que en áspera querella
rechaza de la bella
el claro ingenio, cual delirio insano.

Mas ¿qué mucho que sienta la mudanza
quien el recuerdo alcanza

de la edad en que al alma femenina
se negaba el acento,
que puede, por el viento,
libre exhalar la humilde golondrina?

   Aquellas mudas turbas de mujeres,   25
que penas y placeres
en silencioso tedio consumían,
ahogando en su existencia
su viva inteligencia,
su ardiente genio, ¡cuánto sufrirían!   30

   ¡Cuál de su pensamiento la corriente,
cortada estrechamente
por el dique de bárbaros errores,
en pantano reunida,
quedara corrompida   35
en vez de fecundar campos de flores!

   ¡Cuánto lozano y rico entendimiento,
postrado sin aliento,
en esos bellos cuerpos juveniles,
feneció, tristemente,   40
miserable y doliente—,
desecado en la flor de los abriles!

   ¡Gloria a los hombres de alma generosa,
que la prisión odiosa
rompen del pensamiento femenino!   45
gloria a la estirpe clara
que nos guía y ampara
por nuevo anchurosísimo camino!

   Lágrimas de entusiasmo agradecidas,
en sus manos queridas,   50

viertan los ojos en ofrenda pura:
pues, sólo con dejarnos,
cantando consolarnos
nos quitan la mitad de la tristura.

¡Oh cuánto es mas dichosa el alma mía, 55
desde que al arpa fía
sus hondos concentrados sentimientos!
¡Oh cuánto alivio alcanzo,
desde que al aire lanzo,
con expansión cumplida, mis acentos! 60

Yo de niña en mi espíritu sentía
vaga melancolía
de secreta ansiedad, que me agitaba;
mas, al romper mi canto,
cien veces, con espanto, 65
en la mente infantil lo sofocaba.

Que entonces, en mi tierra, parecía
la sencilla poesía
maléfica serpiente cuyo aliento
dicen, que marchitaba 70
a la joven que osaba
su influjo percibir sólo un momento.

¿Cómo a la musa ingenua y apacible,
bajo el disfraz terrible,
con que falsa nos muestra antigua gente 75
su cándida hermosura,
pudiera sin pavura
conocer y adorar antes la mente?

¡Qué rara maravilla y que alegría
sintió mi fantasía 80

cuando mudada vio la sierpe fiera
en niña mansa y pura,
tan llena de ternura,
que no hay otra más dulce compañera!

  ¡Cuál mi embeleso fue, cuando a su lado   85
mi espíritu mimado
y en su inocente halago suspendido,
suavísimas las horas
tras de voces sonoras,
pasó vagando en venturoso olvido!   90

  Decid a los que el odio en ella ensañan,
que viles os engañan
esa deidad al calumniar osados;
decidles, que no es ella
la que infunde a la bella   95
afectos en el alma depravados.

  Si brota en malos troncos injertada
será porque arrancada
del primitivo suelo con violencia
de la rama en que vive,   100
a su pesar recibe
el venenoso jugo su existencia.

  Empero, no esa flor alba y hermosa
aroma perniciosa
de la doncella ofrece a los sentidos;   105
a los que tal dijeron,
decidles que mintieron
como necios y torpes y atrevidos.

  Y aquellas que sintáis algún destello
del numen sacro y bello,   110

que anima la dulcísima poesía,
llegad tranquilamente,
y en su altar inocente
rendid vuestro homenaje de armonía.

    Hallen los pensamientos oprimidos,   115
que ulceran los sentidos,
giro en la voz y en nuestras almas, ecos,
si con silencio tanto
de ese mudo quebranto
los corazones ya no tenéis secos.   120

    Cántenos su infortunio cada bella,
que si la pena de ella
penetra con su ciencia, acaso, el mundo,
mejor que los doctores
explica sus dolores   125
con agudo gemir, el moribundo.

    Dichas, amores, penas, alegrías,
lloros, melancolías,
trovad, al son de plácidos laúdes,
mas ¡ay de la cantora   130
que a esa región sonora
suba sin inocencia y sin virtudes!

    Pues, en vez de quedar su vida impura
bajo de losa oscura
en silencioso olvido sepultada,   135
con su genio y su gloria,
de su perversa historia
eterno hará el baldón, la desdichada.

    Cante la que mostrar la erguida frente
pueda serenamente   140

sin mancilla a la luz clara del cielo;
cante la que a este mundo
de maldades fecundo
venga con su bondad a dar consuelo.

    Cante la que en su pecho fortaleza 145
para alzar con pureza
su espíritu al excelso templo, halle:
pero, la indigna dama
huya la eterna fama,
devore su ambición, se oculte y calle. 150

Badajoz, 1845

CAROLINA CORONADO

A LA SEÑORITA DE ARMIÑO

¿También, nueva cantora,
el arpa juvenil cubres de luto?
¿Tú desconsoladora
a la musa, que llora,
rindes también tributo   5
de secas flores y de amargo fruto?

¡Suave luz del oriente!
¿Por qué entre nubes escondida tanto
muestras la faz riente?
¡Angel mío inocente!   10
¿Por qué entre amargo llanto
ensayas siempre tu sonoro canto?

¡Gemidos solamente!
¿Acrecentar la pena y el desvelo
de la turba doliente?...   15
No ha menester la gente
más triste en su duelo—
sóbrale el lloro; fáltale el consuelo.—

---

1 *nueva cantora*: Robustiana Armiño (Gijón, 1821-Madrid, 1890) publica su primer libro *Poesías*, en 1851, con prólogo de C.C.

Sin fe, desesperado,
al pie de sus altares derruidos, 20
ya de luchar cansado
al pueblo infortunado
lleva en tiernos sonidos
aliento y esperanza, no gemidos.—

Tal queda en el sendero 25
el labrador postrado de fatiga—
mas oye pasajero
el canto placentero
de la calandria amiga,
y el placer el cansancio le mitiga.— 30

¡Viuda de los amores!
Cambia en tu sien las tocas enlutadas
por guirnaldas de flores:
que a templar los dolores
de las más desdichadas 35
están las almas puras consagradas.—

En el monte bravío
nace la flor; en la salvaje sierra
brota el sereno río—
sobre el campo sombrío, 40
que ensangrentó la guerra,
alcemos nuestro canto en nuestra tierra.—

Mas siempre, compañera,
unidas nuestras voces alzaremos,
y la hoja primera 45
de palma lisonjera
que entrambas alcancemos,
como hermanas las dos la partiremos.—

Badajoz, 1845

CAROLINA CORONADO

LA FLOR DEL AGUA

¿Por qué tiembla? —No lo sabe.
¿Qué aguarda en el lago? —Nada.—
De las aguas enlazada
a los hilos su raíz,
el movimiento suave
de la linfa va siguiendo,
la cabeza sumergiendo
del agua, al menor desliz.

Así la halló la alborada,
así la encuentra el lucero,
siempre el esfuerzo postrero
haciendo para bogar;
y en las olas la encallada,
vaga y frágil navecilla
sin poder la florecilla
impeler ni abandonar.

Movimiento que no cesa,
ansiedad que se dilata,
ni el agua que sus pies ata
sostiene a la débil flor,

ni deja, en sus olas presa,
que vaya libre flotando,
quiere que viva luchando
siempre en continuo temblor.

¡Ya se inunda!... ¡Ya se eleva!...
¡Ya la corriente la traga!...
¡Ya navega... ya naufraga!
¡Ya se salva... ya venció!
¡Ya el agua otra vez la lleva
en sus urnas sepultada!...
¡Ya de nuevo sobre-nada
en el agua que la hundió!...

Flor del agua, ¡cuántas flores
viven en paz en la tierra!
Sola tú vives en guerra
en tu acuático jardín:
te da la lluvia temores,
el manso pez te estremece
y tu belleza parece
sin gozar descanso, al fin.

Tú, poetisa, flor del lago,
por amante, por cantora,
has venido en mala hora
con tu lira y tu pasión;
que en el siglo extraño y vago
a quien vida y arpa debes
donde quiera que le lleves
fluctuará tu corazón.

Que las cantoras primeras
que a nuestra España venimos

por sólo cantar sufrimos,
penamos por sólo amar;
porque en la mente quimeras
de un bello siglo traemos
y cuando este siglo vemos
no sabemos do bogar.

Las primeras mariposas
que a la estación se adelantan
y su capullo quebrantan
sin aguardar al abril,
nunca saben temblorosas
adonde fijar las alas,
siempre temen que sus galas
destroce el aire sutil.

Las ráfagas las combaten,
las extrañan los insectos
y de giros imperfectos
si cansado el vuelo ya,
sobre las plantas lo abaten
buscando el capullo amigo
hallan que néctar ni abrigo
la flor en botón les da.

Las orugas que encerradas
aun están en sus clausuras
mañana al campo seguras
podrán sus alas tender;
mas, aquellas desdichadas
que antes cruzan la pradera
¡morirán, la primavera
risueña, sin conocer!...

¿Cuál es tu barca? —Una lira.
—¿Qué traes en ella? —Sonidos.
—¿Vuélvete, que no hay oídos
para tus sones aquí;
vuélvete, joven, y mira   85
si en tu barca, más sonoro,
puedes trasportarnos oro
u otro cargamento así.

¿Quién te llama? ¿A qué nos vienes
con peregrinas canciones?   90
El trueno de los cañones
del siglo el concierto es,
y en vano sus anchas sienes
pretenden ceñir de flores,
¡ay! sus pies destrozadores   95
hollarán cuantas le des.

¿Vienes de nuevo, alma mía,
qué traes en la barca? —Amores—
Torna a otras tierras mejores,
torna el camino a emprender;   100
si es oro nuestra poesía
nuestros amores son... nada.
Ve si la nave cargada
de cetros puedes traer,

Que, si no de amor, tenemos   105
tan elevadas pasiones
que sentimos ambiciones
de un cetro cada garzón;
y cada garzón podemos
con nuestros genios profundos   110

media docena de mundos
fundir en una nación.—

¿Otra vez? ¿Qué traes ahora?...
Siempre en el mismo camino
sobre el cauce cristalino   115
en su barquilla la flor:
así la dejó la aurora,
así la encuentra el lucero
siempre en el afán primero,
siempre en el mismo temblor.   120

Tú, poetisa, flor del lago,
por amante, por cantora
has venido en mala hora
con tu amor y tu cantar:
que en el siglo extraño y vago,   125
a quien vida y arpa debes,
donde quiera que la lleves
puede el alma naufragar.

Mas, escucha no estás sola,
flor del agua, en el riachuelo;   130
contigo en igual desvelo
hay florecillas también:
que reluchan contra el ola,
que vacilan, que se anegan,
que nunca libres navegan   135
ni en salvo su barca ven;

Pero, enlazan sus raíces
a la planta compañera
y viven en la ribera
sosteniéndose entre sí: 140

POESÍAS

y cual ella más felices
desde hoy serán nuestras vidas
si con las almas unidas,
vivimos, las dos así. (*)

Ermita de Bótoa, 1845

(*) Este poema apareció en *El Genio* (2 de febrero de 1845, pp. 193-95) con el título, "La flor del agua, a la sta. Da. Robustiana Armiño". C.C. eliminó las alusiones específicas a Armiño en la ed. de 1852 (v. Kirkpatrick, p. 331 n. 11).

CAROLINA CORONADO

A LIDIA

Error, mísero error, Lidia, si dicen
los hombres que son justos nos mintieron,
no hay leyes que sus yugos autoricen.

¿Es justa esclavitud la que nos dieron,
justo el olvido ingrato en que nos tienen? 5
¡Cuánto nuestros espíritus sufrieron!

Mal sus hechos tiránicos se avienen
con las altas virtudes, que atrevidos,
en tribunas y púlpitos sostienen.

Pregonan libertad y sometidos 10
nuestros pobres espíritus por ellos,
no son dueños de alzar ni sus gemidos.

Pregonan igualdad; y esos tan bellos
amores que les da nuestra pureza
nos pagan con sus pálidos destellos; 15

Pregonan caridad; y esta tristeza
en que ven nuestras almas abismadas
no mueven su piedad ni su terneza.

¡Ay Lidia! en la niñez siempre olvidadas,
en juventud por la beldad queridas
somos en la vejez muy desgraciadas.

Paréceme que miran nuestras vidas
como a plantas de inútiles follajes
que valen sólo cuando están floridas.

"No han menester jardín, crezcan salvajes,
rindan como tributo su hermosura."
¿Qué más osan decir?... ¡Cuántos ultrajes!

¡Cuántos ultrajes! Lidia a la criatura
que tiene un alma pura enamorada
y un corazón tan lleno de ternura.

¿Verdad que el alma noble está enojada
de que tantas bondades como encierra
porque nazca mujer sea desdeñada?

¿Verdad que estamos, Lidia, aquí en la tierra,
murmurando las hembras sordamente
contra la injusta ley que nos destierra?

No bulle la ambición en nuestra mente
de gobernar los pueblos revoltosos,
que es tan grande saber para otra gente.

Ni sentimos arranques belicosos
de disputar el lauro a los varones
en sus hechos, de guerra, victoriosos.

Lejos de la tribuna y los cañones
y de la adusta ciencia, nuestras vidas,

gloria podemos ser de las naciones. 45

Pero no en la ignorancia, no oprimidas,
no por hermosas siempre contempladas
sino por buenas ¡ah! siempre queridas.

¡Oh madres de otra edad afortunadas
cuán dichosos haréis a vuestros hijos 50
si en escuela mejor sois enseñadas!

No sufrirán por males tan prolijos
como aquellos que ya desde la cuna
tienen en el error los ojos fijos...

Mas, Lidia, cuando el mundo por fortuna 55
tras de su largo llanto y dura guerra,
esa feliz prosperidad reúna
ya estaremos tú y yo bajo la tierra.

Badajoz, 1845

YO NO PUEDO SEGUIRTE CON MI VUELO

Tú, huéspeda de villa populosa,
yo de valle pacífico vecina,
tú por allá viajera golondrina,
yo por aquí tortuga perezosa:
tú del jardín acacia deliciosa,   5
yo del arroyo zarza campesina,
¿qué indefinible, rara inteligencia
enlaza seres de tan varia esencia?

El entusiasmo que hacia ti me impele,
la dulce fe que hacia mi amor te guía,   10
disponen que en amiga compañía,
mi canto unido a tus acentos vuele;
mas yo no sé, paloma, si recele
que, al fin, he de quedar sola en la vía,
pues tal vas ascendiendo por el cielo,   15
que no puedo seguirte con mi vuelo.

Tú desde el centro de la regia villa
domeñas con la voz los corazones,

1-2 *Tú, huéspeda... Yo de valle...*: posible alusión a la poeta Gertrudis Gómez de Avellaneda, con quien se compara C.C. aquí.

yo sólo alcanzo a modular canciones
en honor de la simple florecilla;
ve si el ala podrá, corta y sencilla,
de la alondra, ganar esas regiones
que traspasas, de sola una carrera,
dejando un cielo atrás la compañera.

Si mi ardoroso empeño a ti me envía,
de ti me aparta el genio que te eleva
y sola a conquistar la prez te lleva
que no osara tocar mi fantasía:
pero no temas, no, que el alma mía
de su destino a murmurar se atreva,
pues que suyo será el bello destino
de alfombrarte de flores el camino.

Mas, al fijar la perspicaz mirada
en esa sociedad, cuya existencia
ha menester de intérprete a la ciencia
para ser comprendida y revelada;
afligida sintiendo y fatigada,
acaso tu sencilla inteligencia,
rechazarás el mundo con enojos
y hacia mi valle tornarás los ojos.

¿Y qué hallarás?... La garza en la ribera
del fresno cuelga su morada umbría
y allí anhelante a sus polluelos cría
al par de la amorosa compañera.
Guardan los canes la familia entera
que a su lealtad valiente se confía,
y fiel a su república la abeja
hijos y fruto a la colmena deja.

¿Todas las madres son tan cariñosas
entre esa gente de la raza humana? 50
¿Custodias tiene la nación hispana
de sus honras y haciendas tan celosas?
¿Las vidas de los hombres generosas
conságranse a la patria soberana?
¿O entre brutos a súbditos y reyes 55
su instinto vale más que nuestras leyes?

Donde el arte no está, donde alterada
no hallamos la creación en sus hechuras,
no ha menester que tengan las criaturas
muy alta comprensión ciencia elevada; 60
para cantar del campo embelesada
las risueñas perfectas hermosuras,
basta de mi garganta el leve acento,
y sobra tu magnífico talento.

¿Qué bien hiciera aquí?... ¿dar a estos seres 65
de paz y dicha y libertad lecciones?
¿Inspirar a las tórtolas pasiones
o a las hormigas enseñar deberes?...
Ve con tan noble empresa a las mujeres
que muestran los llagados corazones, 70
y de ese ardiente celo el bello fruto
dale a la humanidad, por buen tributo.

Deja que mis estériles canciones
mueran sobre este arroyo cristalino,
y sigue tú, paloma, ese camino 75
el vuelo remontando a otras regiones;
deja entre los agrestes pabellones
de la alondra perderse el vago trino:

y allá del grande pueblo en el altura,
difundan tus arrullos su dulzura. 80

Déjame a mí la gloria campesina,
brille en la sociedad tu bella ciencia
que allí a gloria mayor la providencia
tu corazón y tu saber destinas:
¡palpitante lección, viva doctrina 85
a la ignorancia y femenil demencia!
Serás, entre su especie degradada,
tipo de la mujer regenerada.

Ermita de Bótoa, 1846

A ELISA

En buen hora llegaste, compañera,
la desdeñosa irónica sonrisa
que tan amarga para el alma era
cesa ya de afligir a la poetisa;
rompimos el concierto muy aprisa   5
sin aguardar compás en nuestra era
y las damas cerraron los oídos
y el sexo fuerte prorrumpió en silbidos.

"¡Extraño caso! ¡una mujer que canta!
Tan sólo oímos la mujer que llora."   10
Eso gritaron los que aplauden ora
con tanto bravo y con palmada tanta:
¡fuerza de la opinión como quebranta
la ley de muchos siglos triunfadora
y lo que ayer fue arroyo es hoy torrente   15
marchando de los tiempos la corriente!

No conquistó Pizarro el pueblo de oro
con más fatiga, con mayor quebranto
que de elevar al aire el pobre canto

la libertad nuestro sencillo coro; 20
sonó la voz pero sonó entre lloro,
porque al fin de las hembras es el llanto,
y cantar sin gemir, cantar placeres
es propio de varón, no de mujeres.

Porque lo sabes ¡ay! nuestra es la pena; 25
el mayor infortunio en las naciones
herencia de mujer, no de varones,
no podrán usurparnos la cadena;
ven conmigo a gemir en hora buena
y a defender, amiga, estos blasones 30
de tristeza y sentir y mala suerte
que no nos puede hurtar el sexo fuerte.

¿Cómo formar jamás esa armonía
de gracioso contraste, compañera,
si la mujer humilde no gimiera 35
mientras el hombre soberano ría?
Canta la vida triste, amiga mía,
que ellos deben cantar la placentera,
y pues que suyos son placer y risa
que le dejen el llanto a la poetisa. 40

No ha de mudar la ley volcar el trono
de las dolientes hembras el gemido,
ni el gobierno en los hombres repartido
ha de ceder el mundo en nuestro abono;
¡ni le plegue el Señor! en abandono 45
quede primero el sexo y confundido
que en la palestra pública lanzado
intrigante, ambicioso, arrebatado.

Para oprimir al pueblo el hombre basta;
no los yerros del mundo acrecentemos, 50
no en la tribuna ni en la lid busquemos
renombre duro a nuestra blanda casta;
de la bandera nacional el asta
en los brazos endebles que tenemos
presto al suelo con nos diera y consigo 55
dejando el reino libre al enemigo.

   ¡Oh no! jamás. —En la modesta casa
por toda gloria nuestro canto alcemos
y del soberbio dueño conquistemos
el privilegio de llorar sin tasa; 60
que siempre habrá de ser la vena escasa
por mucho, compañera, que lloremos
para gemir del hombre el cruel dominio
sus ímpetus de sangre y de exterminio.

   ¡Ojalá cuando en guerra desastrada 65
se despedazan cual salvajes hienas,
pudieran estas lágrimas serenas
su mejilla bañar seca y tostada!
¡Ojalá cuando, en ley desesperada,
lanzan al reo bárbaras condenas 70
sobre el peligro al tender rasgo inhumano,
regarán estas lágrimas su mano.

   Cuando nos oigan, cuando el loco orgullo
ceda del hombre en nuestro siglo ciego,
no estéril ha de ser el dulce riego 75
que hoy brota en melancólico murmullo;
nueva generación, ora en capullo,
crecerá, se alzará, brillará al fuego

del maternal amor; sol refulgente
que aun anublado está en la edad presente.(*) 80

Badajoz, 1846

(*) *Elisa* es uno de los nombres de Dido, reina de Cartago, que se mató después de abandonarla Eneas, según la versión de Virgilio. Este poema se publicó primero en *El Pensil del Bello Sexo* en 1846 bajo el título, "A la señorita doña Encarnación Calero de los Ríos" (Kirkpatrick 331 n. 10), en una especie de intercambio amistoso, respondiendo al poema de Calero de los Ríos, "A la señorita doña Carolina Coronado". Parece que la poesía de C.C. sirvió de gran inspiración a la otra escritora.

POESÍAS

UN AÑO MÁS

¡Un año más!... un año, Ángela mía,
y aun no ha mudado mi horizonte triste,
y de tan ancha tierra como existe
no he descubierto un palmo todavía;
¡un año más!... un año día tras día   5
lentos conté, y enero se reviste
de nuevo sol para ostentar mañana
su cabellera por los hielos cana.

Hija de Italia; tú que los jardines
de la reina del mundo has contemplado,   10
tú, que en su bello mar te has retratado
al buscar sus sirenas y delfines;
tú, que de España ahora en los confines
ves a ese mar, que yo nunca he mirado,
removiendo en su azul mil pabellones,   15
no puedes comprender mis ambiciones.

---

1 *Ángela*: probablemente se refiere a Ángela Grassi, natural de Italia (1826/28-83), poeta y amiga de C.C., autora de *El bálsamo de las penas, La gota de agua*, etc. y directora de *El Correo de la Moda*.

CAROLINA CORONADO

A veces de ese mar las conchas beso,
y si veo por dicha algún marino
la relación de su feliz camino
le escucho con tiernísimo embeleso, 20
y cuando cesa, doloroso peso
siento en el alma, al comparar mezquino
con tan soberbios gigantescos mares
el arroyo en que gimo mis cantares.

Los barcos de los pobres pescadores 25
son los buques que cruzan sus riberas,
los lienzos de las pobres lavanderas
los ricos estandartes brilladores;
y tan solo a estos puertos salvadores
vienen, en vez de flotas extranjeras, 30
blancos gansos, luchando con la ola
y alguna gallareta errante y sola.

¿Has visto al topo que en la tierra hundido
preso en el hoyo se remueve a oscuras
y con la frente en las paredes duras 35
da cuando intenta ver el sol lucido?
Entre este viejo murallón roído,
yo soy el topo, que las luces puras
que en los alegres campos se reflejan
nunca estos muros contemplar me dejan. 40

Contra este muro donde puso escalas
el francés ambicioso y el britano
como sus vivas y rugientes balas
mi ardiente corazón se estrella en vano;

---

42 *el francés ambicioso y el britano*: Badajoz fue cruelmente tratado durante la guerra de la Independencia (1808-14).

en vano tiendo ¡ay! hacia ti mis alas 45
desde este torreón, que el africano
dejó, tal vez, en nombre de Mahoma
para nidos del buho y la paloma.

Aquí muere la flor de la poesía
antes que esponje el aura su capullo, 50
aquí se anega el sol del noble orgullo
antes que logre esclarecer al día,
aquí de la creadora fantasía
el manantial se agota sin murmullo,
aquí sólo el amor gigante crece 55
y ni se agota, apaga ni envejece,

Aquí frente por frente a las pasiones
en imponente lid nos encontramos,
y aquí, como Petrarca, eternizamos
del cariño ideal las ilusiones; 60
aquí en la soledad los corazones
en nuestro amor tan solo concentramos
y aquí de la poetisa el vital giro
se puede reasumir en un suspiro.

¡Un año más! ¡Un año, Ángela mía, 65
y el doloroso incendio no se apaga,
y esta ansiedad devoradora y vaga
no se extingue en mi pecho todavía!...
Ángela, pues, tu voz sonora y pía
a tus hermanos ángeles halaga, 70
¡ruégales porque el sol del nuevo enero
ilumine la paz que ansiosa espero!

---

46 *torreón*: la torre de Espantaperros, en Badajoz, de estilo musulmán.

Yo tengo fe en el porvenir oscuro,
yo de engañarme en los recelos trato,
yo a la esperanza el corazón dilato 75
y bello siempre el porvenir auguro;
yo ser feliz en la ilusión procuro
contra el torrente del destino ingrato
y al ver del nuevo año, sol que brillas,
cruzo mis manos, doblo mis rodillas. 80

¡Oh nuevo sol, tus rayos bienhechores
no a mí sola su ardor fecundo extiendan
que a las criaturas todas hoy comprendan
sus vivíficos sacros resplandores!
¡Que alivien la miseria y los dolores 85
de la España infeliz, que al pobre atiendan
y no pase con nuevos desengaños
un año más, unido a tantos años!

Badajoz, 1846

POESÍAS

A ÁNGELA

Ángela, melancólica mi alma
hacia tus brazos encamina el vuelo
ansiosa de encontrar en ellos calma.

Que, siempre son los ángeles del cielo
esos que nos arrullan blandamente   5
y nos prestan reposo y dan consuelo.

Tú tienes una voz que el ruido miente
de las sencillas tórtolas, y el eco
del murmurar tranquilo de la fuente,

Y aunque en el pecho de inocencia seco   10
no halle lugar tan cándido sonido
halla en el mío dilatado hueco.

Si, yo mi juventud no he consumido,
conservo la ilusión y el sentimiento
y aun puedo al tierno amor prestar oído: 15

---

1 *Ángela*: v. el poema anterior.

Ora célebre amor tu tierno acento,
ora te duelas dél, siempre te escucha
mi enternecido corazón atento.

Y si en el siglo de ambición y lucha
consuelo mutuamente no nos damos
de nuestras almas a la pena mucha,

Ángela, ¿con el llanto a dónde vamos?
¿Hacia dónde el amor sencillo y bello
de nuestra musa juvenil llevamos?

De rosas y jazmines el cabello
te puedo coronar, sino ambiciosa
por ceñir el laurel doblas el cuello:

Yo quiero consagrar mi edad penosa
a celebrar las cándidas doncellas
que sólo en su amistad mi alma reposa;

Entusiasmo y virtud encuentro en ellas
y en sus arpas dulcísimas y santas
el consuelo y la paz de mis querellas.

Por eso vuelo a ti, que tierna cantas
a Dios y a los amores de mi vida
raudal perpetuo de emociones tantas.

Por eso ya sintiéndome abatida
el alma hacia tus brazos encamino
porque en ellos la dés bella acogida.

Más precio yo tu arrullo peregrino
que de las trompas bélicas los sones
donde horribles batallas imagino;

Más precio yo, doncella, tus canciones
que los oscuros libros de la historia
donde jamás hallé sino borrones;   45

Más precio de amistad la suave gloria,
más de mis compañeros la sonrisa
que del mayor guerrero la victoria.

De dos en dos, las tórtolas, poetisa,
cantan sobre los rudos encinares   50
mecidas en sus ramas por la brisa:

Así das tú compaña a mis pesares
aliento a un pecho lánguido infundiendo
con el celeste ardor de tus cantares...

Ya no sufro; mis párpados cayendo   55
a tu benigno influjo, dulce amiga,
poco a poco y mi espíritu adurmiendo
en tus brazos se van... ¡Dios te bendiga!

Ermita de Bótoa, 1846

¿A DÓNDE ESTÁIS, CONSUELOS DE MI ALMA?

¿A dónde estáis, consuelos de mi alma,
cantoras de esta edad, hermanas mías,
que os escucho sonar y nunca os veo,
que os llamo y no atendéis mi voz amiga?
¿A dónde estáis, risueñas y lozanas
juveniles imágenes queridas?...
Yo quiero veros, mi tristeza acrece
la soledad mi padecer irrita;
a darme aliento a mitigar mi pena
venid, cantoras, con las sacras liras.
He visto alguna vez que al cuerpo herido
flores que sanan con su jugo aplican,
de mi espíritu triste a la dolencia
yo le aplicara la amistad que alivia.
Flores, que la salud de pobre enferma
pudiérais reanimar con vuestra vista,
¿por qué estáis de la tierra en el espacio,
colocadas tan lejos de mi vida?...
Ese es, cantoras, de infortunio el colmo,
esa en el mundo la mayor desdicha;
sufrir el mal, adivinar remedio
y no lograrlo cuando el bien nos brinda. —

No he de lograrlo sola y olvidada,
como el espino en la ribera umbría,
de mi cariño las lozanas flores
lejos de la amistad caerán marchitas.
Nunca os veré; mi estrella indiferente
no marca en mi vivir grandes desdichas,
pero tampoco ¡ay Dios! grandes placeres,
tampoco venturosas alegrías.
¿Qué valen las desgracias si a sus horas
de tormentoso afán sigue la dicha?
Es menos bella la existencia, hermanas,
pálida, melancólica, indecisa;
que no tenga un azar de los que rinden
ni una felicidad de las que animan.

¡A Dios, auras de abril, rosas de mayo,
cantoras bellas de la patria mía!
Yo no puedo estrecharos en mis brazos,
yo no puedo besar vuestras mejillas;
pero al ardiente sol mando un suspiro
y a la luna, al lucero y a la brisa
para que allá, donde en la tierra os hallen,
lo lleven en sus alas fugitivas.
¿Qué dais, hermanas, de mi amor en pago?
Dadme canciones tiernas y sencillas
reflejo puro de las almas vuestras,
consuelo activo de las ansias mías;
y así podré exclamar "¡nunca las veo,
sin verlas moriré, mas logro oírlas!"

Ermita de Bótoa, 1846

FANTASÍAS

LA ENCINA DE BÓTOA

En la raya que divide
el Portugal de la España,
al lado de un regatillo
a unas encinas pegada,
como a un cardo un caracol   5
tiene D. Diego una casa
a donde a veces le lleva
más que su amor a la caza
el deseo de tener
a su mujer más aislada.   10
   Porque en el pueblo no vive,
ronda, mira, cela, indaga
y le enojan y le inquietan
hasta las sombras que pasan
al través de las espesas   15
celosías de sus ventanas.
   En el campo más tranquilo,
respira, duerme, descansa,
mas, no con tal abandono

y tan ciega confianza 20
que deje de examinar
si algún caminante pasa,
si para algún cazador
bajo la encina cercana,
si viene alguno a pescar 25
a la ribera inmediata.
   Y hace días que redobla
D. Diego su vigilancia,
pues anda la portuguesa
intranquila y abismada 30
en ocultos pensamientos
que sus cuidados alarman.
   Ya la ha hallado por dos veces,
al tornarse de la caza,
discurriendo entre las sombras 35
de unas encinas lejanas
que van formando una gruta
con sus copas enlazadas,
y ha observado por dos veces
que al acercarse a llamarla 40
temerosa entre los árboles
el cuerpo le recataba,
por lo cual ha decidido,
lleno de celosa rabia,
oculto hacia aquellos sitios, 45
aquella tarde, acecharla.

   Es D. Diego Mercader
un hidalgo catalán,
que si no lo testarudo
y celoso por demás, 50
de los esposos, hoy día,
fuera modelo cabal.

Otro defecto le añaden
los que no le quieren mal,
el de ser irreligioso
pues afirman, además,
que a su consorte reprende
por su continuo rezar;
a tal extremo llevando
su impía temeridad
que derriba las imágenes
que en un figurado altar
la devota portuguesa
tiene con grande piedad...
mas estos son tan ligeros
lunares que por hablar
la gente los escudriña
entremetida y mordaz.

Es lo cierto que a su esposa
Doña María de Albar
ama, considera y mima:
aunque también es verdad
que debe a Doña María
fortuna y felicidad.

Porque perdió Mercader
su riqueza en el azar
del juego, y recordando
que tenía en Portugal
cercanos parientes ricos
y una primita además
de famosísimo dote
y acreditada beldad.
Marchóse al pueblo extranjero,
vio a la prima, se hizo amar,
casóse, murió su tío
con que le vino a heredar.

Ya la noche por Oriente
va llegando acelerada,
cruza el monte diligente
algún pastor impaciente 90
tras la res descaminada.

No hay en los aires un ave
de las que alegran el día
con su tierna melodía;
los bueyes el paso grave 95
mueven en pos de su guía;

Cuando al valle se encamina
de sable armado D. Diego
y el valle todo examina
y toma, de celos ciego, 100
por su esposa a cada encina.

Párase de trecho en trecho
tras cada bulto perdido
y al ver su engaño deshecho
el corazón en el pecho 105
se le salta enfurecido.

Detiénese fatigado
y recogiendo el aliento,
otra vez escucha atento
porque sin duda a su lado 110
ha resonado un acento...

"¡Señora —la voz decía,
entre ronca y temblorosa—
"señora, señora mía,
"oye mis ruegos piadosa 115
"oye mis ruegos, María!..."

¡Aquí! gritó Mercader,
desnudando la ancha espada
que hace a sus plantas caer
la figura recatada
que llamaba a su mujer.

Luego en la noche sombría
quedó el valle sepultado
y sólo se distinguía
un bulto en tierra postrado
y otro bulto que se huía
por el monte apresurado.

Y las puertas de la Granja
se abren al golpe tremendo,
que sobre ellas impaciente
descarga el furioso dueño.
Por delante de su esposa
pasa sin verla D. Diego
y asiendo una lamparilla,
se retira a su aposento.
Cierra la puerta y después
saca un misterioso objeto,
prenda del muerto, y sin duda,
la que contiene el secreto
de su culpable mujer
que en amorosos conceptos
mil billetes habrá escrito...
Pasmado quedó D. Diego
al ver en vez de cartera
una bolsilla de cuero
con dos groseras correas
atada por un extremo.
Ábrela, saca un papel

y... haciendo un terrible gesto,
pálido como la cera, 150
el catalán en el suelo
gritó arrojando la espada
¡voto al diablo, es mi vaquero!

   Ya han pasado muchos días
sin que vuelva a suceder 155
que trate el buen catalán
de acechar a su mujer
oculto entre las encinas.
   ¿Si habrá curado, tal vez,
sus celos aquella muerte 160
del pastor? —Yo no lo sé—
Tétrico, meditabundo
de su granja en el dintel
pasa las horas enteras
en tanto que su mujer 165
también silenciosa y triste,
con afanoso interés,
discurre sobre el origen
de aquel extraño desdén.
   Por fin se acercó a su esposo, 170
venciendo la timidez,
y se atrevió a preguntarle
¿por qué no sales? —Saldré,
respondió él a esta pregunta
que como un rayo a caer 175
fue en el alma del celoso
para inflamarla otra vez.
Voy a caza, dijo luego,
y hoy muy tarde volveré.

   Son ya las últimas horas 180
de una tarde sosegada

CAROLINA CORONADO

en que no aguarda la luna
para salir de su estancia
a que el Señor de los astros
por occidente se vaya;   185
sino, que robando al sol
el resplandor de su llama,
sale a mostrar en el día
por el cielo su luz vaga
y no deja distinguir,   190
la vista absorta en entrambas,
la clara noche que empieza
de la tarde que se acaba.

   Callada como la luna
tan bella y más recatada   195
una mujer aguardando
en el valle está con ansia
a que se aleje una sombra
que allá por el monte avanza,
y cuando ya nada ve   200
echa a andar apresurada
hacia un sitio en donde están
cuatro encinas agrupadas.

   Son una llama los celos
que ni se apaga ni entibia   205
hasta que no ha reducido
el corazón a cenizas.
Y, dicen, que hace su llama
cuando sutil se desliza
por las venas, como el sol   210
por las aguas cristalinas,
hervir la sangre abrasada
en las sienes comprimidas
y ver extraños fantasmas

    que la razón debilitan.
Por eso lleva D. Diego
las negras cejas fruncidas,
los ojos desencajados
y la faz descolorida;
    Por eso aferran sus dedos
aquella espada que brilla
como el agua de un arroyo
al través de las encinas.
    Por eso en aquel pastor
que del valle se retira
ve a lo lejos al incógnito
galán de Doña María;
    Porque son llama los celos
que ni se apaga ni entibia,
hasta que no ha reducido
el corazón a cenizas.
    Dio el hidalgo una estocada,
dio un grito Doña María
y con la vista clavada
en una encina elevada
cayó de rodillas, fría.

    Alzó la suya medrosa
siguiendo la de su esposa
D. Diego hacia aquella encina
que una ráfaga dudosa
del crepúsculo ilumina;

    Y vio la santa figura
de una Virgen de madera
que la blanca vestidura,
a medias, por la hendidura,
del tronco mostraba fuera;

Y vio el misterioso altar
que su esposa ha hecho adornar
de las más hermosas flores,
a donde vienen a orar   250
por la tarde los pastores.

Y allí cayó de rodillas.—
La luna que alumbra en tanto
sus facciones amarillas
dejó ver en sus mejillas   255
dos tristes gotas de llanto.

La encina desde aquel día
muestra en su copa sombría
cada bellota sagrada
con la imagen de María   260
en su corteza grabada. (*)

Ermita de Bótoa, 1845

(*) Aquí, C.C. recrea una vieja tradición religiosa para explicar los orígenes de la ermita de Bótoa, situada en las afueras de Badajoz, paisaje de la infancia y juventud de la poeta.

CANTOS DE UNA DONCELLA

I

Bella soy, bella soy; mi rostro encanta;
mejor que en el cristal en los semblantes
la copia miró de belleza tanta
reflejada en los ojos anhelantes:
paloma, flor, estrella, ángel y *santa*   5
me apellidan los hombres delirantes,
y de santa en el título obstinados
quisieron adorarme arrodillados.

En blondos rizos la melena mía,
en frescas rosas mi redonda cara,   10
en luz brillante, cual la luz del día,
de mis pupilas la negrura clara,
al contemplarme el bardo se extasía,
y si en mi boca por azar repara
perlas, corales, ambrosía, flores,   15
agota al ponderarme sus amores.

Yo me sonrío y me enamoran ellos:
ceñuda miro y con respeto callan,

ni el extremo a tocar de mis cabellos
osan los que a las fieras avasallan:
los que de gran valor raros destellos
a la frente de ejércitos batallan,
a mi indignado gesto sometidos
bajan sus locos ojos confundidos.

Gran majestad, yo levanté mi trono
y de vasallos ciento al pueblo mío
con regia faz, con soberano tono
le señalé por leyes mi albedrío;
yo ya sé pronunciar un "os perdono",
yo ya sé castigar con mi desvío,
porque es mi dignidad un Dios que ciega
al que a mirarle irreverente llega.

Risueña visto primorosa gala,
de flores ciño juvenil corona,
la suave esencia que mi cuerpo exhala
anuncia por los aires mi persona;
¿quién de mis triunfos el poder iguala?
Amor los corazones eslabona
que han de sufrir de mi rigor la pena
y se extiende a lo lejos su cadena.

Vienen al tribunal los tristes reos
y al revolver de mis severos ojos
yo les hago abjurar sus devaneos
cuando aplacar intentan mis enojos;
"callen —les digo— penas y deseos
"y a ese que canta que a mis labios rojos
"no les llame coral, porque es mentira,
"pues al juzgarle ve que tiemblan de ira.

"Que mis dientes jamás en *perlas* funda
"ni por *espigas* tome mi cabello, 50
"ni, por hacerme *garza,* moribunda
"me deje al retorcer mi recto cuello;
"que mi sencillo nombre no confunda
"con el de *maga,* porque no es más bello,
"y porque, al fin, si nombre no es judío 55
"no es nombre tan cristiano como el mío."

Callo, y se aleja la ofendida gente
lanzando rencorosa una mirada
al tiempo que en saludo reverente
inclina la cabeza sofocada; 60
tal hace al sacudirse la serpiente
si la cabeza se sintió pisada...
La vil serpiente hace morir al hombre,
él hace más, ¡infama nuestro nombre!

II

Mas uno vi que fijo y silencioso 65
mis pasos melancólico seguía
y que otras veces repentino huía
velándose en retiro silencioso;
era su hablar sumiso y tembloroso,
su mirada dulcísima y sombría 70
y de su canto en la alabanza breve
ni él se llamó *volcán* ni me hizo *nieve.*

Nunca su lloro salta a su mejilla,
pero en sus ojos siempre derramado
en ardientes vapores exhalado 75
mi cabeza trastorna cuando brilla;

al eco solo de mi voz sencilla
tiñe su rostro vivo sonrosado,
a la sombra no más de un hombre amante
de palidez se cubre su semblante. 80

Y no se duele nunca, no se queja;
de amor y celos entre sí batalla,
pero su lucha, su dolor me calla
y enternecido el corazón me deja.
¿Por qué entonces de mí triste se aleja? 85
¿Por qué entonces mi vista no le halla?
¡No sabe que yo entonces afligida
diera por consolarme hasta la vida!

Yo que nunca lloré por una ausencia
si se tarda en volver prorrumpo en llanto. 90
¿Por qué yo he de sufrir sus celos tanto
que me oculte sin culpa su presencia?
¿Por qué luego si finge indiferencia
he de sentir enojo ni quebranto?...
¡Tiempo de libertad y de alegría 95
despareciste para el alma mía!

III

Nunca mostró más luz el sol de mayo
ni más azul apareció la esfera
que la mañana en que por vez primera
la faz de mi rival miré al soslayo; 100
parece que del sol el vivo rayo
trajo más luz que porque su hechizo viera,
parece que el azul de aquellos cielos
anuncio fue de mis ardientes celos.

Yo me miré al cristal y me hallé fea; 105
mi pálida color tristeza daba,
mi barba, cual de anciana, retemblaba
y dije para mí "que *él* no me vea".
Pero añadí después —"¡que *ella* me crea
muy feliz lejos dél, del que me amaba!..."— 110
Y prendiendo en mi sien una flor bella
me puse a sonreír delante de ella.

¡Ay sonrisa más triste que es el llanto,
sonrisa más amarga que una queja;
sonrisa que cefrada el alma deja, 115
porque nunca el que llora sufre tanto;
pues hay quien en tal risa halla un encanto,
pues hay quien sonreír nos aconseja...
¡Oh cuán galantes que se muestran ellos!
¡Porque se luzcan nuestros dientes bellos! 120

Eso vio mi rival, mis bellos dientes;
al corazón sus ojos no llegaron,
por más que sus miradas consultaron
mis ojos a su afán indiferente:
tampoco vio las lágrimas ardientes 125
que no rompieron, mas mi rostro hincharon:
Mi sonrisa, mis flores, mi alegría,
eso vio mi rival, no el alma mía.

Pero la suya vi; yo vi su orgullo,
yo vi su vanidad, yo su contento; 130
claro entendí su lisonjero acento,
claro del tierno amante el dulce arrullo;

---

115 *cefrada*: (extremeñismo) rendida, agotada, según Torres Nebrera, típico de la comarca de Almendralejo (*C.C. Treinta y nueve poemas*, p. 148).

CAROLINA CORONADO

claro de entrambos el feliz murmullo
que a mis oídos trasportaba el viento,
como de fuego manga abrasadora 135
que la tierra al pasar tala y devora.

¡Lejos de mí placeres de la vida,
galas, lisonjas, vanos amadores,
yo aborrezco las músicas, las flores,
yo quiero llorar sola, oscurecida; 140
quiero esconder mi frente dolorida,
cantar en el silencio mis amores,
donde ni alumbre el sol ni haya viviente;
¿de qué me sirve el sol, de qué la gente?

Con esa misma luz que el sol derrama 145
mira el garzón amante con ternura
el rostro de la célica hermosura,
del raro serafín que tanto ama:
con esa misma luz arde y se inflama
viendo entre tanta flor y galanura 150
sus ojos dulces, su redondo cuello,
su airoso talle, su contorno bello...

¿Sol? que no tornen a lucir sus rayos
jamás, jamás en nuestras horas diurnas.
¿Flores? que arrastren las revueltas urnas 155
del vecino riachuelo hojas y tallos;
negros se tornen los colores gayos,
cubran la inmensidad sombras nocturnas
¡y llore mi rival mientras yo ría
de ver que su beldad no tenga día! 160

IV

¡Mas, ten de mí piedad!... hazme dichosa,
dame la calma o quítame la vida,
mira que de batalla tan furiosa
estoy ya muy cansada, muy rendida;
¡ay, hasta el criminal duerme y reposa,
yo sola con el sueño estoy reñida
y he menester la paz, descanso, calma,
si he de salvar la combatida alma!

¿Qué quieres, ¡ay! de mí,? suene tu acento,
y atenta siempre a tu precepto santo
suspenderé las notas de mi canto,
respiraré en el aura de tu aliento:
canta y me alegraré con tu contento,
llora, y ansiosa absorberé tu llanto...
que yo te seguiré con mis amores
cuando cantes, mi bien, y cuando llores.

¿Mi pueril vanidad celos te inspira?
Lanza al fuego mis flores y mis lazos;
¿no te placen los cantos de mi lira?
Pon en ella los pies y hazla pedazos;
¿a otra más bella tu ambición aspira?
Dame la muerte con tus propios brazos:
¡habla, ordena, suspensa, embelesada
obedezco a una voz, a una mirada!

Badajoz, 1845

CAROLINA CORONADO

LA ROSA BLANCA

Antes que por la lluvia fecundada
arde la tierra al sol de primavera,
que apresurando su veloz carrera,
muestras la luz de mayo anticipada;
queda la yerba mísera abrasada   5
antes de desplegarse en la pradera
y, como niño que en la cuna muere,
seco el pimpollo al rayo que lo hiere.

Para su breve curso el arroyuelo:
la fuente agota su caudal mezquino;   10
de la desnuda acacia al muerto espino
lleva la joven mariposa el vuelo;
el polvo lame del estéril suelo
la oveja hambrienta, y fijo en el camino.
A lo lejos contempla los sembrados   15
el labrador con ojos desolados...

¿A qué viene la niña de la aldea
a recorrer los campos cuidadosa
sino ha de hallar en ellos ni una hermosa
flor, que de su cabello ornato sea?   20

Siempre cuando la mansa luna ondea,
al acabarse el día, presurosa
desciende murmurando a la ribera
y se mira en el agua placentera.

    Y alza de entre los juncos de su orilla   25
una flor de blancura reluciente
y una por una cuenta ansiosamente
las hojas de su corola sencilla:
y cuantas menos son, más gozo brilla
en la faz de la niña, más latiente   30
siente su pecho, y en el onda pura
mira con más cuidado su hermosura.

    Aquella flor tan blanca y olorosa
al pie del arroyuelo colocada
desde lejano huerto transplantada   35
revela inteligencia misteriosa:
para aquella que aguarda el alba rosa
un signo es cada hoja plateada,
que, en su número, anuncian a María
las horas de una cita cada día.   40

    Seis hojas solamente coronaban
ayer las sienes de la fresca rosa,
los ojos de la niña venturosa
al recorrerlas de placer brillaban;
y era que ya de cerca resonaban   45
las pisadas y el habla cariñosa
del oculto galán que en la ribera
la dulce niña enamorada espera.

    Mas ¡ay del triste, doloroso día
en que la amada flor de su consuelo   50

CAROLINA CORONADO

    sus hojas doce al pie del arroyuelo
muestre a los ojos de la fiel María!
El habla tierna que a su lado oía,
el rostro que miró con tanto anhelo
no escuchará ya más en la ribera,   55
no verá junto al agua placentera.

    Ya su carrera el sol en paz termina,
ya no alcanza su rayo a la pradera
mas refléjase aun su luz postrera
en la pálida copa de la encina;   60
y en una errante nube blanquecina
que, al acaso, perdida por la esfera
mitad de su color al sol le debe,
mitad al brillo de la luna leve.

    El sol lejano, el cielo transparente,   65
la débil luna, el viento sosegado
el monte allá a lo lejos levantado
entre la oscura sombra del oriente;
el pájaro que trina suavemente,
el riachuelo que suene acompasado   70
prestan al mustio campo en su tristeza
galas de juventud y de grandeza.

    Reanima sus pimpollos la arboleda
y la planta el follaje decaído;
por la nocturna sombra humedecido,   75
el seco prado reluciente queda:
que aunque estación ingrata no conceda
benigna lluvia al campo agradecido,
basta al suelo de España fresca sombra
para tejer su verde y rica alfombra.   80

POESÍAS

   Y aun han de hallar las aves extranjeras
que emigran de los climas apartados
abundante semilla en sus collados
y sombra deliciosa en sus riberas:
y aun tejerá en abril en sus praderas   85
ramilletes de lirios delicados
la niña que ya baja al arroyuelo
tras de la blanca flor de su desvelo.

   Menos de su colmena enamorada
vuela ansiosa la abeja a los panales   90
que la amorosa niña a los juncales
donde la clara flor está guardada;
su faz inquieta brilla carminada
entre las rubias trenzas desiguales,
como en pálidos trigos encendida   95
tierna amapola, a medias escondida.

   Mas hoy la bella flor de su alegría
no corona los juncos del riachuelo...
dos lágrimas de amante desconsuelo
caminan por el rostro de María;   100
cual si viajero que la fuente ansía
tocara el agua convertida en hielo,
así al hallar los juncos sin la rosa
queda la niña triste y silenciosa.

   Fija la vista por el agua clara   105
que bajo de sus plantas se desliza,
cómo sus hilos transparentes riza
luego el lloro enjugándose repara:
y como aquella flor graciosa y rara
blanca en su cerco, en la mitad pajiza   110

se mece en su barquilla deliciosa
burlando la corriente bulliciosa.

Y al fin ya divertido su cuidado
brota en su corazón nueva esperanza.
¿Quién sabe en su raudal que al junco alcanza   115
si habrá la rosa el agua arrebatado?
¿Quién sabe si su espíritu agitado
halla en leve ocasión grave tardanza,
y si al compás del agua cristalina
ya muy cercano su garzón camina?...   120

En tanto que la vaga nubecilla
ya sobre su cabeza se suspende,
en dos alas blanquísimas que tiende,
como paloma que en los aires brilla;
a la postrera débil lucecilla   125
que del sol medio oculto se desprende
piensa ordenar María su prendido
del arroyuelo en el cristal lucido.

Que de su amante a los oscuros ojos
bella mostrarse anhela, cual ninguna;   130
el parecer hermoso de la luna,
por ser ajeno hechizo, le da enojos:
del sol la enfadan los perfiles rojos
y el brillo de la estrella le importuna,
que no pueden sufrir sus altos celos   135
ni las rivales mismas de los cielos.

La gran toca dorada del cabello
por el vivo airecillo descompuesta,
la ondulante gasilla alba y modesta
que en torno ciñe su azulado cuello   140

más peregrino harán el rostro bello
en su inocente compostura honesta...
Llégase, y sobre el agua cristalina
el blanco rostro la doncella inclina.

   Mas en vez del contorno delicado 145
donde lucen sus ojos lagrimosos
se muestran en los espejos temblorosos
la nubecilla en círculo ovalado—
muda el cristal; mas hállanlo empañado
donde quiera sus ojos temerosos 150
la nube al arroyuelo todo alcanza
y va burlando siempre su esperanza.

   Alza confusa el rostro con recelo
hacia la sombra que su arroyo empaña
que la nube de blancura extraña 155
que de la luna pende, como un velo;
ya asemeja meciéndose en el cielo
un cisne que en su lago azul se baña
y ya remeda una graciosa cuna
do como un niño muéstrase la luna. 160

   De nuevo al agua tórnase María
y otra vez vuelve a hallar la nube en ella...
Con presurosos pasos la doncella
huye espantada a la cercana vía:
caminante sin luz, ciego sin guía 165
los erizados juncos atropella
temblando al vago roce del cabello
que el viento hace flotar sobre su cuello.

   Pero del sauce aquel cuya melena
luenga baja hasta hundirse en la corriente 170

suave, como el ruido de la fuente,
y dulce una doliente queja suena:
notas de una muy triste cantilena
que por el mismo corazón se siente,
voz de quien sufre y se lastima y ruega, 175
"¡ay!" que hasta el alma desgarrando llega.

¿Quién gemirá en aquella orilla sola
que con suspiros a la niña clama?
¿Quién escondido bajo aquella rama
con amor tanto y ansiedad llamóla? 180
¿Cuyo es el pecho que también asola
el tierno incendio de amorosa llama?...
¿Se alejará sin ver la compañera
tórtola que la aguarda en la ribera?

"¡Ay!" dice el canto bello y penetrante 185
y de el susto primero recobrada
"¡ay!" la niña tornando a la enramada
donde a su amiga siempre halla constante;
cual si se hallara la infantil amante
por la tórtola débil amparada 190
ya nada teme, junto al sauce llega
y el ave escucha y con su lecho juega.

¡Cómo la luna de nevada que era
vase tornando de color rosada!
¡Cómo rompe la atmósfera azulada 195
aquella estrella hermosa la primera!
¡Cómo de la naciente primavera
la vespertina brisa es regalada!
La doncella en sus palmas, cuán hirviente
el seno de su amiga latir siente. 200

No escuchó más cantares soberanos,
más jardines no vio, más anchos mares
que el humilde regato y los juncares
y al ave que le arrulla entre las manos;
mas no ha menester ver los océanos   205
otro jardín hallar, ni oír más cantares
que al seno de la joven conmovida
falta respiración, sóbrale vida.

Cuando así el corazón latir sentimos
ya no hay en nuestro ser más que esperanza,   210
a donde quiera que la vista alcanza,
placeres solamente distinguimos,
de las pasadas penas que gemimos
hasta el recuerdo el pensamiento lanza
y en el mal que tocamos no creemos   215
y la dicha abrazamos que no habemos.

¡Triste enamoradísima doncella!
¡Cándida niña de la faz rosada!
Presto de los suspiros aliviada
suspensa al contemplar la noche bella   220
olvida su amarguísima querella
y tórnase a mirar esperanzada
si por acaso el agua se avecina
la sombra que sus ojos ilumina.

"Vendrá" se dice, pero el grave canto   225
de un cárabo en la orilla contrapuesta
miente un "no, no, no, no" como respuesta
que pone al corazón medroso espanto:
rompe en sus ojos lastimado llanto
al escuchar la cántica funesta   230

y ya pretende huir, ya se detiene
ya se aleja, y ya al fin otra vez viene.

Suena el arroyuelo —la brillante luna
que en su linfa serena se retrata
hebra tras hebra el agua desbarata 235
y la vuelve a formar una tras una.
Ora que en el riachuelo sombra alguna
no empañará tal vez, su tersa plata
la niña con la luz que se acrecienta
verse la roja faz de nuevo intenta. 240

Y allí la nube que en la tarde había,
allí la sombra está maravillosa,
allí dentro del agua rumorosa
empaña el vago espejo de María.
¿Qué nube es esa que en tenaz porfía 245
persigue a la doncella temerosa,
como el rostro múltiple entristecido
del importuno amante aborrecido?

Blanco vellón remeda del cordero
la nubecilla vaga y misteriosa 250
que en torno de la luna deliciosa
la sigue en su camino placentero;
ya se apiña y ya vuelve al ser primero
forma y color mudando caprichosa;
tan presto miente un lago, una cabaña 255
tan presto una ciudad, una montaña.

Y ya su cerco rápido descrece
y al cabo a breve trecho reducida
como bajo un fanal brasa encendida
la luna entre el vapor blanco aparece; 260

rompe en mitad su rayo y resplandece
en menudos pedazos dividida
la nube que ya es flor, a cuyo centro
pétalos da la luna desde adentro.

   Flor de blancura extrema y lozanía 265
cuyas hojas se apiñan y se tocan
y menguan, se perfilan, se colocan
en circular, simétrica armonía...
Si los ojos no turban de María
las lágrimas que ardientes la sofocan 270
la clara flor que la presenta el cielo
es la rosa ocasión de su desvelo.

   El bello lustre de sus hojas ciega,
de su cáliz radiante el brillo ofende
y el dulce aroma que de sí desprende 275
traspasa el éter y a la tierra llega:
y cuanto más su corola despliega,
más su esencia purísima trasciende
y más, y más resplandeciente brilla
de su precioso centro la semilla. 280

   En ella entrambos ojos enclavados,
ambos brazos tendidos hacia ella
en éxtasis respira la doncella
los aires con su aliento embalsamados;
sus espíritus deja conturbados 285
con su perfume y luz la flor aquella
y siente su cerebro dolorido
cefrado el corazón y comprimido.

   Y surge un pensamiento de repente
de en medio de su mente fascinada... 290

CAROLINA CORONADO

¿Cuántas hojas tendrá la rosa hallada
sobre los cielos milagrosamente?
Recorre hoja por hoja atentamente
mas con su hiriente brillo deslumbrada
por más que en repasarlas se atormenta
una tras otra vez yerra la cuenta.

Mas, distintas las hojas va dejando
ver ya la claridad, mas quebrantada
y la niña, impaciente, la mirada
en la divina flor clava temblando—
Dos... cuatro... seis... diez, hojas va contando
y *once* llega a contar sobresaltada,
y al mirar otra más lanzó un gemido
y en su seno de amor cesó el latido.

Allí quedó en las urnas del riachuelo
el bello y joven tronco sepultado—
las aguas con acento lastimado
en torno de él hicieron largo duelo;
la tórtola, con tierno desconsuelo
espantada doliéndose a su lado
un ronco y lamentable son hacía
con el rumor del agua que gemía.

Ermita de Bótoa, 1845

POESÍAS

LA VIRGEN DE MURILLO

Hombres, hacia la tierra humildemente,
la cabeza inclinad respetuosa:
que voy a pronunciar maravillosa
palabra, grande voz, nombre eminente:
hay un genio español que alzó su mente   5
tan alta, que a la Virgen madre hermosa,
que habita de los cielos las moradas
alcanzó a divisar en sus miradas.

Y de la Virgen describió a la gente
el celestial contorno, el colorido   10
albo-azul de su frente, confundido
de su mejilla entre el carmín naciente;
y retrató su seno trasparente
la leche al dar a su Jesús querido
y aquel amor con que a Jesús miraba   15
y aquella luz que a entrambos circundaba.

Descubra su cabeza el extranjero
de remotas o próximas naciones
cuando escuche sonar en mis canciones
ese nombre que llena el mundo entero: 20

para alzarse de pueblos el primero
si no hubiese de gloria otros blasones,
bastante España con mostrar hiciera
un lienzo de Murillo por bandera.

¡Murillo!... ved, sus cuadros nos hurtaron
para adornar su tierra extrañas gentes
y los hijos de España indiferentes
como limosna el hurto les dejaron;
que la feraz campiña en que brotaron
en profusas espigas las simientes
no empobrece, aunque vengan de avecillas
cien bandos a comer de sus gabillas.

¡Descubríos, isleños poderosos,
que bajo el cauce, transitáis, de un río!
¡Descubríos, del grande señorío
del Pirineo dueños orgullosos!
¡Descubríos, también, los tan famosos
hijos del Po! repite el labio mío
el nombre de Murillo, y reverentes
debéis mostrar desnudas vuestras frentes.

Españoles, ¿no véis aquel mendigo
entre humildes harapos encubierto
que hambriento y frío vaga medio muerto
de su patria en el suelo ¡ay! enemigo?...
Pues el mendigo aquel lleva consigo
misterio tal que a seros descubierto
nombre tan alto, fama tanta os diera
que hubiera os de admirar la Europa entera.

---

33 *isleños poderosos*: los ingleses.

Aquí el artista está, aquí Murillo,
mas ¿a dónde los lienzos, los pinceles,
do están las tintas que os transmitan fieles
las creaciones del joven mendiguillo?
Os halaga la fama, anheláis brillo,
os placen, españoles, los laureles
y dejáis perecer en todas partes
de miseria los genios y las artes.

¿Será preciso que el pintor sagrado
rompa sus venas, corte sus cabellos
y en la negra pared trace con ellos
una divina imagen por dechado;
para advertirte, pueblo abandonado
a la indolencia, en tus jardines bellos,
que sofocado en mísera pobreza
yace un germen allí de tu grandeza?

Genio es de bronce, el que a luchar contigo,
pueblo español, osado se levanta
si entre tus rudos brazos no quebranta
sus miembros y en la tumba da consigo.
¡Cuánto habrá de vencer ese mendigo:
antes que pueda alzar la imagen santa
de la Virgen que lleva en su memoria
del mundo admiración, de España gloria!

Tú, tú dejas, Iberia al gran Cervantes
perecer de miseria abandonado,
tú a la vecina Francia has regalado
los huesos de tus hijos más amantes;
tú, Iberia, no mereces las triunfantes
coronas, que tus héroes te han logrado;

vivos, morid los haces de despecho,
muertos, les niegas en tu campo un lecho.   80

Empero vence el genio, y a tu planta
sus obras pone y tu desdén perdona
que para ti, no más él ambiciona
los triunfos que ganó con pena tanta,
"coloca en el collar de tu garganta   85
ese brillante —dice— alta matrona,
y aunque olvides, ingrata, al colocarlo
que mi existencia consumí en tallarlo."

Tú, lucha, y vence así, pobre mancebo,
labra esa joya más que España ostente,   90
que te desdeñe a ti; más, que presente
a la Europa su faz con brillo nuevo;
ni ambición de poder, ni de oro cebo
mueven, Murillo, tu entusiasmo ardiente,
tu genio, gran pintor, se eleva al cielo   95
y están oro y poder tocando al suelo.

Ya los de Italia con asombro admiran
del inspirado artista las creaciones,
ya en los templos reciben oblaciones
sus vírgenes que santo amor inspiran;   100
ya los franceses codiciosos miran
sus lienzos, y ya míseras pasiones
en torno se levantan de Murillo
ardiendo en sed de sofocar su brillo.

Del joven español la fama crece,   105
medra su celo al par de la fortuna
y una virgen, más bella que ninguna,
hoy en sus nuevos lienzos aparece;

POESÍAS

el manto que en sus sienes resplandece
van ya las pinceladas una a una 110
tendiendo airosamente por la espalda
y replegando en orlas a su falda.

Mucho estima el pintor la imagen bella
cuando perenne así desde la aurora
hasta que baja el sol, hora por hora, 115
sin descansar jamás, trabaja en ella;
halla Murillo en la hermosura aquella
hechizo y magia tal fascinadora
que hasta celoso por su virgen pura
no deja penetrar allí criatura. 120

Mas un pintor, que de la Italia vino,
del español pintor el arte alaba
y éste de aquella imagen que adoraba
mostrarle quiso el rostro peregrino;
y no advierte el mirar torvo y malino 125
con que el de Italia en él los ojos clava
cuando la dulce y virginal María
examinó con atención sombría.

Propicia está la noche, por lo oscura
del asesino a los siniestros pasos. 130
No hay luna y brillan en el cielo escasos
luceros, del nublado en la espesura;
si un crimen se medita, esta es segura
noche para intentar horribles casos.
Sepultarán las sombras al que muera 135
y salvarán las sombras al que hiera.

Mirad allí de Nápoles al hijo,
lleno de ponzoñosa envidia y saña

como en la oscuridad, cual sombra extraña,
envuelto marcha con andar prolijo;
en su mano un puñal brillara fijo
si alumbrara de pronto el sol de España;
medita un golpe... de Murillo el pecho
osa amagar, y corre hasta su lecho.

En él reposa de fatiga tanta
de Murillo el espíritu cefrado
suspensa en la pared tiene a su lado
la hermosa imagen de su virgen santa,
y aun durmiendo a sus ojos se levanta,
como el sol al nacer, el rostro amado
que elevó su pincel desde el oriente
hasta el alto cenit resplandeciente.

Y tanto en el ensueño los sentidos
del sacro artista yacen embriagados
que no advierten los pasos recatados,
de un hombre que se acerca, sus oídos,
los triunfos de su genio esclarecidos
del de Italia en el alma están clavados
con odio tan profundo, de tal suerte,
que los viene a arrancar hoy con su muerte.

Camina poco a poco el asesino,
late con fuerza su anhelante pecho,
al borde llega del tranquilo lecho
y alza el puñal, con tan horrible tino,
que amaga traspasar en su camino
por la mitad del corazón derecho
tornando el sueño aquel, en un segundo,
en sueño más tranquilo y más profundo...

Mas, con el hierro en alto, de repente
inmóvil el feroz napolitano,   170
queda: las fuerzas faltan a su mano
y en sus venas la sangre helada siente...
En la oscura pared que tiene en frente
claro, como el lucero del verano,
el rostro de la Virgen de Murillo   175
surge alumbrado por su propio brillo.

Del centro de sus ojos se desprende
un fulgor diafanísimo y brillante
que ilumina el perfil de su semblante
y por sus formas célicas se extiende;   180
el rostro, el talle, el manto que desciende
hasta sus mismas plantas ondulante,
como por luna llena iluminados,
distínguense en el lienzo proyectados.

Suave matiz de purpurina rosa,   185
azul de lirio tenue y trasparente,
albo de frescos nardos tiñen frente
boca y mejillas de la madre hermosa;
mas hay una expresión tan dolorosa
de aquellos ojos en la llama hiriente   190
que hicieran deshacerse en tierno llanto
el corazón más duro, con su encanto.

Dulce reconvención, triste querella,
enojo maternal, piedad amante
muestra en el melancólico semblante   195
la santa y virginal figura aquella;
parece que a exhalar su boca bella
va una súplica amarga y penetrante,

parece que demanda a los cristianos
   "¿hijos, por qué os odiáis si sois hermanos?"

   Dobla el napolitano ambas rodillas,
   entrambos brazos cruza humildemente
   y ante la Virgen ora reverente
   absorto en las celestes maravillas:
   ruedan, por vez primera, en sus mejillas
   gotas de arrepentido lloro ardiente,
   y luego... silencioso y asombrado
   huyóse de la estancia apresurado.

   ¡Duerme, sacro pintor, duerme en reposo
   y al despertar mañana con la aurora
   saluda a la hermosísima Señora
   que ha velado tu sueño peligroso;
   protégete su celo cariñoso,
   dirígete su mano bienhechora
   ¡hasta dónde, Murillo, irá tu fama
   siendo tu guía tan celeste dama!

Badajoz, 1846

LA FE PERDIDA

¡Permitidme reír!... brotan mis labios
manantiales de risa bullidora,
que romper no me deja por ahora
en el llanto hacia vos, jóvenes sabios.
Perdonad a la Musa que no llora,   5
si tal vez en reír os hace agravios,
un momento no más, y ya serena
entonaros podré mi cantilena.

Sed indulgentes... ruda, campesina,
no estuve en vuestra escuela cortesana: 10
y cuando el hecho a sonreír me inclina,
mi voluntad para gemir es vana;
y, por Dios, que esta causa peregrina
que me incita a reír con tanta gana,
jovial hiciera al mismo Jeremías,   15
si alzara la cabeza en nuestros días.

Mas no: la indignación me preste acento:
que no basta la risa del sarcasmo

---

15 *Jeremías*: profeta que nos dejó *Profecías* y sus *Lamentaciones* sobre la destrucción de Jerusalén.

para explicaros el pavor que siento,
la maravilla y el enojo y pasmo
al veros en cobarde desaliento
renunciar con desdén al entusiasmo,
lanzar vuestras creencias de la vida,
¡y cantar a una voz *la fe perdida!*

La fe perdida en el amor que os ama;
la fe perdida en la amistad que os guía;
la fe perdida en el honor que os llama;
la fe perdida hasta en el Dios que os cría;
Quimera es el saber sueño la fama;
la Religión —decís— hipocresía;
sombra la dicha, la virtud escoria,
polvo las almas, ilusión la gloria.

¡Me dais espanto! vuestras almas frías
parécenme a las noches tempestuosas
que prestan con sus bóvedas sombrías
resguardo a las acciones vergonzosas
a la sombra falaz de esas teorías,
que anublan las creencias más hermosas,
¿qué os proponéis con vuestra *fe perdida,*
sino ocultar errores de la vida?

¿Será que el mundo se tornó malvado
desde que hayáis vosotros a él venido?
Tierra que el bien y el mal siempre ha brotado
¿la semilla del bien hoy ha perdido?
¿Ni una planta siquiera le ha quedado?
¿Ni un retoño siquiera ha florecido?
¿Sabéis que el mundo tan horrible sea;
o es vuestra *mala fe* la que lo afea?

¡Ay! perdonadme: indignación tampoco
debe el alma sentir: sino tristeza, 50
porque tenéis vuestro cerebro loco,
y merecéis blandura, no dureza;
es menester llevaros poco a poco
remedios que os serenen la cabeza,
hasta que el juicio claro se os presente, 55
y el sol veáis y conozcáis la gente.

Permitid que os conduzca por la mano
a la morada de la casta esposa,
que de su dueño incrédulo y tirano
sufre el áspero trato silenciosa.— 60
Os mostraré también al recto anciano,
que en el humilde hogar pobre reposa,
porque acertó a elegir en su conciencia
entre indigencia y hurto, la indigencia.

Y os mostraré a la joven pura y bella, 65
que sufre la miseria resignada,
aunque el mundo también se mofe de ella,
y muera en soledad abandonada...
yo sé que lloraréis, si la querella
escucháis que os dirige lastimada 70
aquella sociedad desconocida,
donde cantásteis vuestra *fe perdida*.

¿Tal himno le entonáis al fiel soldado,
que por su patria muere en la pelea?
¿Muere sin que os merezca el desdichado 75
siquiera el premio de que en él se crea?
La madre que en su pecho extenuado
lleva amorosa al niño a quien recrea,

dándole el jugo de su propia vida
¿también ha de escuchar la *fe perdida*? 80

Tal vez, cuando el hermano generoso
cede su propio pan al tierno hermano
cantáis el egoísmo vergonzoso
y blasfemáis del corazón humano;
tal vez, en vuestro canto rencoroso 85
os quejáis del espíritu liviano,
cuando ahogando en el pecho sus pasiones,
la mujer de virtud os da lecciones.

Y en tanto que en el bello gabinete
contra la humana ingratitud declama, 90
el *literato escéptico,* y derrama
hiel sobre el mundo que a su ley somete;
digna de que por ella se respete
la humanidad, que el literato infama,
llorando insomne con la vista fija 95
sobre la anciana enferma vela su hija.

Y se arrodilla, y con su ardiente boca
los yertos pies de la doliente abriga:
su calva frente con blandura toca,
y la enjuga el sudor que la fatiga; 100
Teme, se desconsuela, a Dios invoca.
Y levanta dulcísima y amiga
su oración por la vida de la anciana,
cuando injuriando estáis la raza humana.

¡Almas ingratas sois a las bondades, 105
ingratas a los nobles sacrificios;
que sólo abrís los ojos a los vicios
y veis tan sólo el mundo de maldades;

y nos pintáis después esas ciudades
como espantosos, inciertos precipicios,
*que hundieron vuestras dulces ilusiones
y gastaron los tiernos corazones!*

¿Qué aliento dais al generoso instinto,
que en el niño gentil brilla naciente,
si le arrojáis ese anatema hiriente,
su entusiasmo infantil dejando extinto?
Si de *dudas* el vago laberinto
señaláis por camino al inocente,
¿qué virtud aguardáis, qué heroica hazaña
de esta generación virgen de España?

¿No sabéis dibujar, rudos pintores,
sino de informes copias los trasuntos?
¿No podéis con finísimos colores
lo bello y lo real mostrarnos juntos?
¿No sabéis, infelices trovadores,
más que cantar las *tumbas y difuntos,*
o lanzarnos sarcasmos que os inspiran
la furia que se esconde en vuestra lira?...

En vano es ese canto lastimero,
que a la sensible humanidad ultraja
y que rechaza el corazón sincero,
como una ofensa calumniosa y baja;
el mundo es ora como fue primero,
de virtudes y vicios gran baraja,
cuyos signos diversos y figuras
confundís de este siglo las criaturas.

Y de este siglo, que decís malvado,
han de alzarse animosos corazones,

    que reanimen la fe que habéis ahogado
    con vuestras falsas, míseras lecciones. 140
    No juzguéis porque el pueblo os ha escuchado
    llorar vuestras *amargas decepciones,*
    que también para siempre descreído,
    la fe como vosotros ha perdido.

    El germen de virtud que en él se encierra, 145
    brotará, como planta que en invierno
    descansa en las entrañas de la tierra
    y alza en verano su capullo tierno;
    por más que vuestro orgullo les aferra,
    con descripciones del mundano infierno, 150
    los buenos os dirán que habéis mentido,
    porque llamáis al siglo corrompido.

    Vosotros que pugnáis con odio loco
    por degradaros en la raza humana,
    malos como decís no sois tampoco, 155
    sino esclavos de moda bien tirana;
    ¡Triste Espronceda, que avivaste el foco
    de la maligna Musa Castellana!
    ¿Oyes como tu Trova repetida
    suena en el Canto de la *fe perdida*? 160

    ¡Compasión a vosotros, pobres gentes,
    que no tenéis ni en Dios ya confianza!
    Son cual hondas cavernas vuestras mentes
    donde jamás del sol el rayo alcanza:
    puedan de Dios las voces elocuentes 165
    devolveros de nuevo la esperanza;
    y veréis cuán hermosa que es la vida
    con esa *fe* que lamentáis *perdida.*

Hay siempre un ser benéfico y sensible
a quien volver los ojos en la pena: 170
hay siempre un alma cariñosa y buena,
que su tierna amistad nos dé apacible;
y si en el mundo todo aborrecible
no hubiese más amor que el de la hiena,
¡un manantial fecundo de consuelo 175
nos queda siempre en el amor del cielo!

CAROLINA CORONADO

LA FE LOCA

Y en tanto que la turba *descreída*
se mofa de lo bello y de lo santo,
Mi loca fe, mi fanatismo es tanto,
que de error en error desvanecida
tomo por bella flor la hoja caída, 5
por diamante pulido el rudo canto,
y el lejano silbar de las serpientes
por tonos de gargantas inocentes.

No hay campiña por árida y por fría,
no hay montaña por agria y por salvaje 10
que no muestre un bellísimo paisaje
a la luz de mi extraña fantasía;
la inmunda tela que la araña cría,
el agua del pantano entre el celaje
miradas por mis ojos a lo lejos, 15
me parecieron cándidos espejos.

Virtudes hallo donde ven delitos,
inocencia y bondad donde hay maldades,
de ángeles bellos pueblos las ciudades,
que habitados están por los precitos 20

POESÍAS

parécenme los buenos infinitos
en toda condición, todas edades:
y es preciso que el vicio toque y vea
para que al fin en el vicio crea.

No bien ante mis ojos ha caído 25
la dorada ilusión de una creencia,
cuando me lanzo con mayor demencia
otra a forjar, y el desengaño olvido;
¡ay! nada de experiencia en mí ha podido:
y así como en la infancia mi existencia 30
de mentira en mentira vuela errante,
ilusa, necia, crédula, ignorante.

Y es gracioso ¡por Dios! ver cómo elevo
culto divino a un ídolo de barro,
que tiene las entrañas de guijarro, 35
y cuya imagen con ternura llevo:
verdad es que a tocarle no me atrevo,
y se sostiene mi infeliz desbarro
hasta que el falso Dios, que así me trae,
de tan mal amasado, por sí cae. 40

Y es chistoso también (sábelo el cielo)
cuando el ídolo humano se arruina,
de tanta abnegación pura y divina,
de tanto ardiente amor, de tal desvelo
el premio ver que al desplomarse al suelo 45
aquella creación pálida y mezquina,
me da de oscuro polvo en pago justo,
de dar a un barro vil un culto augusto...

Alguna vez un alma tierna y buena,
aunque es mi suerte por demás aciaga, 50

CAROLINA CORONADO

¡ah! vino a iluminar con dicha vaga
el bosque de la triste Filomena:
pero sólo duró una luna llena,
y si bella ilusión aun me embriaga,
si espero algún placer, si en algo fío,   55
es no más por mi loco desvarío.

Donde los otros ven odio y encono,
el brillo de *amistad* a mí me encanta;
cada doncella imaginé una santa.
Y de cariño fiel las alcé un trono: 60
pagóme la mejor con abandono,
mas, rechazando su perfidia tanta,
por la *dulce amistad* sueño y deliro.
Como *por fiel amor* canto y suspiro.

La *ilusión* de la *gloria* es también mía,   65
nadie escucha a la oscura Filomena,
alzo la corta voz con larga pena,
y morirá conmigo mi poesía;
pero el amor de gloria me extasía:
De loca fe mi corazón se llena,   70
y aunque mi voz el viento rechazara,
contra los vientos sin cesar cantara.

No soy feliz —la plácida ventura
más que en mi corazón, está en la mente:
y aun pienso que he llorado amargamente   75
harto más que debiera un alma pura;

---

52 *Filomena*: Filomena, hermana de Procne y esposa de Tereo, vengó la violación de Procne por Tereo sirviéndole a éste los restos de su hijo immolado. Fue transformada en ruiseñor (o golondrina, según otra leyenda); también es mártir italiana, de existencia dudosa.

pero mi loca fe dichas me augura
que burla el porvenir constantemente,
y que eternas también se reproducen,
pues al par que unas cesan, otras lucen.   80

   Es bueno Dios; pero a mi triste ruego
jamás detuvo su inflexible fallo:
ni me consuela, aunque paciente callo,
ni me serena aunque en llorar me ciego:
mas con *ardiente fe* a rogarle llego: 85
donde quiera que estoy en mí le hallo:
y aunque merezca premio por ser buena,
justo le llamaré si me condena.

   También he sido amante de la luna
y tuve en los luceros amoríos: 90
y a mi bello ideal busqué en los ríos,
y he cifrado en las flores mi fortuna...
Amante como yo no hubo ninguna:
ninguna tuvo iguales desvaríos,
ni en *loca fe* jamás ninguna amante   95
ha sido a mis locuras semejante...

   ¡Inmensa confusión! ¡El mundo, el cielo,
la religión, la gloria, la poesía,
el amor, la amistad!... El alma mía
jamás reposa en su incesante vuelo;—   100
paso del entusiasmo al desconsuelo,
del agudo pesar a la alegría...
soy mucho para ser del hombre loco;
y para ser de Dios ¡ay! soy muy poco.

   ¿Qué soy sino una pobre enredadera,   105
que en el oscuro patio emparedada,

huye la sombra de que está cercada,
su cabeza elevando hacia la esfera?
Pero el rayo del sol, por más que quiera,
no baña su raíz al suelo atada— 110
huyo el pesar del mundo: aspiro al cielo;
pero el bien celestial no baja al suelo.

¿Qué soy sino una pobre enredadera
que buscando en la tierra amigos lazos,
tiende amorosa sus lozanos brazos 115
a la vecina planta compañera;
y porque al bronco espino los tendiera,
sus frescas hojas rompe en mil pedazos?...
Busco apoyo en las tiernas emociones,
y hallo tan sólo ingratos corazones. 120

¡Reíd los que cantáis la *fe perdida!*,
que ¡vive Dios! a resolver no oso
si es tal vez despreciar diamante hermoso
más necio que estimar piedra fingida;
si es más risible consumir su vida 125
por un ser ideal y artificioso
que perder por malicia o incerteza
del verdadero amante la terneza.

Y de los dos ridículos empeños,
de entrambas caprichosas necedades; 130
ignoro si *dudar* de las *verdades*
es más locura que *creer* en *sueños.*
No sé si adorar cantos berroqueños,
flores, astros y ríos, cual deidades,
es pecado menor que el culto justo 135
negar al solo Dios digno y augusto.

Imaginad una ilusión florida:
fundad en ella un porvenir risueño,
sacrificadle la salud y el sueño,
rendidle el alma, el corazón, la vida...
y cuando más celosa y embebida,
y exaltada la améis con más empeño,
la finja más hermosa vuestra mente,
vedla desvanecerse de repente...

¡Ay! como entonces vuestra *fe perdida*,
incrédulos mancebos, envidiando,
las largas noches las pasé llorando,
de esta mi *loca fe* ya arrepentida;
pero a nadie culpé: de cada herida,
que en mi entusiasmo joven voy ahondando,
es cómplice no más la fantasía
que me deslumbra, ciega y extravía.

Defiendo, sí, mis bellas ilusiones,
las defiendo atrevida y arrogante,
y desbarato cuantas veo delante
del mundo injustas, ásperas razones...
¡batalla desigual! con mis blasones
escapo al fin, pero jamás triunfante:
¡harto fue el escapar siempre inocente,
siempre noble adalid, siempre valiente!

Vivamos ¡ay! vosotros blasfemando,
yo en cambio de vosotros bendiciendo:
vosotros, sin razón, siempre dudando,
yo también, sin razón, siempre creyendo:
vosotros a los buenos lastimando,
yo por los malos sin cesar sufriendo:

de odio vosotros abrevado el pecho,
y de tierna pasión, el mío deshecho.

Todos seremos ¡ay! muy desgraciados;
vostros por dureza y egoísmo
solos, sin salvación, precipitados
iréis a dar del tedio en el abismo;
y mis nobles instintos fatigados,
rendida de mi inútil heroísmo,
del juicio, en *mi fe loca,* sin la guía
vendré a dar en mortal melancolía.

¡Dichosa el alma que lo cierto adora,
y en recompensa de su fe inmutable
tiene seguro el bien de cada hora,
su vida consagrando a lo adorable;
allí no hoy loca fe ni engañadora
duda cruel ni el desencanto es dable.
¡Oh *fe de eternal sabiduría*
tú sola eres el bien, tú la alegría!

Badajoz, 1846

LA ADORACIÓN DE LOS PASTORES

Sí; los cimientos del antiguo mundo
a estremecerse van: sonó la hora.—
Grecia exhala gemido moribundo,
y corónase Roma vencedora.
¡Vana corona! espíritu infecundo,
la religión cruel y destructora
de ese pueblo tan sabio y tan valiente
no ha de salvar la humanidad doliente.

¿Qué nos importa ver como levanta
arcos eternos, templos inmortales,
si el falso Dios a quien adora y canta,
no ha de aliviar del corazón los males?
El egipcio también su eterna planta
imprime en los confines orientales
y artes y ciencias, con pasmoso yerro,
postra a la vil adoración de un perro.

¿Qué la inútil pirámide en la tierra
ni no los templos de Atenas han logrado,
si el alma, triste en su perpetua guerra,
divina religión no han inspirado?

¿Qué vale ese poder que nos aterra,
en colosales piedras levantado,
si el consuelo, que aguardan tantos seres,
no han de darlo el orgullo y los placeres?

No basta que las águilas de Roma, 25
las poderosas alas extendiendo,
se bañen en el mar que hundió a Sodoma,
su plumaje hasta Iberia sacudiendo;
esas águilas, no: —Blanca paloma,
de las legiones entre el ronco estruendo, 30
descendiendo a los Líbanos de oriente,
vendrá a regenerar el occidente.

Hay en el Asia una comarca bella,
de montañas de cedros sombreada,
y ha dicho el ángel que esperemos de ella 35
la religiosa fuente deseada;
bajo aquel puro sol, casta doncella
vive tranquila, del Señor guardada,
y ha dicho el ángel, que en su limpio seno
se ha de engendrar al Dios paciente y bueno. 40

¿Dónde si no en la tierra del Profeta,
que habló con el Señor en la montaña,
y a su Ley reprimió la tribu inquieta,
ciega a los rayos de la luz extraña; 45
dónde si no en la tierra del poeta
patriarcal, y en la plácida cabaña,
del pastor inocente del carmelo,
pudiera colocar su cuna al cielo?

Glorifícate, pueblo de Judea,
tú fuiste del Señor el escogido: 50

perdió sus templos la ciudad hebrea,
la reina de las reinas ha caído;
tú cediste cobarde en la pelea,
las tablas de tus leyes se han perdido,
tu tribu en el desierto errante gime;   55
pero en ti nace el dios que nos redime.

Árabes, que cruzáis la seca arena,
hijos de Salomón, David, Elías,
suspended un instante la faena,
dejad el caminar para otros días: 60
el Jehová que diluvia, el Dios que truena,
el que abrasa ciudades, por impías,
otra vez a nosotros se aparece,
y a su anuncio la tierra se estremece.

Dejad en el desierto los camellos,   65
y en el río que baña a Galilea,
bajo la sombra de los cedros bellos,
aguardad a que el sol perdido sea;
mirad cómo se apagan sus destellos:
ya en los montes oculto centellea,   70
y vienen los pastores fatigados
hacia el redil trayendo sus ganados.

Ya hemos visto surgir tibio lucero;
la fresca brisa de la noche vuela,
y el can, de las ovejas compañero,   75
guarda inmutable a sus espaldas vela;
ya enciende la candela en el otero
el pastor y ya duerme la Gacela
y silencioso el valle inspira al alma
santo placer y religiosa calma.   80

CAROLINA CORONADO

    Pero no suenan cantos celestiales,
ni la luna esta noche es más lucida
porque venga esta noche a los mortales
la aparición del ángel prometida:
a nosotros no más, a nuestros males,   85
no este gozo a los ángeles convida,
que gozosos están siempre en el cielo,
y jamás necesitan de consuelo.

    Nosotros solos al Señor que nace
himnos de regocijo preparemos;   90
si el ángel mudo a nuestras dichas yace,
nosotros por los ángeles cantemos:
y a la señal de su venida hace
la tierra, conmovida en sus extremos,
cual si la planta del Señor la hiriera   95
y el perdido equilibrio la volviera.

    A un lado Babilonia, a otro Palmira.
Y más cerca Pentápolis y Tiro.
del Señor derribadas por la ira,
¡oh qué elocuencia dan a este retiro,   100
donde la Virgen lánguida suspira!
¡oh cómo el genio del Señor admiro.
Que nace humilde en estas soledades,
sepulcro de tan locas vanidades!

    Desde que Dios creó la luz hermosa,   105
desde el diluvio que anegó al viviente,

97-98 *Babilonia... Palmira/Pentápolis y Tiro*: *Babilonia*, ciudad caldea, símbolo de la corrupción de las costumbres por el lujo y los refinamientos de la civilización; *Palmira*, poderosa ciudad de Siria, hoy en ruinas, fue destruida por el romano Aureliano en el siglo III; *Pentápolis*, región que en la Antigüedad comprendía cinco ciudades notables, en Libia y Palestina; *Tiro*, antiguo puerto fenicio, célebre por su comercio y su industria de la púrpura.

no ha creado en su ciencia milagrosa
un prodigio el Señor más imponente;
la sombra de Moisés, sobre la losa
del desierto, se inclina reverente, 110
y por los valles del Jordán inquietas
se cruzan las de todos los profetas.

Tal vez en eco inteligible canta
esa turba de genios misteriosa,
y no entendemos su palabra santa 115
en el rumor del aura vagorosa;
del Líbano, tal vez, en la garganta
pulsa Daniel el arpa religiosa,
y al oír de la Virgen el gemido
"¡Hosanna!" entona "¡Hosanna!" repetido. 120

...¡Gracias, doliente y pálida María,
la más hermosa en la creación entera!
Como el dulce panal que Grecia cría,
tus blancos pechos son de miel y cera.
Cuando al dolor tu faz palidecía, 125
cuando lanzabas queja lastimera,
de la oscilante luz a los reflejos,
lloraban los pastores a lo lejos.

Sin púrpura, sin oro, entre las pajas,
solo tus alas, tórtola amorosa, 130
prestan abrigo y delicadas fajas
al que ha de alzar bandera tan gloriosa;
así de Egipto en las arenas bajas
nace la escasa vena que ruidosa
pronto en inmenso Nilo convertida 135
inunda los desiertos atrevida.

Tú le nutres —los globos de tu seno
por la divina leche abastecidos,
como del cielo en el azul sereno
pálida luna, brillan conmovidos 140
por el amor materno; y junto al heno
contra los labios de Jesús unidos,
gota por gota el néctar le derraman
y al percibir su boca más se inflaman.

No sé pintar la suavidad preciosa 145
que presta la ternura a tu semblante
cuando inclinas la frente majestuosa
para besar sus labios anhelante;
la expresión de tus ojos luminosa.
Y de tus brazos la actitud amante 150
mira absorto el pastor, y a cada beso
redobla su atención y su embeleso.

No sé decir lo que mi pecho siente
al ver dormido en la pajiza cuna
al que Rey ha de ser de tanta gente, 155
que a su diadema igual no habrá ninguna;
no sé decir la admiración ferviente
con que miro a los rayos de la luna
su rubia sien, en donde la divina
flor de la eterna cristiandad germina... 160

¡Cuán grande vienes tú, señor, cuán puro!
¡Cuán pequeños y míseros nos hallas!
¡Cuán brillante es tu genio, y cuán oscuro
el genio que nos lanza a las batallas!
¡Cuán firme es tu bajel! ¡Cuán inseguro 165
el nuestro en ese mar! ¡Qué recias vallas

puede oponer tu ley a las pasiones!
¡Qué endebles nuestras frágiles razones!

  Ven a escuchar los males que sufrimos,
ven a calmar las penas que lloramos; 170
hace ya mucho tiempo que nacimos
mucho tiempo, Señor, que te aguardamos;
a tu virtud, señor, sólo acudimos,
en tu saber tan sólo confiamos,
y cuanta fue mayor nuestra amargura, 175
esperamos de ti mayor dulzura.

  A ti el justo, el sufrido, el virtuoso,
el regenerador, el fuerte, el sabio,
vendremos en tropel tumultuoso,
con el crimen, la pena y el agravio; 180
a ti el consolador, el generoso,
revelaremos con ingenuo labio
el llanto y los secretos torcedores
de nuestros más recónditos dolores.

  En concierto, Señor, miles de bocas 185
vendremos a clamar a tus oídos;
en tu fe, como el águila en las rocas,
descansarán los ánimos rendidos;
necias quimeras, esperanzas locas,
desengaños y errores confundidos 190
desahogarán en ti su cauce humano,
cual los hinchados ríos de Océano.

  ¡Ay! Tú sabrás las hondas aflicciones
que tienen abrumadas nuestras vidas,
verás nuestros postrados corazones, 195
registrarás sus llagas escondidas;

tú del cuerpo infeliz de las naciones
desgarrarás las venas corrompidas,
¡y nueva sangre y nuevo movimiento,
les darás con tu sangre y con tu aliento!   200

Ermita de Bótoa, 1847

EN VARIOS ÁLBUMES

EN UN ÁLBUM UNA DE CUYAS PÁGINAS REPRESENTABA
EL NACIMIENTO DE JESÚS

Venid, pastoras, el milagro hermoso
del niño Dios a ver; posa en el heno
tiene inclinado el rostro albo y sereno
sobre su descubierto hombro gracioso;
bajo de sus bracitos, tembloroso,   5
espumas miente, su desnudo seno
y hay, semejante al cerco de la luna,
un resplendor en torno de su cuna.

Junto al heno al bellísimo nacido
con amoroso afán de Virgen cela   10
y con sus brazos cándidos anhela
dar abrigo a su cuerpo entumecido;
así la blanca tórtola su nido
forma en las pajas y en sus bordes vela,
tendiendo entrambas alas tiernamente   15
para guardarle del glacial relente.

CAROLINA CORONADO

  Pálidas de su rostro las colores
tiene la helada de la noche fría,
venid, el hijo amado de María,
venid, pastoras, a vestir con flores: 20
los divinos, dulcísimos amores
que el cielo con la tierra tuvo un día
vienen a rescatar la humana gente
del riesgo de sus culpas eminente.

  Buenas pastoras, encended retama   25
que del santo portal deshaga el hielo
que al bendito Jesús daréis consuelo
con el calor de la amigable llama;
así al hijo de pecho que más ama
vuestro constante, maternal desvelo,   30
nunca les falte el seno en que adormido
posa en arrullo tierno embebecido.

EN OTRO CON IGUAL ASUNTO

Abrid los ojos, célica María,
más que la luna del enero, claros,
abrid los ojos y mirad cuán raros
son los dones que Dios tierno os envía:
el serafín más bello que tenía   5
entre sus dulces serafines caros
coronado de rayos celestiales
coloca en vuestros brazos virginales.

¡Mirad quién se os estrecha a la garganta,
mirad qué labio os busca con anhelo,   10
mirad, que por el santo rey del cielo
qué gozosa estaréis con dicha tanta!
Al ser que a vuestro pecho se amamanta
velad; señora, con ardiente celo,
¡que ya desesperado y moribundo   15
dél sólo espera salvación el mundo!

CAROLINA CORONADO

EN UN ÁLBUM QUE TENÍA UNA LÁMINA QUE REPRESENTABA A LOS ÁNGELES MIRANDO LOS CLAVOS DEL SEÑOR

¡Ved los hombres cuál son, ved qué inhumanos!
Un Redentor el cielo les envía
y en la terrible cruz, dulce María,
clavan los hierros sus divinas manos;
mirad los hierros, y llorad, hermanos,   5
llorad por el dolor de su agonía
y con lágrimas laven nuestros ojos
los duros clavos en su sangre rojos.

Vino el profeta y su divino canto
los hombres del error no conocieron   10
y ese premio cruel los hombres dieron
al bueno, al justo, al virtuoso, al santo;
si podemos borrar con nuestro llanto
el crimen que los hombres cometieron,
con sus lágrimas laven nuestros ojos   15
los duros clavos en su sangre rojos.

Con estos clavos, infeliz memoria,
arrancados del cuerpo moribundo

ha escrito el pueblo ingrato y furibundo
del hijo del señor la eterna historia. 20
El vino al mundo a conquistar su gloria,
con duros clavos se la paga el mundo
y es menester que laven nuestros ojos
los duros clavos en su sangre rojos.

Esto queda a la tierra del Mesías 25
los clavos nada más de su tormento
que a los hombres darán remordimiento
en cuanto duren sus penosos días;
huyamos de moradas tan sombrías,
volemos de la gloria a nuestro asiento; 30
pero estos clavos en su sangre rojos
con sus lágrimas laven nuestros ojos.

POR BAJO DE UNA LÁMINA QUE REPRESENTABA A LA VIRGEN

Escucha, madre mía,
la de el velo de estrellas; bienhechora,
dulce y bella María.
Escucha la que implora
dolorido y mortal; madre y Señora.   5

Si a mi débil acento
romper los aires y turbar es dado
allá del firmamento
el azul sosegado,
escucha, virgen pura, mi cuidado.   10

La sola voz que el pecho
pudiera ya exhalar, a ti revela
el corazón deshecho,
que tu piedad anhela
y hasta tu trono arrebatado vuela.   15

¡Oh tu dulce señora
de la esfera eternal!... la tierra mira
y al infeliz que llora

y al triste que suspira
resignación y fe y amor inspira.   20

   De tu sagrada mano
piadoso manantial brote a raudales
donde beba el humano
alivios celestiales,
donde se apague el fuego de los males.   25

   Y lleva hacia tu seno
a los dolientes hijos que te amaron:
¡no más gima ya el bueno
en grillos que forjaron
los que rebeldes contra ti se alzaron!   30

CAROLINA CORONADO

EN UN ÁLBUM UNA DE CUYAS PÁGINAS SE REPRESENTABA A LA MAGDALENA EN ACTITUD DE CLAMAR AL CIELO

¡Piedad!... Virgen, arráncame y levanta
de entre estas rocas donde estoy hundida:
hieren sus filos mi desnuda planta,
no hay senda abierta y moriré en la huida.

Corrí sin tino tras lejana estrella 5
ansiosa de su luz brillante y pura
y osé trepar a esta eminente altura
para después precipitarme de ella.

Subí a la cumbre por camino blando
lleno de blancas perfumadas rosas 10
y ahora no encuentro de pavor temblando
más que pendientes altas y espantosas.

¡Piedad!... Virgen. Tu mano salvadora
las manos prenda que hacia ti levanto
y hasta los muros de tu pueblo santo 15
conduce el alma que tu auxilio implora.

POESÍAS

EN UN ÁLBUM POÉTICO PARA UNA NIÑA QUE SE AHOGÓ EN EL MAR.(*)

Tú pensaste que el mar era tu cuna.

Tú pensaste que el mar era tu cuna
y te adormiste en él tranquilamente,
no ha sido para ti poca fortuna
despertar en la gloria de repente.

¡Hija del alma! no hay vida ninguna   5
que no arrostre el furor de una corriente
y si nos ha de ahogar ¡ay! la del llanto,
la del mar es mejor... ¡no amarga tanto!

(*) Francisca Madoz y Rojas, hija del escritor Pascual Madoz, murió a las ocho en Zarauz. El poema de C. C. apareció primero en una *Corona poética* dedicada a la niña, en 1850, año de su muerte.

CAROLINA CORONADO

EN EL ÁLBUM DE LA CIEGA DE MANZANARES DONDE HABÍAN EMPEZADO A ESCRIBIR POR EL REVÉS

Bien se conoce que es
ciega del álbum la dueña.
Cuando el que escribe se empeña
en ponérselo al revés.

Y aunque un álbum contrahecho   5
no es fácil de corregir,
yo quiero en él escribir
por ponérselo al derecho.

Porque en verdad no es razón
que lleve nada torcido   10
la que por dicha ha nacido
con tan recto corazón.

2 *ciega del álbum la dueña*: la "ciega del Manzanares" fue "poeta y recitadora en las plazas y mesones de Madrid, que vivía de la caridad en las calles", incluso la de C.C. en su casa (A. Castilla, *Carolina Coronado de Perry*, p. 143). La describen Alejandro Dumas en su *Viaje por España* y George Borrow en *La Biblia en España*.

EN UN ÁLBUM DONDE HALLÉ LA FIRMA DE HARTZENBUSCH

Huéspeda en la risueña Andalucía,
hoy hallo con placer inesperado
tu nombre, buen maestro, aquí grabado
con el sello inmortal de tu poesía:

Y del pájaro igual no es la alegría 5
si solo, triste, incierto, fatigado,
por las ardientes zonas abrasado
halla una palma en la mitad del día.

Como en mi libro, protector me sea
tu nombre aquí, y en ánimo tranquilo 10
aguardaré al curioso que me lea:

Pues que podemos escoger asilo
entre estas hojas y a ninguno agravio,
quiero elegir la vecindad de un sabio.

---

3 *buen maestro*: Hartzenbusch le prologó sus *Poesías* de 1843, sirviendo de mentor y protector en los círculos literarios de Madrid. V. la correspondencia interesantísima entre C.C. y Hartzenbusch.

CAROLINA CORONADO

EN UN ÁLBUM DE UNA PRINCESA ITALIANA

   Veggo ardente nel cielo sffolgorare
de sua corona l'ornamento chiaro,
quel chi la luce dá superbo faro
e quel chi fá le piante germinare.

   Veggo in la schezzia il pianto scintillare   5
de la matina, che á la terra è caro,
ascolto il fiume fra l'olcandro amaro
sulla pianura herbosa mormorare:

Odo l'uccelli e la sonora aureta
chi pello azurro spazzio tende il vuolo,   10
ma questa bello assai ridente stuolo

   L'ánima mia ancor non rende lietta:
sul bracio trista e languida mi piego
ch'il mio dilletto ¡aimè! mai più non veggo!

POESÍAS

EN OTRO. TRADUCIDO DEL DANTE

¡Eh!... peregrino que por esta vía
atraviesas con planta indiferente,
¿Vienes tal vez de tan remota gente
que el duelo ignoras de la patria mía?

¿Cómo no lloras ¡ay! cuando sombría   5
cruzas por medio su ciudad doliente,
como quien nada sabe, nada siente
del grave luto que oscurece el día?

Si te detienes a escuchar el caso,
yo sé de cierto que llorando, amigo,   10
no pudieras de aquí mover el paso:

Perdió Italia a Beatriz; y cuanto dijo
a otros hombres hablando de la bella,
tiene virtud de hacer llorar por ella.(*)

(*) El soneto original de Dante Alighieri (1265-1321) empieza "Deh peregrini, che pensosi andate" y aparece en la *Vita nuova* (XL).

EN OTRO. TRADUCIDO DE PASTORINI

Si con tranquila faz, Génova mía,
tu bello cuerpo destrozado miro,
no es por ingratitud, es que un suspiro
me parece en tus hijos cobardía.

Trofeos de constancia y valentía   5
en tus ruinas orgullosa admiro,
pues donde quiera que la vista giro,
encuentro en tu peligro tu osadía.

Más que el triunfo valió tu sufrimiento;
y te vengaste bien del que te infama,   10
quedando destruida hasta el cimiento:

Así *la libertad* gozosa exclama
tus reliquias besando en las arenas:
ruinas... Sí; pero jamás cadenas. (*)

(*) *Pastorini*: Giambattista Pastorini (1650-1732), n. en Génova, jesuita y estudioso de Dante; sus *Poesie* se publican en Palermo en 1756. El título original del poema es: "Per il bombardamento di Genova".

EN EL ÁLBUM DE TOMASA BRETÓN DE LOS HERREROS

¡Una corona y de laurel, Señora!
No fue contigo la fortuna avara
cuando te adorna la preciosa cara
con diadema tan rica y seductora.
¡Por Dios que risa te darán ahora   5
la pluma y cinta y flor y piedra rara!
¿Mas quién ha de ostentar igual prendido
sino hay más que un *Bretón* y es tu marido?

---

8 *Bretón*: Manuel Bretón de los Herreros, n. en Quel (Logroño) (1796-1873), dramaturgo que satirizó los abusos de mal gusto en la literatura romántica (por ej., *Muérete ¡y verás!*, 1837); y amigo de C.C.

EN EL ÁLBUM DE UNA SEÑORA MUY SIMPÁTICA

Tiene a veces el alma un sentimiento
que sabe comprender, mas no explicar,
no es amor, no es pasión y es este afecto
más que interés y menos que amistad;

Es vaga inclinación que nos inspira
entre otros mil determinado ser,
es dulce, indefinible simpatía
que nace y muere sin razón, tal vez.

Es lo que siento yo por vos señora,
más que interés y menos que amistad
falta para amistad vuestro cariño,
sobra para interés que os quiero ya.

POESÍAS

EN UN ÁLBUM PORTUGUÉS. LA AMAPOLA DE LA RAYA

    Siempre al tender mi vista por el llano,
del ámbito campestre que me encierra,
he visto el horizonte *lusitano*
lindando con los prados de mi tierra;
y he dibujado con mi propia mano   5
su hermoso valle y su cercana sierra
y he cogido las dobles amapolas
que ni son portuguesas ni españolas.

    Una *corona roja* que mecía
la fresca brisa del humilde *Caya,*   10
de una amapola que *nació en la raya*
el nombre de ambos reinos confundía;
yo la tomé con súbita alegría
y deshojando su corola gaya
las hojas hice tremolar al viento   15
haciendo por su vida un juramento...

---

10 *Caya*: arroyo extremeño que marca una raya divisoria entre Portugal y España, simbolizando la separación innecesaria entre los dos países, para una ardiente defensora del paniberismo, o unión ibérica, como lo fue C.C.

CAROLINA CORONADO

Juramento de dama que en las flores
deteniendo pueril su vaga idea
con la más olvidada se recrea
suspendida admirando sus colores; 20
juré que porque nacen las mejores
plantas sobre el arroyo que serpea
uniendo a Lusitania con Castilla
iba a llenar la raya de semilla.

¡Oh qué placer reproducir la planta 25
y verla florecer en primavera
a la orilla de plácida ribera
que con sus gotas puras la abrillanta!
¡Oh ya veréis entre sus brotes cuánta
amapola nos da la venidera 30
blanda estación, cuando ilumine el llano
nuestro *sol español y lusitano!*

Juan Eugenio Hartzenbusch (retrato de Palmaroli)

Vieja Plaza de Espronceda en Almendralejo (Badajoz)

EN UN ÁLBUM DE UNA DAMA DE LISBOA. EL TERREMOTO DE LISBOA

Las torres han temblado sacudidas,
las casas se han movido en sus cimientos,
las piedras y columnas desprendidas
hieren los inseguros pavimentos.

¡Mirad!... Mirad los templos derrumbarse   5
en masas enormísimas despresos
que abajo con estruendo al desplomarse
estallan de mil víctimas los huesos...

Allá baja el anciano desplomado
de su morada envuelto entre el escombro,   10
allí el joven sostiene ensangrentado
el quebrantado cráneo sobre el hombro.

Allá prensada expira la doncella
bajo ruina, aquí piedra furiosa

---

1 *Las torres han temblado...*: el terremoto de Lisboa más famoso ocurrió el 1 de noviembre de 1755. Se destruyó la mitad de la ciudad, matando entre 30 y 40.000 personas.

la tierna boca del infante estrella   15
contra el seno materno en que reposa.

Allá generaciones desparecen
por horroroso incendio devastadas,
las negras llamas con el pasto crecen
de las hirvientes carnes abrasadas...   20

Ruinas, incendio, súplicas, gemidos
alzan un hondo prolongado trueno,
¡ruinas, incendios, llantos, alaridos
la tierra absorbe en su rasgado seno!

Cuando el estruendo horrible haya cesado,   25
cuando la luna venga tristemente
a visitar al pueblo sepultado,
veréis alzarse entre el escombro hirviente

Mil sombras que gimiendo errantes giran...
¡Oh... no huyáis... no tembléis!... no son los muertos,   30
son huérfanos, son madres que suspiran
en torno a los sepulcros entreabiertos.

POESÍAS

PARA EL ÁLBUM POÉTICO. A LA MEMORIA DEL SR. D. NICOLÁS DE AZARA(*)

Corona ciñe el triunfador guerrero
¡Ay! ¡más corona a las naciones cara
es esa que la gloria le prepara
con la punta sangrienta de su acero!

Tú, modelo del noble caballero,   5
orgullo y honra de tu estirpe clara,
tú has hecho que tu nombre, ilustre Azara,
venere el español y el extranjero.

Pero no porque el grito de la guerra
hiciste resonar con loca saña,   10
difundiendo el espanto en nuestra tierra,

Sino por dar a la infeliz España,
genio de diplomático eminente,
paz al furor de su irritada gente.

(*) *Nicolás de Azara*: José Nicolás de Azara, marqués de Nibiano (1730-1804), hombre de estado conocido por sus talentos diplomáticos astutos.

CAROLINA CORONADO

EN UN ÁLBUM PERDIDO Y RECOBRADO

Al recobrar la que lloré perdida
prenda de la amistad, con tanta pena
del hallazgo dichoso me enajena
el contento más dulce de mi vida;
    Yo juré recobrarla, aunque escondida   5
del desierto se hallase entre la arena;
juré por tu bondad y tu hermosura
y la suerte cumplió mi ofrenda pura.

PONIENDO AL REVÉS UN ÁLBUM QUE PRINCIPIABA CON UNOS MALOS VERSOS

Empezar por la página primera,
capricho inútil de los hombres es,
pues ha de ser del Álbum la postrera.
Si se toman los libros al revés.

El primero que el Álbum haya abierto 5
puede en verdad decir que lo empezó;
pero nadie dirá, con dicho cierto,
que pone fin en donde empiezo yo.

CAROLINA CORONADO

LA PÁGINA EN BLANCO

Una tan sola reservó el destino
página en blanco para mí guardada;
y en dejar a mi musa limitada
la intención de los hados adivino.

Dice el sabio Hartzenbusch, a quien invoco 5
siempre que de consejos necesito,
en cierto verso por su mano escrito,
principio y ceso —de lo malo poco.

Menos modesta que Hartzenbusch, acaso,
supliendo a su talento mi osadía, 10
seis páginas del Álbum llenaría
si no atajaran a mi musa el paso.

Basta con esta; y aun a ser borrada
yo la condeno, por mi orgullo loco,
pues, si debe Hartzenbusch *escribir poco,* 15
yo no debo en conciencia escribir nada.

---

5 *Hartzenbusch*: v. "En un album donde hallé la firma de Hartzenbusch".

EN UN ÁLBUM DE UNA DAMA DESCREÍDA. NADA CREO

I

Señora, os amo con igual ternura
que en el hora en que os dije mi deseo,
jamás, jamás hallé en mi devaneo
rival a vuestro genio y hermosura...
—*Será verdad, garzón, mas no lo creo.* 5

—Alejéme de vos, mas viva y fija
tal memoria llevé en mi corazón
que pensamiento no hay que mi pasión
no anime, no sostenga, no dirija...
—*Será verdad, mas no lo creo, garzón.* 10

—¿Qué digo? mas, mas mi cariño ahora
de vos ausente enciende mi deseo
dormido siempre en la ilusión os veo,
despierto os lloro sin cesar, señora...
—*Será verdad, garzón, mas no lo creo.* 15

—Los alegres fantasmas que en el mundo
tanto halagan al joven corazón,
brillo, placeres, sueños de ambición

CAROLINA CORONADO

    ceden, señora, ante mi amor profundo...
—*Será verdad, mas no lo creo, garzón.*   20

    ¿Qué es la ambición? Su más grande victoria
sacrificar a vuestros pies deseo
¿gloria sin vos? ¡ni aún en los cielos veo
arcángel, para mí sin vos la gloria!
—*Será verdad, garzón, mas no lo creo.*   25

    Lanzar he visto llamas del amianto
al duro cuerpo incombustible y frío
y desde aquel maravilloso encanto
de los incendios, buen garzón, me río:
bien derramar podéis ardiente llanto   30
para inquietar, ¿quien sabe? el pecho mío,
sin que del vuestro al plácido sosiego
logre inflamar, como el amianto el fuego.

    Garzón, las hadas de infantiles sueños
ha largo tiempo que dejé en la nada,   35
ya de la clara luz mis ojos dueños
otra atmósfera ven más despejada:
cesad en los inútiles empeños
porque el lloro y el habla enamorada
y todo cuanto escucho y cuanto veo   40
—*Será verdad, garzón, mas no lo creo.*

II

    —Del alma vuestra la perversa fe
pudo animar en vos tales recelos

---

26 *amianto*: mineral resistente al fuego, parecido al asbesto.

y no merecéis, no, ¡viven los cielos!
ni mi amor, si es verdad que yo os ame,   45
ni el tiempo malgastado en mis desvelos.

   Rompa mi corazón en buena hora
de este cariño el último eslabón,
en vez de pena siente el corazón
placer, al contemplar que vencedora   50
recobra en mí su imperio la razón.

   Ciego anduve, mas ya cual sois os veo,
¡sois hembra al fin! —Garzón, i vos estáis loco
si a arcángel me elevásteis hace poco!
—No os amo ya, pasó mi devaneo.   55
—*Pues todo pasa así, yo nada creo.*

   Mas escuchad, quien dijo"mi señora
os ama como a Dios, el pecho mío"
no es bien, garzón, que en su altivez ahora
el parabién se dé por mi desvío.   60
¿Pues y la llama aquella abrasadora?...
De los incendios, buen garzón, me río
que al soplo del rencor ceniza fría
tornan el alma que cual Etna ardía.

   ¡Cuán presto del altar cayó la santa!   65
¡Cuán presto en vuestro templo se consume
el fuego que erigisteis a su planta
para esparcir en su loor perfume!;
el ara abandonáis con prisa tanta
al ídolo injuriando, que presume   70
la turba que el fanático es ateo...
¡Digo!... ¿tengo razón si nada creo?

CAROLINA CORONADO

RÉPLICA A UNA IMPUGNACIÓN AL NADA CREO

¡Jesús! la tremenda guerra
que movéis a mis canciones
me maravilla y me aterra.
¿No salen en nuestra tierra
por las damas campeones
y salen por los garzones?

Vaya en gracia, caballero,
de perseguidos donceles
paladín; sois el primero
que por sostener infieles
a las damas guante fiero
arroja en el suelo ibero.

Aunque enemigos los dos
que andante vayáis alabo
de malas causas en pos,
pues vos pensaréis "al cabo
al bueno le ayuda Dios"
y ayudáis al malo vos.

Es generoso el deseo
de amparar al no *creído*,

mas, Señor, a lo que veo
en esta querella *creo,*
que puede ya el *descreído*
creer que seréis vencido.

   Empeño tan sin razón 25
os puede costar muy caro
que es mucha mi condición,
y si la guerra os declaro
quedaréis con el garzón
malparado en mi canción. 30

   Mas, pues así lo pretende
vuestra musa respondona,
mire bien cual se defiende,
porque mi numen no ofende,
pero al que "guerra" le entona 35
vence, sigue, y no perdona.

   ¿Conque decís que la llama
del dulcísimo deseo,
que el pecho rendido inflama
del garzón que tierno ama, 40
se muda en rencor tan feo
al soplo del *no te creo?*

   ¡Válgaos Dios, buen caballero
de que mala condición
será el amante garzón 45
que trueque en odio fiero,
por un desdén la pasión
que inflamó su corazón!

   Ya vuestra causa es perdida;
¿pues no veis por vuestra vida, 50

que autorizáis el desvío
de la dama *descreída,*
tan egoísta amorío
describiendo, Señor mío?

No pensáis que con razón 55
al conocer esa llama,
de tan innoble pasión,
debe responder la dama
a vuestro amante *garzón*
con semejante canción. 60

"Quien odia por un desvío,
"muestra que no supo amar.
"Y pues fingisteis impío,
"harto bien el pecho mío,
"mal garzón, hizo en dudar 65
"de vuestro falso llorar.

"Quien así muda el halago
"en baja reconvención,
"muestra indigno corazón,
"y os he dado justo pago 70
"rechazando mal garzón,
"vuestra *mentida pasión.*

"Llamáis a mi amor *ateo*
"porque del vuestro *dudé,*
"mas garzón a lo que veo 75
"si os hubiera dicho *os creo,*
"vos respondiérais, a fe,
"porque os *creí, la engañé.*"

"Y pues pretende *engañar*
"el uno aquí de los dos, 80

"el otro debe *dudar;*
"que vale más no *adorar*
"que *adorar* a un falso *Dios,*
"no amar, que amaros vos."

    Ya veis Señor las *razones*   85
que a los hombres *engreídos*
da la dama en sus canciones.
¡Cómo han de ser los *garzones,*
por votos de amor creídos,
si sus votos son *fingidos*!   90

CAROLINA CORONADO

ÚLTIMA RÉPLICA A OTRA CONTESTACIÓN A LA ANTERIOR

¡Extremada bizarría!
¡Rendimiento cortesano!
¡Bondad la del castellano
consumadísima es,
pues con una dama altiva
mueve altivo una querella,
porque logre el triunfo ella
de que se rinda a sus pies!

A quien *vencido* se aclama
con tan noble gallardía,
no tiene la musa mía
nada, señor, que añadir;
si no es que a vos mucho estima
el sacrificio costoso
del empeño generoso
que os obliga a *desistir*.

Tal hazaña en vos excede
a una cumplida victoria,
que a veces está la gloria

más que en triunfar, en ceder; 20
triunfo alcanzáis en rendiros
con galán comedimiento,
mayor que el merecimiento
que lograrais en vencer.

Básteos, señor, esto y dejo 25
que *desdeñados garzones*
formen grandes *coaliciones*
en sus odios contra mí,
pues el odio es tan amargo
para el alma que lo siente, 30
que odiándome injustamente
la pena llevan en sí.

CAROLINA CORONADO

EN UN ÁLBUM DE UNA DAMA CON GENIO Y SIN PRETENSIÓN

De ti, señora, me contó la fama
que con ingenio vivo y alma inquieta
renuncias a la gloria del *poeta*
por no arriesgar el de *modesta dama:*

Pero dicen también que el Dios del arte   5
al verte abandonar su templo santo
sintió la ausencia de tu ingenio tanto
que a los poetas ordenó cantarte.

Uno por uno con afán, señora,
de Apolo te transmiten los favores,   10
y yo también aunque infeliz cantora
vengo a ofrecer a tu corona flores.

Admite entre el *laurel* y la *violeta*
este ramo no más de *siemprevivas;*
aunque por ser *modesta* nada escribas,   15
siempre tendrás renombre de poeta.

POESÍAS

EN EL ÁLBUM FÚNEBRE. A LA MEMORIA DE UNA JOVEN

¡Nadie se muere de amor!

¡Cómo habías de vivir
si *amando,* pobre mujer,
tenemos que *combatir,*
y el luchar nunca es *vencer,*
el luchar siempre es *morir!* 5

Cuando entre galas y flores
amor te daba la palma,
le dije a tus amadores:
"No le habléis tanto de amores
que tiene sensible el alma." 10

Pero el mundo descreído
respondió con su sonrisa:
"Deja que halaguen su oído,
que ya por el bien *querido
nadie se muere, poetisa."* 15

Volví más tarde a decir:
—Mirad que perdió el color

y no cesa de gemir."
Mas él tornó a repetir,
—*Nadie se muere de amor.* 20

—Puede ser que el mundo ignore
cuanto su dolor la hiere...
—Deja, poetisa, que llore,
por mucho que al hombre adore,
ninguna mujer se muere. 25

Yo volví más consolada
y estabas en la agonía.
—*¡Se muere!* clamé aterrada;
pero el mundo respondía:
—Es *muerte de enamorada.* 30

Ya tu pecho palpitante
al impulso del dolor,
lanzó un grito penetrante,
y el mundo dijo: —¡Es *amante*!
¡Nadie se muere de amor! 35

Yo vi tu mirada incierta
clavarse al fin aterida,
y dije al mundo: —¡Está *muerta!*
y respondió: —Está *dormida;*
¡ya verás *cómo despierta!* 40

Ya oye el mundo la campana
que anuncia con su clamor
de una belleza lozana
¡la *muerte* horrible y temprana
que le ha alcanzado *su amor*! 45

Ya envuelta en el blanco velo
la ve al sepulcro marchar
y la acompaña en el duelo,
y aun aguarda con recelo
que pueda *resucitar*.   50

Y al sepultar a la bella
no sabiendo en su rencor
qué decir el mundo de ella,
dice: La mató su *estrella...*
Nadie se muere de amor.   55

CAROLINA CORONADO

EN EL ÁLBUM DE UNA AMIGA AUSENTE

No, los recuerdos que en el mar se escriben
no los borran el tiempo ni la ausencia;
allá en las olas resonando viven.

¿Qué es olvidar? ¿qué fuera la existencia,
si hasta el recuerdo de amistad querida   5
nos vedara también la Providencia?

Si triste en mi recinto oscurecido
callo por no turbar, cuando te halles
contenta, tu placer, no es que te olvido,

A ti que ver la yerba por las calles   10
nacida, te entristece; ¡infortunada!
¡Si vivieras, hermosa, en estos valles!

Crece la yerba al pie de mi morada
libre y fecunda, desde octubre a mayo;
y no perece al fin por ser hollada   15

Sino del sol canicular al rayo
como mi juventud, como mi vida—
si le llamas vivir a este desmayo,

¡Si le llamas vivir, alma querida,
a levantar del lecho la cabeza   20
y volver a inclinarla dolorida!

Largo tiempo luché con la tristeza:

la paciencia sostuve y el aliento
y abusé de la humana fortaleza;
    Pero llega el cansancio al sufrimiento 25
y de mi endeble máquina las venas
de la fiebre al dolor estallar siento
    Como del barco seco en las arenas
de Cádiz, al ardor del sol estallan
los comprimidos mástiles y antenas. 30
    ¡Cádiz!... ¡el mar!... ¡mi amiga! ¿por qué os hallan
lejos mis ojos, hoy que sin ventura
tanto mis penas contra mí batallan?
    Aun pudiera del mar la brisa pura
reanimar el aliento de mi alma 35
y alegrarme la voz de tu ternura;
    Mas no será, y en la abrasada calma
moriré del desierto, consumida,
en tanto que tu sombra, humana palma,
    En las playas del África esparcida, 40
se retrata en la orilla de los mares
y a respirar al pájaro convida.
    ¡Que las aves dulcísimos cantares
te regalen en esas extranjeras
tierras, si melancólica te hallares!; 45
    ¡Ya que apenas llegar a esas riberas
podrá la voz doliente y extinguida
de estas canciones ¡ay! tal vez postreras!
    ¿Quién sabe si te di mi despedida
cuando volaba al africano puerto 50
la rugidora máquina encendida?
    El sol tras de las aguas encubierto
en la flotante espuma chispeaba
de nuestro barco, por el sulco abierto;
    Y tus hijos al verme que lloraba 55
cariñosos besaban mis mejillas

y yo a mi corazón los estrechaba.
Aquellas emociones tan sencillas
me dejaron de pena el alma rota,
cuando me vi del mar en las orillas   60
sola como la pobre gaviota.

EN EL ÁLBUM DE LA SEÑORITA ARMIÑO

Existe entre ti y mi alma
una dulce inteligencia,
mitad cariño en su esencia
y *celos* la otra mitad,

Yo no sé, niña graciosa,   5
cuál de entrambas es más fuerte:
sé que las dos de igual suerte
dominan mi voluntad.

Bástame para quererte
que en una planta nacida   10
estés por el tallo unida
a una flor que adoro yo;

Mas te envidio, niña bella,
que el Señor, desde la cuna,
te diera la gran fortuna   15
que a mi existencia negó,

---

1 *Existe entre ti y mi alma*: v. "A la señorita de Armiño" y "La flor del agua".

CAROLINA CORONADO

   Porque tú ves la sonrisa
de mi *adorada cantora,*
sus lágrimas cuando llora,
su imagen, todo lo ves,   20
pero yo nunca la veo
sino allá como entre nubes
soñamos ver los querubes
de los cielos al través.

   Y por eso hay entre ambas   25
una dulce inteligencia,
mitad cariño en su esencia
y *celos* la otra mitad;

   Yo no sé, niña graciosa,
cuál de entrambas es más fuerte,   30
¡sé que las dos de igual suerte
dominan mi voluntad!

ESTRENANDO UN ÁLBUM POR LA ÚLTIMA PÁGINA

>Yo elijo la postrera de tus hojas,
>yo voy a anticipar tu despedida;
>ya blanco libro, que mi nombre alojas:
>sabes cuál es tu término en la vida.
>¡Ay! si también pudiera el alma herida   5
>anticipar el fin de sus congojas...
>yo de mi juventud saber quisiera
>qué nombre hay en su página postrera.

CAROLINA CORONADO

EN LA ÚLTIMA HOJA DEL ÁLBUM

El fin de todo busca el alma mía
porque en esta existencia pasajera
del más hermoso y regalado día
siempre viene a turbarnos la alegría
el miedo del dolor que nos espera. 5

Si fe tenéis en la amistad lozana
del joven que en la infancia habéis querido,
desvanecida como sombra vana
por otra nueva dejaréis mañana
esa tierna amistad en el olvido. 10

Si fe tenéis en que el amor primero
es el amor más cierto de la vida
sabed ¡ay! que ese amor es pasajero
que sólo, amigos, el amor postrero
es el único amor que no se olvida. 15

Así no es mucho que en libro escoja,
teniendo de la fama igual idea,
con tanto nombre como en él se aloja
no la primera, la postrera hoja
para dejar memoria al que me lea. 20

POESÍAS

EN OTRO. FÁBULA. LA POETISA Y LA ARAÑA(*)

Una noche de enero tempestuosa
a la luz que agitaba recio el viento
trasladaba al papel su pensamiento
una mujer, con mano presurosa.

A veces dél la blanca pluma alzaba,   5
y en alta voz lo escrito repetía,
y sus propios conceptos se aplaudía
y con su misma voz se enajenaba.

Canta a Napoleón, y la cantora
mira la tierra con desdén profundo   10
que entre sus manos, del Señor del mundo,
tiene la fuerte espada vencedora.

Una araña, que en viejo pergamino
ha tiempo que la escena ve curiosa,
discurre con idea maliciosa   15
tomar entre los versos su camino.

(*) La fábula como género literario era todavía popular en el período romántico, con practicantes tan diversos como Hartzenbusch —mentor de C.C.—, Campoamor, Ayguals de Izco y Miguel de los Santos Álvarez.

CAROLINA CORONADO

    En tanto que su cuerpo columpiado
en las endebles cañas mueve aprisa,
oye el canto de guerra a la poetisa,
al héroe de la Francia consagrado;   20

    Y cuando ve que en su entusiasmo toca
las nubes y hasta el cielo se levanta
las dos velludas patas adelanta
y en el papel osada las coloca...

    Miró junto a sus manos espantada   25
la niña el negro insecto al pliego asido
y lanzando agudísimo gemido,
cayó de un golpe en tierra acobardada.

    Soltó la risa la insolente araña
y exclamó con gozosa altanería: 30
"*¡Que se rinda ante mí la que traía
al gran Napoleón a la campaña!*"

EN OTRO. FÁBULA. EL EGOÍSMO

Tenía Pablo en un rincón
de su corral un granado
que era de aquel vecindado
envidia y admiración;

Pero tan pegado estaba   5
a la tapia que ceñía
el corral, que la vestía
con su verde y la entoldaba.

Y andando el tiempo llegó
a abrazarla, de tal modo,   10
que con su ramaje todo,
al patio vecino dio.

Pablo al ver que ya sus brazos
hacia otro lado tendía,
por el mismo tronco un día   15
la cortó en dos hachazos.

—¡Hombre, por qué le has cortado!
Exclamó un amigo, ¿di?

¿Qué mal te causaba allí
el tronco de ese granado? — 20

Un muchacho muy ladino
respondió, —no le estorbaba,
lo ha cortado porque daba
sus granadas al vecino.

EN OTRO

Cuando cantaba yo de esas que crecen
flores de abril, la vida perfumada,
entre tantos que flores os ofrecen
pude daros a vos la más preciada;
pero, señora, ya no canto nada, 5
si no las propias penas que entristecen;
y en vez de canto, regalaros tedio
ni a vos diera placer, ni a mí remedio.

No es la poetisa ese jardín florido
donde siempre un jazmín, una violeta 10
nace para que adorne su prendido
la hermosa como vos —es el poeta—
no siempre la mujer doliente inquieta
puede cantar como lo habéis querido;
y en vez de canto regalaros tedio 15
ni a vos diera placer, ni a mí remedio.

Sabed que al consagraros estas hojas
del íntimo del alma hoy arrancadas,
siento de pena las mejillas rojas
porque lleguen a vos tan destrozadas. 20

CAROLINA CORONADO

> Pero no tengo más —están heladas,
> y os pido por favor en mis congojas
> que me dejéis callar, pues no es remedio
> *daros, señora, con mis cantos tedio.*

EN OTRO

Un doctor muy afamado
mandó hacer una sangría
y después que hubo pasado
¿se ha sangrado usted, decía?
—Sí, señor, ya me he sangrado.—   5

Que se repita mayor.
Repuso, y volvió después,
—Se repitió— sí, señor,
pues otra larga hasta tres
y calmará ese dolor.   10

Cuando volvió al otro día
le preguntó al enfermero,
¿cómo está su señoría?
—Descansa —bien, eso quiero.
Que le den otra sangría.   15

—Se le dará sin temor,
mas no está en eso el misterio,
¿diga usted, el sangrador
querrá ir al cementerio
a sangrar a mi señor?   20

EN OTRO. EL JILGUERO Y LA FLOR DEL AGUA

Escúchame, poeta,
un gracioso jilguero
joven, vivo y ligero
más que brisa coqueta.

Después de haber corrido 5
del valle a la colina
tras cada peregrina
yerbecilla perdido,

Después de haber cruzado
cien veces la pradera 10
cada flor hechicera
cantando enamorado.

De larga travesía
fatigado, su vuelo
al pie de un arroyuelo 15
vino a posar un día.

El sol ya se ocultaba,
y su postrer reflejo

en el brillante espejo
del agua reflejaba. 20

A otras flores asida
y siempre en la corriente
de la linfa latiente
flotando conmovida,

Leve como amarilla 25
cañilla de centeno
en su cristal sereno
vivía una florecilla.

Sus galas, su belleza
eran no más frescura 30
que daba el agua pura
a su gentil cabeza.

Era el hermoso brillo
que el sol que se alejaba
melancólico daba 35
a su cáliz sencillo...

Vio el pájaro gracioso.
La ninfa peregrina
y en el agua argentina
lanzó un trino amoroso. 40

Oyó la florecilla
al colorín amante
y vaciló un instante
temblando en su barquilla...

—Vente, (el ave cantó) 45
que otro lecho más rico

transportada en mi pico
he de buscarte yo.

—No, la flor respondía,
si dejo la frescura 50
del agua mansa y pura
no viviré ni un día.

—Rompe el tallo hechicero,
no estés en la ola hundida.
—Estoy al agua unida, 55
si me arrancas me muero.

—¡Ah! vente a otros lugares
—¡Quédate al lado mío!
—¡Verás los anchos mares!
—Me basta con mi río. 60

¡Adiós! ¡gritó impaciente
el pájaro ofendido!
La flor con un gemido
respondió tristemente.

"Nunca me amaste, si mi endeble frente 65
sabes que con un soplo se marchita,
¿cómo del ronco viento que te agita
pudiera resistir el gran torrente?

"Por buscar otra tierra más lejana
arrancarme del agua que me alienta 70
es pretender con ansiedad violenta
sacrificarme a tu ambición insana.

"Si no son estas ondas transparentes
que repiten tus trinos amorosos

y te halagan con besos cariñosos 75
espejos a tu orgullo suficientes,

"Adiós, adiós, vuela a buscar ventura
de aquilón en el fiero torbellino
y déjame en mi arroyo cristalino
sobre mi cuna hallar mi sepultura. 80

"El cierzo romperá tus alas bellas
y cuando tornes y a *mi amor te acojas,*
de mi triste barquilla y *de mis hojas*
¡no hallarás en las olas *ni las huellas!"*

CAROLINA CORONADO

EN EL ÁLBUM DE UN CLÁSICO MODERNO

¡Gracias, señor, gracias mil!
¡Ah siglo... dichosa suerte!
Ya nuestra edad se convierte
en bella edad infantil.

Ya en vez de los lagrimones   5
de romántico dolor,
los ojos del trovador
brotan risa a borbotones,

Ya a la sombra del ciprés
vagos, errantes, inquietos,   10
no nos traen los esqueletos
arrastrando por los pies.

Ni frenéticos en pos
de la muerte anhelan ir,
que a todos hacen vivir   15
el santo temor de Dios.

Murió la *fatalidad,*
los venenos se agotaron;

y los *espectros* cruzaron
huyendo la inmensidad. 20

Ya todo es risa, placer;
y pronto los pastorcillos
con sus tiernos caramillos
y el rebaño, han de volver.

¡Qué risa ver convertido 25
en un alegre zagal,
en la pradera dormido
a aquel que tanto ha gemido
sobre el *arpa funeral!*

¡Qué risa será escuchar 30
al son del tosco rabel
suave, amoroso cantar
a aquella boca de hiel
que ayer nos hizo temblar!

¡Qué risa ver sus amadas 35
ayer mustias y amarillas,
mañana frescas, sencillas
tejiendo en las enramadas
guirnaldas de florecillas!

¡Qué risa será mirar 40
en el verde prado, ameno
el arroyuelo saltar
y en su espejo contemplar
el propio rostro sereno!

¡Que risa hurtarle sus nidos 45
al mirlo y al ruiseñor,

y verlos como aturdidos
   con sus trinos doloridos
   nos vuelan en derredor!...

   Gracias, señor, gracias mil;   50
   ¡Ah siglo! dichosa suerte,
   si nuestra edad se convierte
   en bella edad pastoril;

   Si en pos de las maldiciones,
   del romántico furor,   55
   viene el alegre pastor
   con su flauta y sus canciones.

LA ALEGRÍA DEL POETA ESCRIBIENDO EN UN ÁLBUM

Levanta, lira caída;
ven, que el dolor te convida
con mil tonos acordados,
tengan también en la vida
su fiesta los desdichados.   5

No temas ¡oh! que en tu acento
vaya el mundo a sorprender
vuestro ignorado tormento...
lo mismo ha de comprender
tu canción que mi lamento.   10

¿Qué sabe si son gemidos,
canto, risa, imprecaciones
lo que en mis trovas he oído?
La turba escucha el sonido
sin sentir sus vibraciones.   15

Y si al fin para ella iguales
son mis dichas y mis males,
alégrala con gemidos,
y broten en cien raudales
mis pesares comprimidos.   20

CAROLINA CORONADO

El mundo, arpa mía, en tanto
torpe nos envidiará
el ignorado quebranto:
¡Y en cambio de nuestro canto
sus aplausos nos dará! 25

Así el ciego musiquillo
discorde violín pulsando,
con monótono estribillo,
marcha su infantil corrillo
por las calles alegrando. 30

Canta, y su voz tembladora
el pecho anciano quebranta;
el niño que aplaude, ignora
que es más grande que el que llora
¡El infortunio que canta! 35

EN EL ÁLBUM DE UN PEDANTE

Aqueses mountinos
Qui tá haütes soun.
   Doundines,
Qui tá haütes soun,
   Doundoun,
M'empechen de béde
Mas amours oün soun,
   Doundene
Mas amours oün soun,
   Doundoun.

Buen lector, si eso es francés
o griego, tú lo sabrás,
a mí me basta no más,
saber que epígrafe es.

Yo sé que presta grandeza   5
a toda composición
un extranjero renglón
colocado a la cabeza,

Y de un libro que no entiendo
ese pedazo copié   10

para que esplendor le dé
a lo que estoy escribiendo.

Si esos son versos de Homero,
con que cite su poesía,
dirán que tiene la mía   15
mucho *espíritu guerrero.*

Si versos hebreos son
ese dundun y dundene
¡qué sabor bíblico tiene,
dirán, la composición!   20

Si de Virgilio ¡Oh ventura!
¡Qué armonía imitativa!
tendrán los versos que escriba!
¡Qué suavidad, qué dulzura!

No trace usted, D. Fermín,   25
por la Virgen, ni un renglón
sin tener a prevención
alguna cosa en latín.

Aunque ignore el castellano
ponga usted algo de griego,   30
buen amigo, y deje luego
correr sin miedo la mano.

Si a un trozo de la Iliada
arrima sus garabatos,
no faltarán literatos   35
que le den una palmada.

¡Cómo si brotando, al fin,
bajo una hermosa palmera

menos miserable fuera
el espinillo ruin! 40

   Mas pues así lo han dispuesto
los hombres de nuestros días,
ahí cuatro galimatías
escribo, y cumplo con esto.

   Así de mi erudición 45
ninguno podrá dudar
cuando me vea citar
ese dundun o dondon,

   Que no me importa que esté
en francés, árabe o chino: 50
yo en un viejo pergamino
lo vi escrito y lo copié.

CAROLINA CORONADO

EN UN ALBUM QUE ME PRESENTARON CUANDO ESTABA CONTEMPLANDO UNA HERMOSA TARDE

La tarde va a expirar... lejano y tibio
el sol ya terminando su carrera,
en las tranquilas aguas reverbera
su postrimera luz:
Y los alegres pájaros meciendo   5
entre las ondas sus pintadas plumas,
hacen saltar las cándidas espumas
con su leve chapuz.

Y las flores que lánguidas doblaron
el mustio cuello en el calor del día,   10
se alzan risueñas a la luz sombría
del sol que hundido está.
La tarde va a expirar... la luna apenas
entre la luz y sombras indecisas
en la azulada esfera se divisa   15
con vaga claridad.

Murmura el viento entre el ramaje espeso
las amarillas hojas arrastrando,

y en la faz de las aguas resbalando
con leve agitación. 20
   Pardas tinieblas el espacio hienden
que oscurecen el cielo por instantes;
cruzan las aves de la noche errantes
en vaga confusión.

   Esta es la hora de la amante cita 25
que doy a los espíritus divinos;
con los últimos rayos vespertinos
vengo a la soledad.
   Para escribir los místicos cantares
que estas horas inspiran a mi alma 30
he menester las hojas de una palma
llena de santidad.

   Llevad lejos de mí libros profanos
que me fatigan los dolientes ojos,
y sus pinturas que me dan enojos 35
llevad lejos de mí;
   Porque estas horas tristes de la tarde
a contemplar el cielo las dedico
y el corazón amante mortifico
con escribir aquí.(*) 40

(*) Una primera versión, mucho más extensa y con el título lamartiniano de "Meditación", apareció en el *Semanario Pintoresco Español*, n. 5 (2 de febrero de 1840). Ignoro por qué C.C. incluye este texto abreviado y con variantes significativas y no el texto original que se puede leer en *Carolina Coronado. Treinta y nueve poemas*, ed. G. Torres Nebrera, pp. 89-92.

CAROLINA CORONADO

EN UN ÁLBUM DONDE HABÍA ESCRITO DUMAS ESTE VERSO FRANCÉS

> "Dios me ayude para encontrar en
> España la palabra que busco."

La palabra que Dumas no encontraba
es el nombre de *ingrato*, que merece;
España a Dumas de favor colmado
y él en pago la insulta y la escarnece.

---

1 *Dumas*: Alejandro Dumas publicó su *Viaje por España* en 1846, libro en que aparecen varias distorsiones sobre España.

EN UN ÁLBUM DONDE HARTZENBUSCH HABÍA ESCRITO

"Quiero escribir —mi insuficiencia toco
"principio y ceso— de lo malo poco".

Y yo que no sé hacer dos versos buenos
aún debo escribir menos.(*)

(*) V. "En un álbum donde hallé la firma de Hartzenbusch".

CAROLINA CORONADO

EN UN ÁLBUM DE UNA SEÑORA QUE QUERÍA QUE SE DIJESE ALGO ACERCA DE LA DESGRACIA DE SER MUJER

¡Oh Dios! nacer mujer es triste cosa,
desventurada suerte nos rodea,
¡Ay *infeliz de la que nace hermosa!*
Y ¡ay infeliz de la que nace fea!

EN EL ÁLBUM DE UNA QUE NO QUERÍA MÁS QUE LA FIRMA

Ruéganme que sin enojo
estampe mi firma aquí;
tomo la pluma, la mojo,
sacúdola y hago así.

CAROLINA CORONADO

EN EL ÁLBUM DE UNA SEÑORA QUE QUERÍA QUE ACABASEN LOS CONSONANTES EN ÍO Y EN ÍA

Señora, un Álbum cuando yo me río
por la extraña y ridícula manía,
de escribir en los *Álbumes* poesía
teniendo tan *mal genio* como el mío;
ya que no encuentre consonante en ío, 5
ya que no acierte a rematarlo en ía,
un dolor soberano de cabeza
me ha costado escribir esta simpleza.

POESÍAS

EN EL ÁLBUM DE UNA SEÑORA QUE DESEABA QUE SE
PUSIERA SU NOMBRE DENTRO DE UNA OCTAVA

    Para ponerte, como pides, *dentro,*
sin que te escapes de la floja octava,
es preciso mirar cómo se clava
tu nombre, *Pepa Juana,* aquí en el centro:
si por fortuna consonante encuentro   5
para otro verso que termine en ava,
en esta octava que tu nombre encierra
quedas como debajo de la tierra.

CAROLINA CORONADO

EN EL ÁLBUM DE UNA SEÑORA QUE PEDÍA VERSOS LARGOS Y CORTOS

Los versos más largos y aquellos más cortos
que tengan del arte las reglas concisas,
señora, aunque sean horribles abortos
decís que queréis en letras precisas;
           Vos   5
           Ni
           Dios
           A
Mi musa ignorante de tales hazañas
inspiran, señora, el grande talento   10
de hacer en el Álbum, con formas extrañas,
la rara poesía del genio portento
           Que
           Yo
           No
           Sé.

POESÍAS

EN UN ÁLBUM QUE LLEGÓ DESPUÉS DE HABER FIRMADO OTROS CUATRO AQUEL DÍA

¡Vive Dios que es el siglo diez y nueve
de *Álbumes* tan fecundo semillero,
que a formarlos parece que se atreve,
el mismo Satanás hecho librero!
Así cuando al infierno se los lleve   5
para quemar allá a todo coplero,
luciremos con luces tan brillantes
que chispas brotarán los consonantes.

CAROLINA CORONADO

EN OTRO

¿Verdad que es triste que en el mundo todo
ceda a la ley de su exterminio fija;
No es verdad que es muy triste que se acaben
la juventud y la pasión, la vida,
que la beldad perezca y los amores   5
y que la gloria al fin también se rinda?
¿Qué cosa mirarán los ojos nuestros
que no tenga a su lado la ruina,
siquiera tronos esplendentes sean,
siquiera rocas de eminente cima?   10
Solamente los *Álbumes,* señora,
esa calamidad de nuestros días;
los Álbumes tan sólo son eternos
¡y eterna del poeta la desdicha!

EN UN ÁLBUM DONDE QUERÍA QUE LE EXPRESARA QUIEN FUE EL INVENTOR DEL ÁLBUM

¿Quién inventó la poesía?
Y ¿quién los *Álbumes* hizo?
A la primera el demonio,
a los segundos su hijo.

EN EL ÁLBUM DE UNA DAMA PARA LA CUAL SE PIDAN ELOGIOS SIN CONOCERLA

De tus ojos, bella Flora,
muy bella será la llama,
cuando aquí llega la fama
de su brillo y su beldad.

Y cuando yo desdeñando
de la envidia los enojos,
la hermosura de tus ojos
celebro en mi soledad.

Yo declaro, aunque no he visto
la belleza de tu cara,
que ninguna estrella clara
tiene tanto resplandor,

Y que el mismo sol ardiente
con tener matices rojos,
si se presentan tus ojos
pierde al mirarte el color.

Y yo sin verte declaro,
por solo presentimiento,

que eres de gracias portento,
un tesoro de bondad,

Y que faltando a mi mente
una musa protectora,
invoco en mis versos, Flora,
por numen a tu deidad.

¡Ay! yo quisiera decirte
cuánto tu rostro merece...
pero, Flora, son ya trece
Los *Álbumes* que hoy firmé;

Y de mi numen escaso
gasté tantos consonantes,
que las perlas y brillantes
de su tesoro agoté.

¡Ojalá que tú primero
me dieras el Álbum, Flora,
y no me encontrara ahora
tan exhausta para ti!;

Mas tú serás la postrera
ya que la suerte lo quiere;
para los *Álbumes* muere
quien pone su firma aquí.

VERSOS IMPROVISADOS CON VARIOS MOTIVOS

LA EMPRESA DEL FERROCARRIL DE EXTREMADURA

Bien llegados a España, caballeros.
Esta joven nación, su tierra pura
os brinda a los amigos extranjeros
que lecciones la ofrecen de cultura:
por el terso carril marchen ligeros   5
los hijos de la rica Extremadura,
vuestras artes, y ciencias y portentos
a igualar y vencer con sus talentos.

¡O mi pueblo, sencillo patriarca
tan agreste pacífico y tan rudo,   10
de ferrados-carriles tu comarca
van a ornar, y ya en vez del torpe y mudo
buey que sus pasos por minutos marca
¡rodará gran vapor!... ¿Quién tanto pudo?

---

1 *Bien llegados... caballeros*: en 1845, una empresa inglesa había recibido la concesión de construir la línea ferroviaria Madrid-Badajoz.

¿Qué impulso, qué vigor, qué movimiento 15
pone a tan bella fábrica el cimiento?

Hay una tierra, en medio el Océano
donde O'Connell nació y a Byron cuenta,
¿qué reino hallar más fuerte y soberano
que la patria feliz que a ambos alienta? 20
Pues ya del genio y del poder Britano
tanto el raudal inmenso se acrecienta
que sus diques rompiendo a inundar pasa
el virgen suelo que de sed se abrasa.

Ya corren hasta aquí sus manantiales; 25
ya el campo bebe su copioso riego;
ya florecen brillando a sus cristales
el extremeño prado y el manchego.
¡Ay! los que tal pobreza y tantos males
en la guerrera lucha a sangre y fuego, 30
soportaron pacientes, ¿cómo ahora,
dicha comprenderán tan seductora?

Agriado el corazón por los azares,
perdida en desengaños la esperanza,
nada aguardamos ya sino pesares, 35
sólo en el mal tenemos confianza;
por eso hacia la gente de los mares
torva la vista, y suspicaz se lanza
y rechazando el bien porque suspira
responde el español: "Fraude, mentira." 40

---

18 *O'Connell*: Daniel O'Connell (1775-1847), político irlandés de estirpe independentista.
18 *Byron*: George Gordon, Lord (1788-1824), gran poeta inglés del romanticismo.

CAROLINA CORONADO

    Empero, no a los hijos de Bretaña
que nos tendieron las amigas manos
cuando el Coloso amenazó a la España
deben temer los nobles castellanos;
antes bien recordar la fiel campaña   45
que hicieron los dos reinos como hermanos
para que aliento infunda a la memoria
de Wellington su lauro y nuestra gloria.

    ¡Por qué ese recelar eterno y triste!
¡Por qué en el porvenir tal desconsuelo!   50
¡Por qué así nuestro espíritu reviste
con su negro color el blanco cielo!
Tal vez el hado en el rencor desiste
con que siguió nuestro cefrado suelo,
y su primer sonrisa alegremente   55
nos muestra en el *camino reluciente*.

    ¡Cuánta prosperidad, cuánta grandeza!
¡Cuán fecundos los montes hoy salvajes
pavimentos darán con su corteza,
moradas ornarán con sus ramajes!;   60
cuántos pueblos, alzando la cabeza
por contestar de Europa a los ultrajes
"venid aquí —dirán— pueblos hambrientos,
¡que nosotros estamos opulentos!"

Badajoz, 1846

---

43 *el Coloso*: Francia bajo Napoleón I.
48 *Wellington*: Arturo Wellesley, duque de (1769-1852), general inglés que ayudó a derrotar a las tropas francesas en España y Portugal (1808-14). Tomó Badajoz en 1812.
54 *cefrado*: v. "Cantos de una doncella".

AL LICEO DE BADAJOZ

   Vamos a vindicar de Extremadura
la capital oscura
y a levantar en palmas, extremeños:
que, por Dios es vergüenza,
que otra ciudad nos venga   5
siendo de igual poder nosotros dueños.

   Vamos a levantarla como espuma,
la pereza que abruma
los talentos brillantes sacudiendo;
y un *mentís* de tal modo   10
a dar al reino todo
que está de nuestra inercia sonriendo.

   Porque los ojos fijos en la tierra,
que ilustre cuna encierra
del más valiente capitán del mundo,   15
España atentamente
siempre aguarda impaciente
nuevas flores de suelo tan fecundo.

---

15 *valiente capitán*: Hernán Cortés.

Porque tuvimos héroes esforzados,
vernos quiere ilustrados; 20
porque tuvimos sabios y poetas
nos piden ciencia y canto;
y nosotros, en tanto,
¿mudos dejamos nuestras glorias quietas?

Juventud numerosa en torno veo 25
que en ardiente deseo
de aspirar a saber arde y se inflama;
juventud animosa
que vuela hoy presurosa
donde la voz de ilustración la llama. 30

No ha menester buscar en otro suelo
la juventud modelo
para trazar creaciones inmortales;
que en la ciudad oscura,
si adora la pintura, 35
tiene en soberbio altar al gran Morales.

Si de otros genios las carreras bellas,
quiere andar por sus huellas,
no ha menester cruzar tierras lejanas,
que un siglo solamente, 40
presenta en nuestra gente
Donosos, Esproncedas y Quintanas.

---

36 *Morales*: Luis de Morales, llamado el Divino (1509-86), n. en Badajoz, pintor de numerosos cuadros religiosos, entre ellos un cuadro de Santa Teresa que conservaba C.C. (v. los "Apuntes biográficos").
42 *Donosos, Esproncedas y Quintanas*: Juan *Donoso* Cortés (1809-53), ensayista católico y diplomático; *Espronceda*, v. "Espronceda"; *Quintana*, v. "A Quintana".

En las armas, las letras y las artes,
cunden por todas partes,
de ingenios extremeños las victorias 45
y nuestros pueblos sólo
los más rudos del polo,
¿habrán de desdeñar tan altas glorias?

¡Tierra bendita, donde brotan, crecen,
se ensanchan y florecen 50
los más hermosos troncos de Castilla;
las fuerzas te ofrecemos
con que cultivo demos
a tu nueva y riquísima semilla!

Ábranse libros, ármense pinceles, 55
y acudan los donceles
en esta lid a conquistar hazañas;
y vosotras doncellas,
no os esquivéis por bellas,
que ya no sois a este recinto extrañas. 60

En danzas y festines os han visto,
y no es, por Jesucristo,
la danza y el festín más inocente
que la bella pintura,
que la música pura, 65
y la rima sonora y elocuente.

Dejad atrás preocupaciones viejas,
dejad rancias consejas,
mostrad, si lo tenéis, ingenio hermoso;
que sólo el vicio feo, 70
y no el útil recreo
es en las damas malo y vergonzoso.

Venid, todos venid: de Extremadura
la capital oscura
a vindicar con vuestro celo ardiente: 75
y a esta ciudad ufana,
tal vez, puedan mañana
cuna llamar de la discreta gente.

¡Constancia! ¡aplicación! yo la primera
alumna placentera 80
vuestras lecciones aprender deseo,
y hoy con mi débil canto
por beneficio tanto,
saludo a los señores del Liceo.

Badajoz, 1846

POESÍAS

UNA FIESTA DEDICADA A LA REINA GOBERNADORA

Ya el enemigo de la patria mía,
el genio de la guerra destructora
dobla rabioso la falange impía
ante la paz gloriosa y vencedora.

Cesó el llanto y la sangre y la agonía 5
que derramó la espada vengadora
y tras del triste y pavoroso día
luce risueña suspirada aurora.

Ya de Cristina el genio prepotente
venció de Carlos la arrogancia altiva, 10
que doblegando la orgullosa frente
el ramo ofrece de apacible oliva;
cantemos, o Cristina, la victoria,
que a España da la paz, y a vos la Gloria.

Badajoz, 1839

---

10 *Venció de Carlos...*: se refiere a la terminación de la guerra carlista cuando triunfó María Cristina de Borbón, la reina gobernadora, sobre don Carlos.

CAROLINA CORONADO

A LA MEMORIA DE LA POETISA CAROLINA CORONADO (1)

¿Qué mágico sonido
del arpa insinuadora se desprende
doliente y extinguido?
¿Cuya es la voz que los espacios hiende,
y el ánimo suspende, 5
y al tierno corazón presta un latido?
¿Quién lanza esa canción triste y sonora?
Oíd... Es Carolina,
que del Guadiana en los confines ora,
segunda peregrina, 10
como el jilguero en la espesura trina;
¡mas no que su canción desgarradora
es la del cisne que cantando llora
su muerte ya *vecina!*
Ya de la edad en el abril temprano, 15
con ojo escrutador su pensamiento
de la existencia penetró el arcano;

---

(1) Damos en esta colección la siguiente poesía del *autor del Quevedo* por ser la primera que se escribió a la supuesta muerte de la poetisa; y porque en ella se revela ya el talento que su autor ha manifestado después. [Nota de 1852]

y al arpa con afán tendió la mano
los bordones a herir del sentimiento.

Y aún en la infancia su canción primera 20
sonó desconsolada,
como el balido fiel de la cordera
que gime en la pradera,
del can y del pastor abandonada.

Quizá sobre su frente sin mancilla 25
pálida y triste reflejo de la luna,
como el flambón que en los sepulcros brilla;
y a su luz amarilla
maldijo entre soñando la fortuna
que ante sus ojos, el fatal diseño 30
de la existencia, desplegó importuna
también en su dormir con torvo ceño...
y entre el afán de su intranquilo sueño,
tal vez un ángel le gritó en la cuna:

"¡Llora si puedes llorar!... 35
De ese llanto que no brotas;
son ¡ay! amargas las gotas
como verdina del mar.

¡Llora inocente, sin calma
lágrimas de hiel henchidas, 40
que en el alma detenidas
son la ponzoña del alma!

¡Llora, Carolina, llora!...
Y con invisible vuelo,
tornóse el *ángel* al cielo 45
de la *niña* al despertar.

Y ella enjugando sus ojos
la gota de hiel primera,
dijo, y el ángel la oyera—
"Yo nací para llorar" 50
con llanto regó doliente

de su infancia los verdores,
con llanto regó las flores
de su hermosa juventud;
y en esa estación risueña 55
de ilusiones y ventura
tristes *ayes* de amargura
brotaron de su laúd.

¡Oh!... de la edad en el abril temprano,
con ojo escrutador su pensamiento 60
de la existencia penetró el arcano;
y al tender a la cítara su mano,
los bordones pulsó del sentimiento!
"Nací para llorar... ¡esta es la vida!"
Tú lo dijiste, Carolina hermosa; 65
¡Cándida flor, con lágrimas nacida!
¡Rosa de amor, por el reptil mordida!...
¡Torpe reptil, que marchitó la rosa!
Hoy, Carolina, en el celeste coro
con los ángeles cantas... ¡Ah! ¿recuerdas 70
pulsando el arpa de oro,
las veces que tu lloro
gota por gota, humedeció sus cuerdas?

. . . .

También desatentada
"¡Lejos el llanto!" murmuraste un día; 75
de ti propia olvidada;
y en honda carcajada,
"¡Quiero ahogar el dolor con la alegría! (1)
ya doy al mundo el exigido culto;
miradme... ¡ya me río! 80
contemplad esta risa... no la oculto...

(1) Espronceda. [Nota de 1852].

y en tu boca la risa... era un insulto,
¡era un sarcasmo a tu tormento impío!
¡gozo fatal de la tristeza loca!
El en tu seno comprimió un latido...   85
Una sonrisa desplegó tu boca
y entre tus labios... estalló un *gemido.*

    Vuelve a llorar... de tu fecundo llanto.
Roto el raudal, que tu delirio amansa,
del corazón adormirá el quebranto,   90
que con el lloro el corazón descansa...
¡Llora infeliz con tu sentido canto!

    ¿Cuya es la voz que los espacios hiende
y el ánimo suspende?
Su canto... ¿no es verdad? ¡Torpe mentira!   95
¡Torpe ilusión!... De su empolvada lira
ni un eco se desprende...
seca la voz de su gentil garganta
la dulce Filomena,
no, como ayer, al marinero canta...   100
no, como ayer, al marinero encanta
¡con su voz *la Sirena!*

    Su voz ayer de desconsuelo llora,
cual otra *peregrina,*
sobre las auras columpió serena,   105
la infeliz Carolina...
su postrera canción, desgarradora
fue la del cisne que cantando llora
su muerte ya vecina.

    ¡No canta ya!... de la doncella hermosa   110
sobre el sepulcro, al deshojar la palma,
no perturbéis ¡por compasión! la calma
de su tranquila losa...
El cuerpo virginal allí reposa,
y habita con los ángeles el alma.   115

CAROLINA CORONADO

¡No canta ya!... ni como ayer se apila
de su cántico al son, lágrima ardiente,
a su turbia pupila:
¡ya de su llanto se agotó la fuente!
Contemplad sus despojos, 120
¡oh! corazón... su frente sin colores:
secos, sin luz al admirar sus ojos.
¡Bien tienes que llorar, por bien que llores!
¡Lágrimas tristes, que anegáis los míos
corred, corred a ríos... 125
y de su tumba fecundad las flores.(*)

18 *enero* 1844
EULOGIO FLORENTINO SANZ.

(*) En 1844 C.C. sufrió el primero de varios ataques catalépticos del cual surgió la noticia de su supuesta muerte. Al autor de este poema, Eulogio Florentino Sanz (1825-81) se le recuerda por un drama histórico, *Don Francisco de Quevedo* (1848); también escribió fábulas e hizo traducciones de Heine.

A LOS QUE LAMENTARON MI SUPUESTA MUERTE. LA MUERTA AGRADECIDA

El corazón, amigos, palpitante
como otras veces en mi pecho siento;
mas al oír vuestro piadoso acento
sobre las nubes me soñé un instante.
Juzgué más claro el sol, menos distante,   5
vi espíritus celestes en el viento
y en la estrella que más resplandecía
vi confusa la imagen de María.

Los colores, la luz, aire, el ruido,
todo más bello que en la tierra era,   10
y aquel mundo con gloria verdadera
le brindaba a mi espíritu embebido.
Pero con ser del alma tan querido
el cielo que de muertos nos espera,
esa dicha, medrosa rechazando,   15
de mi ilusión me desperté temblando.

Dios quiere que aun el día no llegado
a mi vida en su plazo, todavía;
resignación le falte al alma mía

para dejar mi triste suelo amado.
Amo a los corazones que me han dado,
pena, placer, tristezas, alegría;
amo al árbol, al río, a la pradera
y amo a mi dulce lira compañera.

Vendrá colmado de dolor, acaso,
el porvenir que a mi existencia aguarda
y de la muerte en su carrera tarda,
tal vez acuse el perezoso paso.
Mas nunca Dios el sufrimiento escaso
nos da, cuando el descanso nos retarda,
y mi término corto o prolongado
siempre estará por el bien señalado.

Mas, en tanto que treguas a mi vida
le place conceder al poderoso,
escuchad de una muerta agradecida
el acento que exhala cariñoso;
sabed que de una voz dulce y sentida
a mí llegando el eco generoso,
vuestra memoria de amistad bendita
deja en mi corazón con llanto escrita.

Badajoz, 1844

A SANTA TERESA (1)

Dulce Teresa, virgen adorada
que estás entre los ángeles del cielo,
la que ceñistes el sagrado velo
de las castas esposas del Señor:
tú pasaste tus horas como el justo
en santa paz y religiosa calma,
volando al cielo con gloriosa palma
arrebatada en alas del fervor.

    Yo tu divina
célica gloria
a tu memoria
quiero cantar.
    Dulce Teresa
de Dios querida,
la bendecida
en sacro altar.

Tú desdeñastes la engañosa pompa
el falso brillo que al mortal rodea,

(1) Para cantar las monjas carmelitas de Badajoz. [Nota de 1852].

que el hombre débil en su mente crea
para halagar su loca vanidad;
y amaste la virtud y a un Dios amaste
devolviéndole un alma de pureza
porque admiraste ¡oh Virgen! su grandeza
y escuchastes la voz de la verdad.

  Dulce Teresa
de Dios querida,
la bendecida
en sacro altar.
  Yo tu divina
célica gloria
a tu memoria
quiero cantar.

Tú cantaste la gloria aquí en la tierra
y eras del mundo celestial encanto,
ahora ves en el trono sacrosanto
cercado de querubes tu laúd:
Teresa de Jesús, alma bendita,
oye piadosa desde el rico asiento
este sencillo y fervoroso acento
que consagro a tu fúlgida virtud.

  Yo tu divina
célica gloria
a tu memoria
quiero cantar:
  Dulce Teresa
de Dios querida,
la bendecida
en sacro altar.

Badajoz, 1844

POESÍAS

A LA COMISIÓN DE MONUMENTOS HISTÓRICOS Y ARTÍSTICOS DE BADAJOZ (1)

A vosotros que dais a lo pasado
un culto apasionado
arrancando; señores, del olvido
las gloriosas hazañas
del pueblo en sus campañas, 5
batiendo a los franceses atrevido,

A vosotros que un bello monumento
con generoso intento
alzáis sobre los campos de la Albuera,
para que no olvidada 10
tan famosa jornada
queda en la edad remota venidera,

A vosotros sus tímidos acentos
hoy por breves momentos

---

(1) Cuando dirigí la siguiente poesía a la Comisión existían aun las paredes de la casa de Hernán Cortés: tres años han pasado, y he vuelto a Medellín y las he visto derribadas y el solar sembrado de *forraje*. [Nota de 1852].
6 *batiendo a los franceses...*: en 1812, durante la guerra de la independencia.

a dirigir se atreve mi poesía;
oídme atentamente,
que en mi entusiasmo ardiente
la disculpa hallaréis de mi osadía.

¡Oh sí! que al pronunciar el alto nombre
del más ilustre hombre
que ha visto el sol, mi corazón se inflama,
y juzgo que abrasado
su pueblo idolatrado
también se siente por la propia llama.

Os hablo de Cortés en alabanza,
aunque el numen no alcanza
al remontarse al cerco de su luna:
pues llena de sonrojos
con el llanto en los ojos
he visto al pueblo donde fue su cuna.

Y ¡oh vergüenza! ¡vergüenza! allí olvidada
y a su primera morada
asilo de las pobres golondrinas,
sin un solo letrero
este otoño primero
va a desplomarse en míseras ruinas,

Y ¿qué nos quedará de tanta gloria
si esa débil memoria
furioso el aquilón nos arrebata?
¿Qué de tantos honores
como nos dio, señores,
en cambio le dará su tierra ingrata?

¿No tendrá entre sus mármoles Castilla
una piedra sencilla

donde su ilustre nombre coloquemos? 45
Con nuestras propias manos
guerreros y artesanos
y... hasta las damas a grabarlo iremos.

Más trabajo, más pena, más fatiga
en la tierra enemiga 50
pasó el gran capitán por darle solo
a su patria grandeza
por hacer que en riqueza
fuera el reino mayor de polo a polo.

Por él fue nuestra patria rica y fuerte 55
por él con tanta suerte
el soberbio cristal del Océano,
surgieron cien navíos,
transportando cargíos
del inmenso tesoro americano. 60

Ved hoy esas magníficas ciudades
que fueron soledades
tristes ayer alzarse florecientes,
fundadas por su mano,
llevando el nombre hispano 65
en su poder, en esplendor crecientes.

Él hizo interminable nuestra tierra
con la perpetua guerra,
asolación del pueblo mejicano,
y por él solamente 70
flota entre aquella gente
la santa insignia del pendón cristiano.

Y ¿se dirá que ingratos y egoístas
sus valientes conquistas

nosotros españoles desdeñamos? 75
¿Que un puñado de cobre
por una piedra pobre
con voluntad siquiera no le damos?

En tanto que su nombre no ensalcemos
y en Medellín alcemos 80
un monumento a los brillantes soles
de su gloriosa guerra,
las gentes de esta tierra
¡¡no somos ni extremeños ni españoles!!

Medellín, 1846

A NEIRA. GOLONDRINAS, GRULLAS Y PATOS

> *Carolina Coronado acompaña en su despedida a las golondrinas, a las grullas y a los patos.*

Ya, Neira, despedí a la *golondrina*
que en el techo campestre haciendo el nido
mansa, inocente mi compaña ha sido
en la estación risueña que termina;
la *grulla* en cambio ya vino dañina 5
el fruto a destrozar recién nacido
que en este yermo a fuerza de sudores
lograron cultivar los labradores.

El *pato* en enturbiar las claras fuentes
de este valle purísimo obcecado 10
revuelve con el fondo encenagado
los graciosos espejos trasparentes;
¡lástima que desdeñe las corrientes

---

1 *Ya, Neira, despedí a la golondrina*: Antonio Neira de Mosquera (1818-53), escritor satírico, había atacado a C.C. en su libro, *Las ferias de Madrid* (1845), de donde sacó la autora el epígrafe de su poema.

de un brillo tan hermoso y azulado,
donde lucir pudiera entre la espuma,
por hundir en el fango el alba pluma!

¿Quién nos diera encontrar siempre a la bella
que en nuestros techos amorosa anida
y en su cantar sencillo entretenida
nos divierte feliz de sol a estrella?
¿Quién nos diera encontrarla siempre a ella
que a nadie ofende, cuya dulce vida
consagrada a los suyos, sobre el heno,
ni daña al labrador ni anda entre cieno?

¿Hay en mi tierra hermosos olivares
formados como tropas, en hileras?
Pues a dañar su flor a sus praderas
vienen bandos de *grullas* a millares.
¿Hay arroyos que van entre juncares
retratando el verdor de estas laderas?
Pues acuden los *patos* a bandadas,
«¿Aves estas no son civilizadas?

¿Qué más da que en mi lira sean cantados
hombres o *grullas* si en diversos nombres
disfrazadas las *grullas* van de hombres
y los hombres de *grullas* disfrazados?
¿Por qué han de ser los *patos* desdeñados
si los hombres tal vez con sus renombres
viviendo en bacanales, como en cieno,
no fueron ni más puros ni más buenos?

¿Qué más da pues que yo cante los hechos
con mi endeble laúd, mi voz de niña
de las aves que pueblan la campiña

y las aves que habitan bajo techos?
Con iguales instintos y derechos   45
todas viven del daño y la rapiña;
soldados-*grullas* talan los sembrados
y las ciudades ¡ay! *grullas*-soldados.

Galanes *patos* de la fuente empañan
el manantial que beben los pastores,   50
patos galanes, *patos* impostores
en las virtudes la calumnia ensañan;
hombres-patos, en fin, sus alas bañan
en fétidos pantanos corruptos;
patos-hombres sepultan en orgías   55
su bella juventud, sus bellos días.

¿Por qué al mísero *pato* guerra tanta,
por qué a la infeliz *grulla* tanta guerra,
si hay seres más indignos en la tierra
y el hombre docto los celebra y canta?   60
Cada piedra, cada ave, cada planta,
una vida, una historia, un mundo encierra
y muchos en el mundo, bien lo sabes,
valen menos que piedras, plantas, aves.

Pues no siempre he de hallar por mi camino   65
golondrinas, que pocas han quedado,
mejor canto a las *grullas,* que al malvado.
A los *patos* mejor que al libertino:
esos nombres de *Atila, Jerjes, Nino*
siempre al numen benigno han espantado   70

---

69 *Atila, Jerjes, Nino: Atila,* rey de los hunos; *Jerjes*, rey de Persia; *Nino*, rey legendario de Asiria, a todos se les atribuye un carácter feroz y brutal.

y siempre aborrecí como a enemigos
los *Paris,* los *Nerones,* los *Rodrigos.*

Una *grulla* el gran Jerjes vale en suma,
pero el rico *Nerón* no vale un pato
que fuera a dar el pájaro barato 75
aun dando por *Nerón* no más la pluma:
¿pues por qué si la historia nos abruma
con uno y otro nombre tan ingrato
no ha de cantar, sin que te cause risa,
a la *grulla* y al *pato* la poetisa? 80

Lo mismo da las aves que los hombres,
lo mismo el campo da que las ciudades,
pues componen entrambas vecindades,
los mismos seres con distintos nombres;
grullas hay en el mundo con nombres, 85
patos bajo soberbias potestades,
y en ciudades lo mismo que entre encinas
sobre *grullas* y *patos golondrinas.*

Badajoz, 1846

---

72 *los Paris, los Nerones, los Rodrigos: Paris,* raptor de Helena; *Nerón,* emperador romano de gran crueldad; *Rodrigo,* último rey visigodo de España y deshonrador de Florinda la Cava, según cuenta la leyenda.

RESPUESTA A UN POETA

Cuando exhala de esa suerte
vuestra lira *dormitando*
un eco tan dulce y blando
¿a qué queréis que despierte?
Dejadlo siempre soñando.   5

Ni vos debéis lamentar
que estén sus cuerdas *rompidas*,
pues que las sabéis pulsar
tan bien, que por vos heridas
aun *rotas* quieren sonar.   10

Ni digáis que los *azares*
apagan vuestros destellos,
cantad con vuestros *pesares*,
porque los tristes cantares
son los cantares más bellos.   15

Mas no queráis vuestro *acento*
rendir, cantor, a mis *pies*,
elévese al firmamento
que su camino es el viento
y el cielo su trono es.   20

Elvas, 1846

CAROLINA CORONADO

CANCIÓN

Mis ojos, Laura, vertieron
mil veces lloro a raudales,
mas nunca lágrimas fueron
a estas lágrimas iguales.
  El tierno y bello cantor 5
que en dulcísima querella
trova las penas de amor...,
—¿Canta por ti o por Estrella?
—¡Por ella sólo, por ella!
  Nunca tan grande aflicción, 10
tan grande pena he sentido,
¡tengo, Laura, el corazón
mitad por mitad partido!
  Aquella luz penetrante
que de sus ojos destella 15
y aquel hablar palpitante...
—¿Eran tal vez por Estrella?
—¡Por ella sólo, por ella!
  Negras sombras, Laura mía,
siempre adonde miro veo, 20
y como estoy en el día
y ciega o loca me creo:

Aquel ramillete hermoso
con la rica cinta aquella
que a entrambos dio cariñoso... 25
—¿Era no más para Estrella?
—¡Para ella sólo, para ella!
Ay, Laura, que si mis ojos
el sueño logra cerrar
se acrecientan mis enojos 30
con lo que acierto a soñar;
Aquella música bella
que a nuestras rejas sonaba
¿No sabes por quién la daba?
—¿Era también por Estrella? 35
—¡Por ella sólo, por ella!

Elvas, 1846

CAROLINA CORONADO

SOBRE LA CONSTRUCCIÓN DE NUEVAS PLAZAS DE TOROS EN ESPAÑA (*)

¡Bravo!... generación; rauda caminas
a modelar tus hombres con las fieras;
¡bien tus nobles misiones adivinas,
te escapas de las cátedras latinas
y en las plazas de toros te atrincheras!   5

Nuevos campos de lid a los toreros
levanta ¡o patria! agota los tesoros.
¿Pueblo de sabios son los extranjeros?
Pues aquí somos pueblo de vaqueros...
necios ¿qué vale más, leyes o toros?   10

¿La libertad, qué importa mientras brama
el acosado toro en la llanura
y la arena socava y desparrama
y sufre el aguijón... sufre la llama,
de la infeliz España imagen pura?   15

(*) Pascual Madoz en su *Diccionario histórico-geográfico de Extremadura*, I (1846) señala que precisamente en Almendralejo se había construido últimamente una nueva plaza de toros.

Y cuando ronco ya lanza profundos
del traspasado pecho los bramidos
y hombres caen y alazanes moribundos
¡cómo es ver a los mozos rubicundos
romper en gozosísimos silbidos!

Y a las damas, las *dulces,* las *mimadas,
corazones de leche delicados,*
cebarse en contemplar ensangrentadas
las carnes del buen toro acribilladas,
los pechos del caballo desgarrados.

Mas escuchad; a defender la lucha
de hombres y toros se levanta osado
el petulante hidalgo que me escucha
"Yo vengo —exclama— aquí con gloria mucha
porque esto es *Español".* ¡Bien, ha gritado!

¡O *Nacional* ardor! cien aureolas
de rubias astas en la docta frente
coloquen del mancebo, que halla solas
en los *chulos* las *glorias Españolas,*
en los *toros* su fuerza *prepotente.*

Para aquellas ¡oh pueblo! *almas de toro*
el valor y el saber son extranjeros;
no aprenden en el Cid que bate al moro,
no abren de nuestros libros el tesoro
y de *España* osan ser con ser *toreros.*

Pues también en las bellas de la España
tanto el *patrio cariño* se acrisola
que ven con entusiasmo a la alimaña;
con ellas la bondad es planta *extraña,*
tan sólo la crueldad es *Española.*

CAROLINA CORONADO

¡Quién me diera tu numen, Jovellanos,
para tronar y despedir centellas
contra aquellos padrones castellanos
que se elevan más altos, más ufanos
en vez de perecer bajo tus huellas! 50

¡Varón ilustre, si tu mente pura
de los rayos del sol aquí desciende,
mira al pueblo Español en esa altura,
cómo rápido avanza en la cultura,
cómo en la escuela de la ciencia aprende! 55

Pan y *toros* tenemos —prorrumpiste—
pero tu siglo fue siglo de oro,
el nuestro, Jovellanos, es más triste,
tú, al menos, con el *toro* pan tuviste,
¡a nosotros nos dan sin *pan* el *toro!* 60

---

46 *Jovellanos*: Gaspar Melchor de Jovellanos (1744-1811), enciclopedista y ensayista, hizo un comentario sobre los toros en *Espectáculos y diversiones públicas* (1790).
56 *Pan y toros*: se solía atribuir a Jovellanos una obrita llamada *Pan y toros* (1812), que hoy día se considera de León de Arroyal.

EPITAFIO A UN NIÑO

Duerme, Niño, el sueño blando
en esta cuna escondida,
aunque tu madre llorando
por tu existencia llamando
quiera volverte a la vida.   5

Porque en la noche sombría
de nuestra vida ilusoria
no has de encontrar, alma mía,
la luz del eterno día
que has encontrado en la gloria.   10

Badajoz, 1844

CAROLINA CORONADO

A LA MUJER MÁS FEA DE ESPAÑA

Venid, señora, a escuchar
la unánime votación
que España acaba de dar:
venid; que os va a coronar
FEA por aclamación.   5

Monstruos mil se presentaron;
mas con voz solemne y clara
los tribunales fallaron,
que otra cara no encontraron
semejante a vuestra cara.   10

Cual vuestra cara no hay dos:
hay de feas copia extraña,
muchas feas ¡vive Dios!
pero sin disputa vos
sois *la más fea de España*.   15

Os dieron la primacía:
señora, ¡cuánto me alegro!
mas, ¡cielos! ¿quién la osadía

de mostrar, cual vos, tendría
ojo azul en campo negro? 20

¿Quién, no siendo, cual vos, loca
mostrara a la humanidad
boca igual a vuestra boca,
aunque tuviese muy poca
vergonzosa vanidad? 25

La fealdad tiene pudor;
y yo en el caso presente
(os lo digo sin rencor)
por modestia, por rubor,
me escondiera de la gente. 30

¡Ay! ¡cuánto hacéis padecer,
mostrando vuestra cabeza
al que procura creer
en la belleza del ser,
en su bondad y pureza! 35

Sois una horrible creación;
porque aun hay cosa más rara
en esa organización:
que tenéis el corazón
mucho peor que la cara. 40

Todos vuestros pensamientos
son torpes y maldicientes:
aborrecéis los talentos,
las virtudes eminentes,
y los nobles sentimientos. 45

No hay honra libre e vos,
aunque bendita se acoja

al manto del mismo Dios;
porque en medio de los dos
vuestra calumnia se arroja.   50

....
....
....

¡Ay! ¿por qué si de la huesa,
mala anciana, a un paso estás,
no dejas la humana presa?
¿por qué en la fama ilesa
te irritas y ensañas más?   55

Déjame con mi poesía
pasar la vida inocente,
si no quieres que algún día
tu horrorosa biografía
a las criaturas presente.   60

Aunque no sé si te diga
que es mi más gloriosa hazaña
el que me odie y persiga
como mortal enemiga,
la mujer más fea de España.   65

Cádiz, 1847

IMPROVISADA EN EL LICEO DE MADRID

Del íntimo del alma agradecida
una voz exhalar sólo quisiera,
una voz tan profunda y tan sentida,
que cual yo me conmuevo, os conmoviera; 5
pero a bondad tan dulce sorprendida,
yo no puedo cantar por más que quiera;
y temblando y confusa en este instante
no encuentro ni una voz, ni un consonante.

Madrid, 1848

CAROLINA CORONADO

ORACIÓN A LA VIRGEN QUE CANTAN LOS NIÑOS EN UNA ESCUELA

Hazme buena, Madre mía,
dame paciencia y virtud,
porque tú Santa María
has de ser la mejor guía
que tenga mi juventud. 5

Del corazón inocente
protege tú los amores,
y antes que empañen mi frente,
que me cieguen de repente
tus divinos resplandores. 10

Consuélame, Madre mía,
cuando a tus plantas me veas,
porque yo no dejo un día
de decir «Santa María»
«¡Bendita en el cielo seas!» 15

Badajoz, 1848

PARA LOS ALUMNOS DEL COLEGIO DE SAN FERNANDO EN LA COMUNIÓN

El bueno, el justo, el santo,
nos da dulce convite,
alcemos nuestro canto
de eterna gratitud:
por este pan suave   5
que nuestro labio toca
y abrasa nuestra boca
en llamas de virtud.

Cantemos de rodillas,
cantemos con unción   10
las altas maravillas
de la comunión.

Perfumes de mil flores
no tienen la ambrosía
que, tú, de los amores,   15
pimpollo virginal:
tu aroma que trasciende
por todos los sentidos
las venas nos enciende
en fuego celestial.   20

Cantemos de rodillas,
cantemos con unción
las altas maravillas
de la comunión.

Los frutos escogidos 25
de huertos regalados
parecen desabridos
después de tu manjar;
porque es tu pan divino
el más grato sustento 30
que encuentra el peregrino
tras largo caminar.

Cantemos de rodillas,
cantemos con unción
las altas maravillas 35
de la comunión.

Bendito sea tu nombre
por todas las criaturas,
de nuestras lenguas puras
el himno llegue a ti; 40
que a ti Señor amamos,
en ti, Señor creemos,
y sólo viviremos
para adorarte así.

Cantemos de rodillas, 45
cantemos con unción
las altas maravillas
de la comunión.

Chiclana, 1849

POESÍAS

HIMNO AL NACIMIENTO DE LA PRINCESA DE ASTURIAS, CANTADO POR LA SECCIÓN LÍRICA DEL LICEO DE BADAJOZ

"Viva, viva, la tierna heredera
"que ha nacido a la Reina Isabel,
"la hermosura hemos visto que impera
"de las Reinas es hoy el dosel."

Españoles, con grande alegría   5
saludad a la hermosa Princesa,
y de hinojos haced la promesa
de velar por su cuna Real;
que en honor de Española hidalguía
la debéis ese noble homenaje;   10
porque es dama de excelso linaje,
porque es hija de augusta beldad.

"Viva, viva, la tierna heredera
"que ha nacido a la Reina Isabel,
"la hermosura hemos visto que impera,   15
"de las Reinas es hoy el dosel."

Con Tu nombre dulcísimo el alma
de contento y placer se extasía,

que es el nombre feliz de María
esperanza de gloria inmortal. 20

Con Tu nombre la pena se calma,
con Tu nombre se logra el consuelo,
que es tu nombre bendito en el cielo
y protege en la tierra al mortal.

"Viva, viva, la tierra heredera 25
"que ha nacido a la Reina Isabel,
"la hermosura hemos visto que impera,
"de las Reinas es hoy el dosel."

Con guirnaldas de hermosos laureles
coronada, Real sucesora, 30
tú del siglo futuro la aurora
bajo el solio tranquilo verás.

Y tus pueblos dichosos y fieles
grabarán en el bronce tu historia,
y de Reina serás, tú, la gloria, 35
y de España el orgullo serás.

"Viva, viva, la tierna heredera
"que ha nacido a la Reina Isabel,
"la hermosura hemos visto que impera,
"de las Reinas es hoy el dosel." (*) 40

Badajoz, 1851

(*) V. también "El siglo de las reinas".

POESÍAS

PARA UN OBELISCO EN HONOR DE LA PRINCESA
DE ASTURIAS

(1) Hoy princesa inocente el bravo Marte,
en holocausto a tu brillante suerte,
como ha sido el primero en anunciarte,
es también el primero en protegerte.
El cañón que resuena al aclamarte 5
sólo sabrá sonar por defenderte,
que sin temer sus rayos en la tierra
segura estás en paz, segura en guerra.

(2) De una reina adorada en el regazo
dormita en paz, angélica María, 10
mientras tu nave la gobierna y guía
del buen piloto el incansable brazo.

Unido al trono con estrecho lazo
en su lealtad tu porvenir confía,
que bogando por ti con rumbo cierto 15
ya no descansa hasta llevarte al puerto.

Badajoz, 1851

(1) Por el ministerio de la Guerra.
(2) Por el ministerio de la Gobernación
[Nota de 1852].

CAROLINA CORONADO

A S. M. LA REINA EL DÍA DE SU SALIDA. LA REINA QUE DOS VECES HA NACIDO

Madrid aguarda tu triunfal salida
para cubrir de flores tu carrera
como si el pueblo por la vez primera
celebrara en España tu venida;
la fiesta a que gozoso te convida,   5
cual si de nuevo a coronarte fuera,
tiene un placer que hoy halla repetido
la Reina que dos veces ha nacido.

Carlos quinto inmortal cuando ceñía
a sus sienes la fúlgida corona   10
del pueblo que adoraba a su persona
oyó el supremo canto de alegría;
mas para Ti, Isabel, es doble día
el de esta aclamación que el Pueblo entona.
Porque tú, cuando el seno te han herido,   15
para España dos veces has nacido.

15 ...*cuando el seno te han herido*: los dos primeros atentados contra la vida de Isabel II ocurrieron en mayo de 1847 y otro más grave en 1851, el del cura Merino, cuando se trasladaba ella de la Basílica de Atocha para presentar ante la Virgen a la recién nacida princesa.

Tú apareces al Pueblo castellano
con tu Niña tan dulce y tan hermosa,
como la luna de color de rosa
que ilumina las noches del verano;   20
y dejas luego de alumbrar el llano,
quedamos en tiniebla pavorosa,
pero ya con reflejo más lucido
luna nueva en el Cielo has renacido.

    Ya la Virgen te aguarda en los altares,   25
y a la niña cubriendo con su manto
desde el Cielo confirma el nombre santo
que el Serafín celebra en sus cantares;
¡vive, Madre feliz libre de azares,
que al triunfar de la muerte, por encanto,   30
doble vida del Cielo ha merecido
la Reina que dos veces ha nacido!

CAROLINA CORONADO

NO HAY REINA QUERIDA TANTO COMO TÚ

Flor del Mediodía, hermosa y lozana
semilla temprana, germen de virtud,
madre venturosa, alma bendecida,
no hay Reina querida tanto como Tú.

De Reinas hermosas el trono fecundo   5
ostenta en el mundo gloria y juventud,
mas nunca en la historia la Reina elegida
ha sido querida tanto como Tú.

Cien Reinas nacieron de regias matronas,
de aquellas coronas deslumbra la luz,   10
pero de tu seno la niña nacida
solo fue querida tanto como Tú.

SONETO (1)

¿Mi vida, Carolina, escribir quieres?
Deja por Dios tan peregrina idea
que podrás sólo hacer que el mundo vea
en vez de lo que soy, lo que tú eres.
    Digno de ti será lo que escribieres,   5
a tu alma harás brillar en tu tarea,
mas nunca harás que el juicio exacto sea
de cómo yo he cumplido mis deberes.
    Mi vida por ti escrita, amiga mía,
un poema completo sólo fuera   10
hijo del corazón y fantasía,
    Donde con gran vergüenza yo me viera
cual debiera haber sido o ser debía
y no cual soy o he sido en mi carrera.

SEOANE.

---

(1) He debido a la bondad de mi sabio amigo el señor Seoane este soneto y me honro insertándolo en mi libro. [Nota de 1852]

RESPUESTA AL EXCMO. SR. D. MATEO SEOANE(*)

Pálida, insomne, lánguida doliente,
sombra tan sólo de criatura humana,
ya consumida por la fiebre ardiente
viene de las orillas del Guadiana.

La copa de cristal donde bebía 5
el agua, que a mi sed siempre era poca,
al acercar mi enardecida boca
una vez y otra en sangre se teñía.

Mortificado por tenaz punzada
y de violento palpitar rendido 10
era del corazón cada latido
un dolor en mi fibra lastimada.

Fatigaba la luz mi vista errante,
ahogaba el aire mi oprimido pecho
y aunque jamás abandonaba el lecho 15
dormir no me era dado un solo instante.

(*) El doctor Mateo Seoane y Sobral (1791-1870), médico, naturalista y emigrado liberal de 1823 a 1834, le había tratado a C.C. en el otoño e invierno de 1851 por un caso de tuberculosis.

Las lentas horas de la noche triste
las pasaba gimiendo y delirando
y por la muerte sin cesar clamando
único bien al que doliente existe.   20

Y ya la muerte al fin compadecida
sus negras alas hacia mí tendiendo
iba a llevarme al ámbito tremendo,
término silencioso de la vida.

Pero una mano fuerte y salvadora   25
con enérgico afán asió la mía;
una mirada fija, escrutadora
a iluminarme vino en la agonía.

Era la luz brillante de la ciencia,
implacable enemiga de la muerte   30
que vivifica el corazón inerte,
que anima con sus rayos la existencia.

Érais vos, érais vos, sabio maestro
de la doliente humanidad amigo;
yo debo la existencia al saber vuestro   35
y os amo y os respeto y os bendigo.

Y otros seres también dulce memoria
de esa ciencia benéfica guardando
al pobre ingenio mío están rogando
que agradecida escriba vuestra historia.   40

Vuestra vida, señor, escribir *quiero*
aunque modesto rechacéis su *idea,*
no porque el mundo mi talento *vea*
que nada dél para mi gloria espero.

> Vuestra vida, señor, a escribir voy 45
> pues si la escribo porque viva estoy,
> y en ella expresaré lo que habéis *sido*
> a Dios y a vuestra ciencia lo he debido.

Madrid, 1852

POESÍAS

Índice de poesías

A la soledad	75
Melancolía	78
A las nubes	80
A la palma	83
Mérida	87
Una despedida	90
Al otoño	93
A una estrella	95
A una gota de rocío	97
El pájaro perdido	98
Los quince años	100
La voz de una hija	102
La primavera anticipada	104
El marido verdugo	106
Los cantos de Safo	108
El salto de Léucades	114
A mi tío don Pedro Romero	115
El ramillete, o a la primavera	116
A la amapola	118
Al jazmín	121
El girasol	123
Al lirio	126
La rosa blanca	129
A la siempreviva	130

CAROLINA CORONADO

A la mariposa	133
A una tórtola	135
Al mismo asunto	138
A una golondrina	140
A un ruiseñor	143
Rosa blanca	145
Las dos palmeras	148
Al hado	151
A una coqueta	154
Canción	155
A Emilio dormido	157
Canción	159
Despedida al año de 1843	161
Al señor don Juan Eugenio Hartzenbusch	164
A mi hermano Emilio:	165
Memorias de la infancia	165
El juego del niño	168
La tórtola errante	171
El espino	173
Emigración de las aves	175
Tristeza del otoño	178
La luz de la primavera	181
La nueva infantil	184
El mundo desgraciado	186
El mundo codicioso	189
Au jeune Émile. Imitation de Carolina Coronado, por Jaume Cabanellas	192
Primavera invisible	195
Último canto	198
A Alberto:	201
Gloria de las glorias	202
Se ha deshecho el alma mía	205
Flor de pureza	207
Gloria de las flores	209
Temor del mundo	211
Bendito seas, Alberto	213
¡Oh, cuál te adoro!	215
Pasión	216
Aniversario	220

POESÍAS

La planta del valle	222
La aurora de San Alberto	225
Un paisaje	228
La luna en una ausencia	231
Para el alma no hay distancias	234
Los recuerdos	237
Siempre tú	240
Adiós, España, adiós	241
Acuérdate de mí	243
En la catedral de Sevilla	245
¡No hay nada más triste que el último adiós!	251
Nada resta de ti	253
¡Ay! transportad mi corazón al cielo	254
Yo tengo mis amores en el mar	255
Inspiraciones de la soledad:	259
No muera de tus ojos apartada	259
Tú me pides querer y te he querido	262
Gloria del sentimiento	265
A la invención del globo	267
Bondad de Dios	270
¿Cuál tu grandeza es? ¿Cuál es tu ciencia?	273
Sobre la guerra	276
Amistad de la luna	278
Un encuentro en el valle	280
La clavellina	284
¡Cómo, Señor, no he de tenerte miedo!	288
Y llévame contigo a tu morada	292
Porque quiero vivir siempre contigo	297
La esperanza en ti	305
Porque es tu amor amor de los amores	310
La desgracia de ser hijos de España	314
El último día del año y el primero	318
El tiempo	322
El año de la guerra y del nublado	328
La aurora de 1848	332
Las tormentas de 1848	339
Adiós del año de 1848:	345
La aurora boreal	345
En el castillo de Salvatierra	352

725

CAROLINA CORONADO

En la muerte de una amiga	357
El amor de los amores	361
Romances:	369
La poetisa en un pueblo	369
A un viejo enamorado	371
A un poeta clásico	375
A Cesarina	377
A un amador	379
Altivez	381
El amor constante	384
Magdalena	386
Libertad	389
Celos	391
Salutaciones y despedidas:	394
Al señor don José María Clarós	394
A Herminia	397
A Luisita	402
A la juventud española del siglo XIX	406
A España	411
A Cuba	417
Última tarde en Andalucía	423
Al Liceo de la Habana	426
A Cádiz	430
Se va mi sombra, pero yo me quedo	434
Despedida a mi hermano Ángel. El dolor de los dolores	438
Recuerdos del Liceo de Madrid	442
Memoria a los héroes y a los reyes:	445
A Hernán Cortés	445
A Napoleón	448
A Isabel la Católica	453
Al emperador Carlos V	455
Al emperador don Pedro de Portugal	459
A Luis Felipe destronado	463
El siglo de las reinas. Al nacimiento de la princesa de Asturias	465
A S.M. la Reina Madre. Doña María Cristina de Borbón	470
A los poetas:	475
Espronceda	475
A Quintana	479
A Larra	484

POESÍAS

Cienfuegos	488
A Rioja	490
A Alfonso de Lamartine	494
En la muerte de Lista	499
A las poetisas:	504
Invitación	504
Cantad, hermosas	506
A la señorita de Armiño	512
La flor del agua	514
A Lidia	520
Yo no puedo seguirte con mi vuelo	523
A Elisa	527
Un año más	531
A Ángela	535
¿A dónde estáis, consuelos de mi alma?	538
Fantasías:	540
La encina de Bótoa	540
Cantos de una doncella	549
La rosa blanca	556
La Virgen de Murillo	567
La fe perdida	575
La fe loca	582
La adoración de los pastores	589
En varios álbumes:	597
En un álbum una de cuyas páginas representaba el nacimiento de Jesús	597
En otro con igual asunto	599
En un álbum que tenía una lámina que representaba a los ángeles mirando los clavos del Señor	600
Por bajo de una lámina que representaba a la Virgen	602
En un álbum una de cuyas páginas se representaba a la Magdalena en actitud de clamar al cielo	604
En un álbum poético para una niña que se ahogó en el mar	605
En el álbum de la ciega de Manzanares donde habían empezado a escribir por el revés	606
En un álbum donde hallé la firma de Hartzenbusch	607
En un álbum de una princesa italiana	608
En otro. Traducido del Dante	609
En otro. Traducido de Pastorini	610

En el álbum de Tomasa Bretón de los Herreros	611
En el álbum de una señora muy simpática	612
En un álbum portugués. La amapola de la raya	613
En un álbum de una dama de Lisboa. El terremoto de Lisboa	615
Para el álbum poético. A la memoria del Sr. D. Nicolás de Azara	617
En un álbum perdido y recobrado	618
Poniendo al revés un álbum que principiaba con unos malos versos	619
La página en blanco	620
En un álbum de una dama descreída. Nada creo	621
Réplica a una impugnación al nada creo	624
Última réplica a otra contestación a la anterior	628
En un álbum de una dama con genio y sin pretensión	630
En el álbum fúnebre. A la memoria de una joven	631
En el álbum de una amiga ausente	634
En el álbum de la señorita Armiño	637
Estrenando un álbum por la última página	639
En la última hoja del álbum	640
En otro. Fábula.— La poetisa y la araña	641
En otro. Fábula.— El egoísmo	643
En otro	645
En otro	647
En otro. El jilguero y la flor del agua	648
En el álbum de un clásico moderno	652
La alegría del poeta escribiendo en un álbum	655
En el álbum de un pedante	657
En un álbum que me presentaron cuando estaba contemplando una hermosa tarde	660
En un álbum donde había escrito Dumas este verso francés	662
En un álbum donde Hartzenbusch había escrito	663
En un álbum de una señora que quería que se dijese algo acerca de la desgracia de ser mujer	664
En el álbum de una que no quería más que la firma	665
En el álbum de una señora que quería que acabasen los consonantes en ío y en ía	666
En el álbum de una señora que deseaba que se pusiera su nombre dentro de una octava	667
En el álbum de una señora que pedía versos largos y cortos	668

POESÍAS

En un álbum que llegó después de haber firmado otros cuatro aquel día	669
En otro	670
En un álbum donde quería que le expresara quién fue el inventor del álbum	671
En el álbum de una dama para la cual se pidan elogios sin conocerla	672
Versos improvisados con varios motivos:	674
A la empresa del ferrocarril de Extremadura	674
Al Liceo de Badajoz	677
Una fiesta dedicada a la Reina Gobernadora	681
A la memoria de la poetisa Carolina Coronado, por Eulogio Florentino Sanz	682
A los que lamentaron mi supuesta muerte. La muerta agradecida	687
A Santa Teresa	689
A la Comisión de monumentos históricos y artísticos de Badajoz	691
A Neira. Golondrinas, grullas y patos	695
Respuesta a un poeta	699
Canción	700
Sobre la construcción de nuevas plazas de toros en España	702
Epitafio a un niño	705
A la mujer más fea de España	706
Improvisada en el Liceo de Madrid	709
Oración a la Virgen que cantan los niños en una escuela	710
Para los alumnos del Colegio de San Fernando en la comunión	711
Himno al nacimiento de la Princesa de Asturias cantado por la sección lírica del Liceo de Badajoz	713
Para un obelisco en honor de la Princesa de Asturias	715
A S.M. la Reina el día de su salida. La Reina que dos veces ha nacido	716
No hay reina querida tanto como tú	718
Soneto, por Mateo Seoane	719
Respuesta al Excmo. Sr. D. Mateo Seoane	720

Índice de láminas

	Entre
Iglesia de Almendralejo	214-215
Retrato de Carolina por el pintor Madrazo	214-215
Busto de Carolina adolescente	444-445
Imagen de la Virgen de Bótoa	444-445
Juan Eugenio Hartzenbusch (retrato de Palmaroli)	614-615
Vieja Plaza de Espronceda en Almendralejo (Badajoz)	614-615

ESTE LIBRO
SE TERMINÓ DE IMPRIMIR
EL DÍA 23 DE ABRIL DE 1991
DÍA DEL LIBRO

TÍTULOS PUBLICADOS

1 /
ANTOLOGÍA POÉTICA DE ESCRITORAS DE LOS SIGLOS XVI Y XVII
Edición, introducción y notas de Ana Navarro

2 / *Josefina Carabias*
LOS ALEMANES EN FRANCIA VISTOS POR UNA ESPAÑOLA
Edición, introducción y notas de Carmen Rico Godoy

3 / *Emilia Pardo Bazán*
DULCE DUEÑO
Edición, introducción y notas de Marina Mayoral

4 / *María de Zayas*
TRES NOVELAS AMOROSAS y TRES DESENGAÑOS AMOROSOS
Edición, introducción y notas de Alicia Redondo

5 / *María Martínez Sierra*
UNA MUJER POR CAMINOS DE ESPAÑA
Edición, introducción y notas de Alda Blanco

6 / *Concha Espina*
LA ESFINGE MARAGATA
Edición, introducción y notas de Carmen Díaz Castañón

7 / *Borita Casas*
ANTOÑITA LA FANTÁSTICA
Edición, introducción y notas de Ramiro Cristóbal

8 / *Carmen de Burgos (Colombine)*
LA FLOR DE LA PLAYA Y OTRAS NOVELAS CORTAS
Edición, introducción y notas de Concepción Núñez Rey

9 / *Gertrudis Gómez de Avellaneda*
POESÍA Y EPISTOLARIO DE AMOR Y DE AMISTAD
Edición, introducción y notas de Elena Catena

10 /
NOVELAS BREVES DE ESCRITORAS ESPAÑOLAS (1900-1936)
Edición, introducción y notas de Ángela Ena Bordonada

11 / *Sofía Casanova*
LA REVOLUCIÓN BOLCHEVISTA
Edición, introducción y notas de M.ª Victoria López Cordón

12 /
POESÍA FEMENINA HISPANOÁRABE
Edición, introducción y notas de M.ª Jesús Rubiera Mata

13 /
POESÍA FEMENINA EN LOS CANCIONEROS
Edición, introducción y notas de Miguel A. Pérez Priego

14 / *Rosario de Acuña*
RIENZI EL TRIBUNO, EL PADRE JUAN
Edición, introducción y notas de M.ª del Carmen Simón Palmer

15 / *Beatriz Guido*
EL INCENDIO Y LAS VÍSPERAS
Edición, introducción y notas de Pedro Luis Barcia

16 / *María Victoria de Atencia*
ANTOLOGÍA POÉTICA
Edición, introducción y notas de José Luis García Martín

17 / *Paloma Díaz-Mas. Lourdes Ortiz. Ana Rosetti. Esther Tusquets. Mercedes Abad. Susana Constante. Marina Mayoral*
RELATOS ERÓTICOS
Edición, introducción y notas de Carmen Estévez Vázquez

18 / *María Campo Alange*
MI NIÑEZ Y SU MUNDO
Edición, introducción y notas de María Salas Larrazabal

19 / *Carolina Coronado*
POESÍAS
Edición, introducción y notas de
Noël Valis

20 / *María Josepa Massanés i Dalmau*
ANTOLOGÍA POÉTICA
Edición, introducción y notas de
Ricardo Navas Ruiz

21 /
CÁRCELES Y MUJERES EN EL SIGLO XVII
Edición, introducciones y notas de
Isabel Barbeito

22 / *Mercedes Formica*
A INSTANCIA DE PARTE
Edición, introducción y notas de
María Elena Bravo

23 / *Federica Montseny*
LA INDOMABLE
Edición, introducción y notas de
María Alicia Langa Laorga

24 / *María de Jesús de Ágreda*
CORRESPONDENCIA CON FELIPE IV. RELIGIÓN Y RAZÓN DE ESTADO
Edición, introducción y notas de
Consolación Baranda

25 / *Carmen de Icaza*
CRISTINA GUZMÁN, PROFESORA DE IDIOMAS
Edición, introducción y notas de
Paloma Montojo